职业技能培训鉴定教材
用于示范性专业水平考试

商务谈判技术

SHANGWU TANPAN JISHU

人力资源社会保障部教材办公室
中国老教授协会职业教育研究院　组织编写
中国管理现代化研究会商谈委

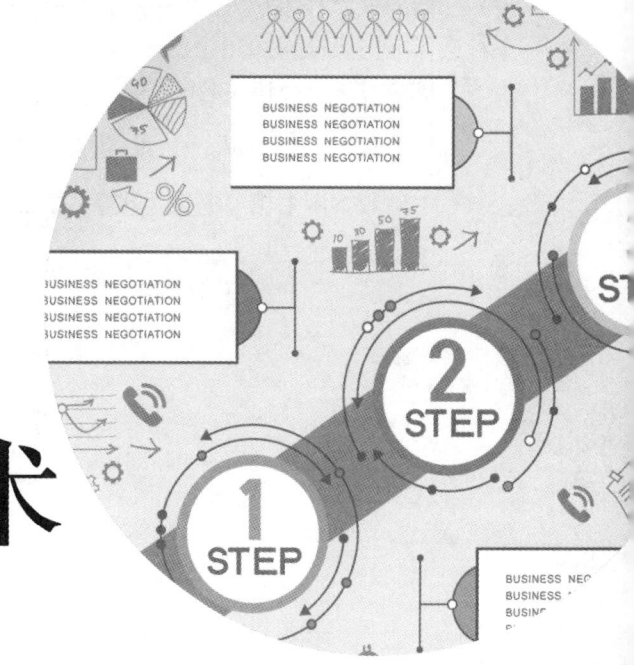

中国劳动社会保障出版社

图书在版编目（CIP）数据

商务谈判技术 / 人力资源社会保障部教材办公室等组织编写. -- 北京：中国劳动社会保障出版社，2020

ISBN 978-7-5167-4764-3

Ⅰ.①商… Ⅱ.①人… Ⅲ.①商务谈判 Ⅳ.①F715.4

中国版本图书馆 CIP 数据核字（2020）第 233061 号

中国劳动社会保障出版社出版发行

（北京市惠新东街 1 号　邮政编码：100029）

*

三河市华骏印务包装有限公司印刷装订　新华书店经销

787 毫米 ×1092 毫米　16 开本　13.25 印张　220 千字

2020 年 12 月第 1 版　2020 年 12 月第 1 次印刷

定价：40.00 元

读者服务部电话：（010）64929211/84209101/64921644

营销中心电话：（010）64962347

出版社网址：http://www.class.com.cn

版权专有　　侵权必究

如有印装差错，请与本社联系调换：（010）81211666

我社将与版权执法机关配合，大力打击盗印、销售和使用盗版图书活动，敬请广大读者协助举报，经查实将给予举报者奖励。

举报电话：（010）64954652

专家委员会

主　　任　石　勇
副 主 任　陈　达
专家委员（以姓氏笔画为序）
　　　　　　王立非　白　远　宋泽宁　耿燕京　夏海泉　董中奇
　　　　　　霍　达

编审委员会

主　　任　沈小君
委　　员（以姓氏笔画为序）
　　　　　　牛华勇　叶安平　刘志兴　孙　瑜　杜　林　李　勇
　　　　　　张建华　俞　雷　薛芳渝

编写人员

主　　编　陈　达
编　　者（以姓氏笔画为序）
　　　　　　任　钰　杜倩倩　张　硕　张斐瑞　俞脱脱　洪槟瀚
　　　　　　蒙　双

内容简介

本教材紧紧围绕"以企业需求为导向,以岗位能力为核心"的编写理念,力求突出培训特色,满足培训与考核的需要。

本教材详细介绍商务谈判人员应掌握的相关知识要求。全书分为7章,主要内容包括:商务谈判概述,商务谈判基础知识,技能和素养训练,技术、组织和管理,教学工作法,商务谈判的类型,案例学习指导与能力提升。

本教材可供相关人员参加上岗培训、在职培训、岗位培训使用。

序

　　中国已是全球第二大经济体。我们不但要继续发展经济强国的硬实力，同时也要注重培养和造就大批高端复合型人才的软实力。经济全球化是历史的潮流，全球化的经济需要全球化的治理，而如何培养能够参与全球治理的国际化人才包括精通国际商务谈判的高素质人才，是摆在我国走向世界中央舞台进程中对改革和重塑世界规则和秩序有无话语权的重大课题。

　　谈判是一个古老而又新兴的话题，发生在2 000多年前那个"鸿门宴"的历史故事在中国妇孺皆知，其实那就是一场政治争霸谈判；当今以中美贸易战为标志的经济利益冲突，凸显对能维护国家经济利益的高端谈判人才需求的紧迫性和重要性。为此，《商务谈判技术》这本书籍应时、应势而出。作为一本针对商务谈判师专业技术培训和技能提升的教材，它凝聚了来自商务谈判一线实战专家和高校科研院所几十年来专注于商务谈判理论研究和实际运用的学者以及老师们的心血和智慧。他们在这本书中将理论与实践有机地结合在一起，以揭示商务谈判的基本规律为主线，以解决经贸领域合作过程中需要谈判的议题为导向，以培养和提升商务谈判手或练就商务谈判师本领为抓手，真正为那些立志成为职业商务谈判精英的人传授商务知识和谈判技术。相较市面上其他商务谈判书籍，《商务谈判技术》的内容更加贴近于实际运用，更侧重于提高经贸项目往来中为实现本方谈判利益最大化、化解利益冲突所需要的技能和本领。书中列举了常见商务合作项目类型并揭示了该类商务谈判的知识点和要素，可以使广大读者在商务谈判实践中有规可循、有章可依。本书以提高实际商务谈判能力为主线，为的是避免在谈判中走弯路而掉入陷阱，或因谈判力不足而失误，进而导致不必要的经济损失。

　　商务谈判是一项系统工作，需要多部门的组织、协调、配合，需要各种类型专家和跨领域管理人员的参与、合作、凝聚。合格的商务谈判师要有团队合作精神、职业道德素养、正确的人生观和利益观等正能量的秉性。随着科学技术的日新月异，共同生活在地球村的人们经济交往和商务合作将越来越频繁和密切，多元文化背景下人们

不同思维的碰撞、不同价值观所带来的利益冲突等问题在所难免，解决诸如此类问题的唯一工具就是协商谈判。数字技术、电子商务等新技术的应用，同样不会消除谈判工具，相反，借助未来高新技术手段，商务谈判工具将会变得更加快捷，更加有效率，更加能推动社会生产力的发展。

国务院参事
发展中国家科学院院士
中国科学院虚拟经济与数据科学研究中心主任　　石　勇　教授
中国管理现代化研究会联职理事长

编著者语

随着全球经济交往不断加深、扩大，商务谈判日益频繁。大到国家、经济实体、企业之间，小到个体之间，无一不依靠商务谈判。商务谈判不仅是一种交流、协商达成一致或化解纠纷的工具，同时也是一门应用类的科学技术。成功的谈判可以赚得盆满钵满，失败的谈判会招致倾家荡产。问题是，在应试教育体系和满堂灌输理论的传统教育培养模式下，有多少年轻学子在经贸领域岗位上能独当一面开展商务谈判工作？商务谈判如此重要，而现实情景是这方面的人才培养远远滞后于经济社会发展的迫切需要。为此，如何教育和培养真正有能力的商务谈判手以及具有较高水准的商务谈判师，是摆在要编写一本高质量培训教材的专家和老师们面前的重要问题。一代伟人邓小平同志曾经说过，科学技术是第一生产力。遵循这种理念，我们的任务就是要为那些在经贸领域岗位上有志成为商务谈判师的工作人员，编写这本可学习操作、能实际运用的《商务谈判技术》。这本书的特色是跨学科知识多、商务专业性强、谈判技术内容丰富、综合技能要求高，并辅以如何开展实践教学指导、如何提升案例学习研究能力，而且结合了多个经典案例分析和谈判方案策划指导。

全书共分7章。第一章内容包括对谈判与商务谈判概念、商务谈判师称谓的界定，谈判工作者职业道德及素质、能力要求等。第二章内容重点阐述"商务谈判基础知识"，包括商务谈判师的知识结构和谈判学基础知识以及对应能力。第三章是"技能和素养训练"，谈判意味着利益相关方要进行多场次交流沟通，交流沟通需要高超的技能，包括谈判思维、不同文化背景下交流沟通技巧和商务谈判礼仪，在交流沟通过程中，谈判心理学也是重要的内容。第四章"技术、组织和管理"是这本书的核心内容，设计的目的是让读者了解和掌握商务谈判技术以及商务谈判的策划、组织、管理等内容，尤其是SWOT谈判态势分析工具、CAPA技术流程、谈判方案策划技术流程等，具有可操作性、实战性特点。第五章"教学工作法"重点推介体验式学习方法和以学生为中心的实践教学法，对教学设计与指导以及课程内容进行了新的策划，配备了案例教学的示范内容。第六章是"商务谈判的类型"，将新兴的和传统的商务谈判类型的

知识点和要素进行了梳理和陈述,该章内容的设置相较于其他商务谈判书籍过多侧重于谈判策略技巧方面而言是具有开创性的,从实际运作的角度揭示了商务谈判的内在规律和技术要求。第七章"案例学习指导与能力提升"的目的是将本书所传授的知识点、技术等谈判要素与4个经典实战案例结合起来进行学习研究、指导、练习,提升读者商务谈判的思维和技战术能力。

这是一本专注于商务谈判技术的书籍,我们组织了在企业界经历过或者正在从事实际商务谈判的专家以及高校从事国际商务谈判理论研究、教学和实际推广应用的学者和老师,进行了合作编写,部分内容设置是独创的,也是市面上很少见到的研究成果。不可否认本书也会存在瑕疵,有些观点同样会存在分歧。我们欢迎相关专家、学者指出其中的不足,甚至提出批评,我们会虚心接受大家的意见和建议,同时也欢迎致力于我国高端商务谈判专业人才教育和培养事业的人士与我们一起共同推进这项工作的开展,更好地为中国经济对外发展和参与全球经济治理做贡献。

中国管理现代化研究会国际商务谈判专业委员会主任委员　陈　达

2020 年 12 月

第一章 商务谈判概述   PAGE 1

- 第一节 谈判与商务谈判 3
- 第二节 商务谈判师 5
- 第三节 职业道德 6
- 第四节 素质要求 8
- 第五节 能力要求 9

第二章 商务谈判基础知识   PAGE 13

- 第一节 商务谈判师的知识结构 15
- 第二节 谈判学基础知识 16

第三章 技能和素养训练   PAGE 37

- 第一节 谈判思维 39
- 第二节 交流沟通和基本素养 54
- 第三节 谈判心理学 69

第四章 技术、组织和管理   PAGE 75

- 第一节 职业视野 77
- 第二节 商务谈判谋划 90
- 第三节 谈判程序的组织与管理 101

第五章　教学工作法　　PAGE 117

　　第一节　教学设计……………………………………………120
　　第二节　教学指导……………………………………………122

第六章　商务谈判的类型　　PAGE 137

　　第一节　新兴商务谈判类型…………………………………139
　　第二节　传统商务谈判类型…………………………………146

第七章　案例学习指导与能力提升　　PAGE 179

　　第一节　案例学习和研究总体要求…………………………181
　　第二节　案例解析和实操练习………………………………184

第一章

商务谈判概述

商务谈判作为一门应用科学，是随着人类社会市场经济的兴起而兴起，随着市场经济的发展和利益交换形态的不断变化而发展和进步的，是人们在社会生活、经济生活等方面不可或缺的重要工具和技术。改革开放40多年来，我国的经济发展突飞猛进，然而人们在商务谈判方面还面临着两大未解决的问题，其一是在知识体系建设方面，理论与实践严重脱节，知识传授只停留在表面，一大批书本理论仍以名词解释、谈判策略技巧等作为主要内容；其二是在对商务谈判师的培养方面，不知道如何提高他们符合实际需要的能力和技术水平，也没有合适的渠道来教育和培养这类复合型人才。为此本章首先对商务谈判概念进行梳理，同时对商务谈判师职业道德、素质、能力等方面提出标准，进行规范。通过本章的学习，学员应当了解成为商务谈判师需要努力的方向和成才的要求。

第一节　谈判与商务谈判

一、谈判

谈判一词可以解释为：在双方拥有共同利益的情况下，为解决冲突和分歧，在寻求各自利益基础上进行沟通交流的过程，目的是使双方达成一项协议、解决一些问题或作出双方都同意的某种安排。

谈判主要包含了如下几个要点。

1. 谈判是参与谈判的各方相互沟通、相互交流的互动过程

沟通的目的是使原本存在意见分歧的双方解决存在的问题，形成一致的意见，或为此作出相对应的安排。

2. 参与谈判的各方之间存在相互依赖的关系

双方之间虽然存在利益的冲突，但彼此需要通过对方使自身的利益得以实现，因此谈判是一个既矛盾又统一的结合体。

3. 谈判的双方之间有各自不同的利益

这是谈判发生的原因，即有各自不同的利益同时又有相同的利益。如果谈判双方之间只存在不同的利益，那么双方就缺少了谈判所需的共同的基础和出发点；而如果只存在相同的利益，谈判也就不会发生。

虽然从定义上说具有以上特征的活动都可称作是谈判，但是并非所有谈判都属于真正意义上的谈判。真正意义上的谈判应当至少符合以下三点要求。

（1）谈判是"给"与"取"兼而有之的过程

谈判协议应当是在双方共同让步的基础上达成的条约，谈判中的给予与获取是共同的，单方面的让步和妥协不是真正意义上的谈判。

（2）谈判双方既有冲突又有合作

双方利益的冲突导致谈判的发生，然而如果没有谈判双方的合作，谈判就不可能顺利地进行并取得满意的结果。

（3）谈判双方地位和权利平等

由于政治、经济、体制、自然条件、社会条件、管理经验、财务状况、人才条件、生产能力等方方面面的因素作用，参与谈判的双方实力有着或大或小的差异，这是客观事实。尽管实力不同，但双方的谈判地位和权利是相等的，这是公平性的一种体现，即实力较弱的一方有权否决它认为不公平的决议。如果没有这种权利，实力较强的一方就有可能利用有利的形势将自己的意志强加于较弱的一方，从而取得对自己有利的谈判结果。当然，对谈判结果的不同意见应当在签署协议前以公开明确的方式表达。

二、商务谈判

商务谈判从字面结构上就可以看出是由两个部分组成，即商务和谈判，组合在一起就是指在商务领域里所进行的谈判行为和谈判活动。

按照目的、性质和类型的不同，谈判可以分为政治谈判、外交谈判、军事谈判、商务谈判等。其中商务谈判是目前发生频率最高、范围最广、与人们日常生活联系最密切的活动。商务谈判作为谈判的一种，既有与其他类型的谈判相同的一面，又有不同的一面。同其他所有类型的谈判一样，商务谈判也是一个交流和沟通的过程，是为实现各自的利益而与对方协商、讨论以达成一致意见的过程。另外，商务谈判也有其不同于其他类型谈判的特性，这些特性主要体现在以下四方面，即：经济利益的得与失是谈判的焦点；谈判的内容具体明确，常用量化指标；谈判对象具有广泛性和不确定性；遵守契约是商务谈判的道德前提。

第二节　商务谈判师

商务谈判师有广义和狭义两种定义，广义定义是指在商务领域里知识面宽广，理论基础知识扎实全面，有丰富的工作经验和实际谈判能力，并能讲授商务知识、传授谈判技能的工作者；狭义定义是指在本机构或单位所涉及的商务及与本行业关联的领域中，具有部分专业的商务知识和职业岗位的专业知识，能够组织、策划、运作经贸活动和项目谈判事务的工作者。不同于初级的商务谈判工作者，商务谈判师需要掌握与开展商务活动相关的政治、经济、法律、金融等跨学科知识以及与其所在职业岗位相关的行业专业知识，同时还必须具备娴熟的谈判技能，包括博弈思维、交流沟通、运筹谋划等，以及为实现谈判目标、维护本方利益所具有的解决问题的方法、手段和措施。为此，根据相关行业和职业岗位的不同，可将商务谈判师划分为以下类型。

一、贸易谈判师

贸易谈判师是指掌握贸易项目谈判要素，熟谙贸易流程和步骤，理解贸易合同条款的含义和实际要求，明白价格谈判的技术流程和关联因素，能够通过技术手段把控货物质量或服务标准不符合要求所产生的风险，为可能产生的业务纠纷事前制订防范预案、事后能够有效处理和应对的专业谈判人员。

二、项目投资谈判师

项目投资谈判师是指具有工商管理知识和金融知识以及本行业的专业知识等，能分析和预判项目所在行业的前景和风险，掌握对对方谈判主体的资信、资质等进行分析的手段和方法，能够策划项目投资相关利益的切割和风险控制的谈判方案，深谙合资、合作项目以及组建新实体（公司）谈判所涉及的法律条款、资本运作要求、公司管理和运营体系等，掌握项目投资合同或协议中各类条款的含义和实际要求的谈判专家。

三、工程建设谈判师

工程建设项目的谈判涉及的内容和环节比较繁杂，既包括工程技术标准、建筑标准和建筑施工方面的专业知识，又包括工程建设商务知识和经验，同时还要熟悉招投

标程序、资本运作的模式等事务。合同条款谈判的内容较多，既有数字界定又有文字陈述条款，必要时合同和协议商务文本交叉签订，互为补充。工程建设谈判师除要求具有较全面的建筑行业商务知识和工程类专业知识外，谈判过程中还必须掌握政府大政方针，如土地政策、生态环境保护政策和最新法律法规等。

四、服务行业谈判师

服务行业是除货物贸易外的另一种贸易形态，包括金融、电信、医疗卫生和教育等行业。这类行业技术要求等级较高，验收标准一般难以量化。要成为这些服务行业合格的谈判师，首先要非常熟悉所在行业的专业知识以及服务质量的鉴定标准、检测手段和步骤，在商务合同条款谈判时，能够掌握哪些条款需要量化、哪些条款需要定性，不能在商务合同条款中出现含糊其词、模棱两可的表述，避免履约过程中出现争议。

五、其他类型的商务谈判师

在人类生活中，商务活动无处不在，有商务活动就可能会有谈判，就需要职业商务谈判师。在商务谈判中，可能每一次谈判都会涉及不同的行业和商务内容，所以最基础的商务知识已变成谈判的基石。职业商务谈判师要有能够学习和吸收其他专业知识的能力，并能在实际谈判中用学习和掌握的商务知识指导谈判实践，还要在实践中不断积累和提升理论知识水平。跨行业的优秀商务谈判师都是在不断学习与谈判实践过程中，逐渐将自身塑造成复合型商业谈判人才的。

第三节　职业道德

职业道德是对商务谈判师行为动机的内在要求，是谈判成败的重要因素。商务谈判师必须树立正确的价值观、世界观，应恪尽职守、清廉勤奋、心理健康、不贪私利。合格的商务谈判师必须遵守以下职业道德规范和信念。

一、牢固树立热爱国家和集体的情怀

商务谈判直接与经济利益挂钩，同时谈判任务具有艰巨性和复杂性，为了维护国家的利益以及所服务的集体的利益和与此相关的发展大计，商务谈判师要有博大的胸怀、积极进取的动力、战胜困难的决心、大局至上的服务理念。

二、具有团结协作、顾全大局的合作意识

谈判是一项复杂的系统工程。谈判前需要进行大量的准备工作，谈判过程可能会涉及不同议题，需要应对突发事件和瞬息万变的情景，谈判结束后还要履行商定的条款，协调处理大量的内部专业事务，只依靠商务谈判师一人单打独斗是不行的，这就要求商务谈判师必须有团结合作的大局意识，能够凝聚多部门的力量，调动各类专业岗位和后勤保障人员的积极性，听从上级组织和领导的正确指挥和安排，只有这样才能顺利完成商务谈判的重任。

三、具有遵纪守法的自律意识

商务谈判师要有遵守法律、法规的自律意识，时刻牢记违法的事不做，违规的事不干，坚持国家、集体的利益和财产不可侵犯的原则。谈判过程中，任何协约条款和最终决策，都不得跨越法律、法规界限，不得超越上级授权，不得以欺骗、欺诈、胁迫的手段逼迫谈判对手违规签订合同或协议，不得在经济活动中掺杂、使用、提供假冒伪劣产品，不违法违规是商务谈判师必须坚持的职业道德底线。

四、坚持正确的商业伦理观

商务谈判师在经济活动过程中，要从自觉维护社会和谐发展的大局观出发，建立经济与正义、责任相一致的秩序，这不仅能促进经济良性循环和持续增长，而且能够使商业发挥激励和促进每个人满足需要、发展能力、完善自我的作用，并能将商业整合到社会整体协调发展的大系统中去。

在社会道德方面，商务谈判师要有正确的义利观。谈判过程中，不能贪图个人私利、行贿受贿，不能为个人蝇头小利无原则妥协让步，出卖集体的利益。在职业道德方面，商务谈判师要讲究礼、诚、信。"礼"即礼貌待人，处事有修养、有分寸，在谈判过程中，懂得商务礼仪；"诚"即光明正大，诚心诚意谈判，不搞耍心眼一类的雕虫小技，不滥用策略技巧，要注重阳谋，不搞有违伦理的阴谋，以事实为依据，以理服人；"信"即言而有信，言必信，行必果，不可乱表态，不能越权承诺，更不能信口开河允诺办不到的事项，信任是谈判各方合作的基础，也是商务谈判师应在谈判沟通过程中追求的谈判氛围。

第四节　素质要求

素质简单来说就是指一个正常人的思想、文化、身体所具有的禀赋和特征，代表德、智、体三个方面的内容，是一个人在社会生活中思想与行为的具体表现。在商务谈判中，素质是一个人的思想和职业道德修养、学识水平、身体健康程度、思维能力、洞察能力、管理能力、情绪控制力以及职业谈判技能所达级别的综合体现。商务谈判师的具体素质要求包括：

一、良好的政治素质

政治素质包括个人的政治方向、政治立场、政治观念、政治态度、政治信仰、政治技能等。商务谈判师要有较高的政治素质，树立坚定正确的政治方向，服从政治大局，服务于国家的经济发展。商务谈判师要具有高度的政治敏锐性，不断学习和领会国家的大政方针，紧跟政治形势发展的需要。

二、爱岗敬业、忠于职守的意识

敬业就是珍惜和忠于所从事的职业，谈判师要有较强的职业自豪感和责任感，能够立足本职，扎扎实实做好谈判事业的每项工作。高素质的谈判师应怀着强烈的敬业精神，热爱本职工作，忠实履行岗位职责，全身心投入商务活动中，充分发挥聪明才智，在谈判的各项工作中做出出类拔萃的成绩。

三、刻苦学习、不断进取的钻研精神

经济在发展，社会在进步，人们生活水平在不断提高，这些方面的发展和变化，都对商务谈判内容产生重大影响，谈判模式也在不断发生变化。要掌握好商务谈判技术，就需要不断学习、刻苦钻研，以适应经济潮流的变化与发展。

四、勇于探索、提高谈判技能的能力

商务谈判师需要具备多方面的知识体系、过硬的谈判技术。不同人的知识积累是不同的，能力和优势也都不一样，所以在商务谈判领域里每一位谈判师都要自觉认识到自身的不足和短板，除了要具有刻苦学习、不断钻研的精神外，还要在实践中勇于探索，学习借鉴他人的优点，不断提高自己的综合谈判技能，如博弈思维能力、交流

沟通艺术、情绪调动和控制力等。

五、心智健康、身体强健

商务谈判是一项艰苦而又紧张的工作。商务谈判师在激烈的谈判过程中，要能够保持内心沉稳，思绪不乱，见招拆招，步步为营，作风顽强，心理素质过硬。同时谈判又是高强度脑力劳动和体力劳动的集合体，双方都想从对方那边获得更多的利益，锱铢必较的谈判行为注定了谈判过程的复杂性、艰巨性和漫长性，没有强健的体魄，没有抗高压的心理和身体素质，是很难完成谈判任务的，这就要求商务谈判师在平时要加强心理抗压训练和体质锻炼。

第五节　能力要求

一个人的能力通俗来讲就是为开展某种活动并使工作达到某种期望值或良好效果的本领，也可以说是一个人准确、快速、有意识地完成某种实践活动或思维活动所必需的诸要素的组合。开展好商务谈判活动需要具有特定的能力。

一、基础能力

1. 商务知识积累和应用能力

由于商务谈判活动涉及多学科的理论知识，而目前的教育体制还不能使学生在高等院校里得到跨学科的全面教育，更不用说对这些知识内涵和实质能有深刻的理解和实际运用，这就需要商务谈判师在谈判工作中不断自我累积，并将理论与实践科学地结合应用。当今是知识爆炸的时代，是学习型社会，学好、用好商务知识，不断积累和夯实理论基础，并能在谈判实践中科学应用，这是对商务谈判师最基本的要求。

2. 思辨能力

思辨能力包含了两层意思，其一是思维能力，其二是辨别能力。谈判的过程是激烈的博弈过程，离不开商务谈判师的创新力、洞察力、联想力等高超的思维能力，而耳闻目睹的现象和谈判对方的说辞，有些未必是真实的东西，这就需要商务谈判师还要具有去伪存真、辨别真假的能力。

3. 交流沟通能力

谈判是一门艺术，预期的艺术效果大多产生在交流沟通环节中。交流沟通不是简单的信息传递，也不是喜、怒、哀、乐等个人情绪直白而不加控制的宣泄。老练的商

务谈判师在谈判过程中会非常注重意图表达的策略技巧和化解双方利益碰撞、立场对立的艺术手段。

4. 组织协调能力

谈判需要大量的组织管理工作，这就对商务谈判师的组织协调能力有较高的要求，包括慧眼识才组织优秀的谈判小组；开展对商业情报的收集、整理、分析工作；综合分析双方谈判地位优劣势，策划商务谈判方案，制定妥协和讨价还价的策略；整合机构内部资源，协调谈判小组和各分支机构间的差异性矛盾，协调上级组织与谈判小组的对接事务；落实并具体化战略意图所需的措施和方案，实时调控和纠正谈判方向等。

二、新时代的谈判能力

1. 紧跟时代发展的适应能力

人类社会在不断进步，科技发展一日千里，新经济业态层出不穷。新时代要求商务谈判师要永不停顿地学习、汲取新知识，不断求索革新谈判方式，紧扣经济全球化发展的脉络去增强和提高谈判技能。

2. 使用新技术手段的能力

互联网、新媒体和大数据等新技术手段和方法的应用，通信方式和交通设施的日益便利快捷，使得商务活动呈现多样化、速度化、效率化的特点。商务谈判师必须不断学习并掌握日益革新的技术，借助科技手段争取更多的谈判商机，提高谈判成功率。

3. 创新商务谈判的决策能力

战场上将军所作的重要决策对于战役成败具有生死攸关的作用，商场上的决策也同样重要。一场关键性的商务谈判会给商务谈判师所在机构带来两种结果，一种是赢得继续发展的商机，另一种是利益受损。现代人的学识要比过去宽广得多，解决问题的方法和手段也比以往高明得多，如果商务谈判师的思维仍然故步自封，方法手段陈旧，决策平庸，没有创新谈判模式的意识，导致在商务谈判中频频失误，就会损害所在机构的利益，也会严重影响自身的进步和发展。

三、教育和培养谈判人才的能力

中国是货物贸易大国，据估计每天都有几十万次的商务谈判活动在进行。但我国商务谈判人才还非常匮乏，目前能够开展商务谈判教学的高等院校，专业师资力量非常薄弱，既有实用谈判理论又有谈判实践能力的教师更是凤毛麟角，商务谈判的师资数量和质量远远不能满足我国商务谈判人才教育和培养的需要，所以合格的商务谈判师还需要担负起教育和培养谈判人才的重任。

商务谈判人才的教育与培养必须立足于实践,而实践教学的最好途径就是将经典实战商务谈判案例的学习、研究和指导三者结合进行。商务谈判师要充当实践导师,发挥如下指导作用。

——多方面收集商务谈判事件资料,特别是所在机构以往发生过的重要谈判事件,对实际谈判事件的资料能够按照教学目标进行整理,以适合课堂教学的要求,重点在于案例所包含的知识点、经验和教训、谈判模式和规律等内容。

——引导学员进行相关商务谈判案例的信息、资料收集和整理。

——制订谈判方案的具体要求和标准,指导学员制订谈判当事方各自的谈判方案。

——对案例的重要环节和要点进行引导和提示。

——对学员进行分组,从不同谈判角色角度分别组织谈判方案研讨,并组织模拟商务谈判。

——在整个实践教学活动中,对于案例中所涉及的谈判规律和知识要点进行重点阐述。

——对模拟商务谈判过程中学员表现出的创意、亮点和瑕疵、不足等方面要进行点评和纠正。

第二章

商务谈判基础知识

商务谈判活动涉及领域广泛，谈判对象背景复杂，具备基本的商务谈判知识和能力是从事商务谈判活动的前提。本章重点介绍商务谈判师应具备的基本知识和与该知识构架相对应的能力。通过本章的学习，学员应当了解和掌握商务谈判的基本规律、知识体系构架、主要的知识点及其在谈判中的应用。

第一节　商务谈判师的知识结构

商务谈判师的知识结构应当是 M 形结构，既要知识广博，又要有一定的深度，这是商务谈判师综合能力的体现。商务谈判师还要具备从事商务谈判的基本操作与规划能力，特别是实践能力。

一个合格的商务谈判师的知识结构至少包括三大知识体系：基础知识、谈判学基础知识、谈判扩展知识与技能（见图 2-1）。

一、基础知识

商务谈判师必须具备主要领域的基础知识，这样才能在商务谈判中游刃有余。在基础知识列表中，与商务谈判有直接关联的基础知识是商务知识，包括其中的政治、经济、法律以及跨文化等知识。在掌握这些基础知识的前提下，还需要学习其他基础知识。

基础知识可以通过在校接受专业课程教育、自学、在实践中学习等方式获取。由于基础知识的内容过于庞杂，本教材不详细表述所有基础知识内容，商务谈判师应明白基础知识是在商务谈判时应用的重点，平时应当注重这些知识的学习和积累。

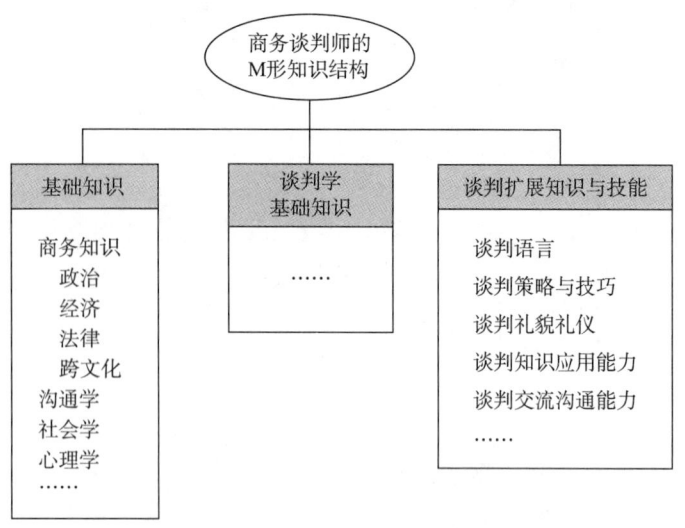

图 2-1 商务谈判师的 M 形知识结构

二、谈判学基础知识

谈判学基础知识也是合格的商务谈判师所应具备的。谈判学基础知识注重谈判知识与相关谈判能力之间的关系，在学习谈判知识的同时应当了解获得的谈判能力是什么，以及如何获得相关的能力。这部分的内容将在第二节重点介绍。

三、谈判扩展知识与技能

谈判扩展知识指的是在掌握了谈判学基础知识后，还应当掌握与谈判进行和成功直接相关的知识，包括谈判语言、谈判策略与技巧、谈判礼貌礼仪等。与实践相关的部分主要是能力的培养，如谈判知识应用能力、谈判交流沟通能力、谈判掌控能力等。

第二节　谈判学基础知识

谈判学基础知识是与谈判的发生、发展最直接相关的知识，它可使谈判人员了解谈判的基本规律。具体来说，谈判学基础知识主要包括如下内容：谈判动因、谈判结构、共赢理念、合作原则谈判法、中国传统谈判哲学、谈判力、利益分配法则、信任法则、多方谈判、谈判者性格、两分法谈判与综合谈判、谈判文化。谈判学基础知识与对应能力如图 2-2 所示。

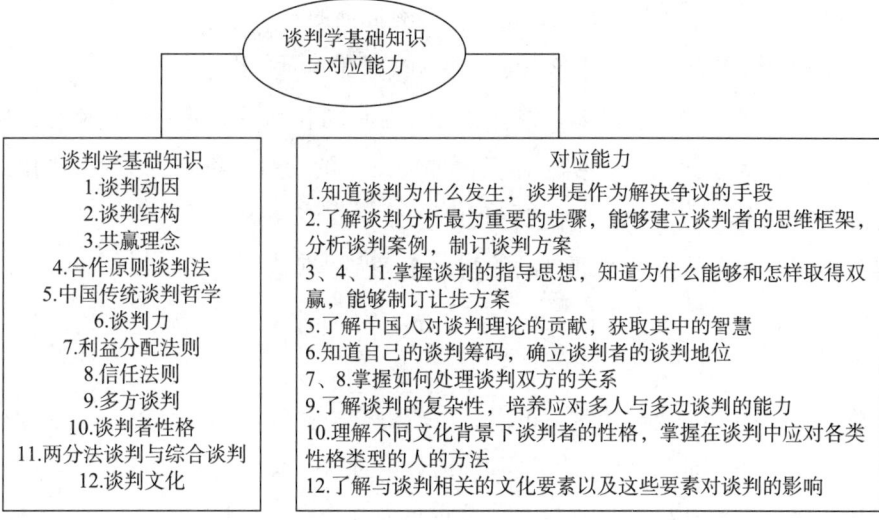

图 2-2　谈判学基础知识与对应能力

下面将从谈判动因开始逐一介绍谈判学基础知识的重点内容。

一、谈判动因

人类生活在一个充满矛盾、冲突和对抗的世界里。除经济原因引发的冲突外，还有其他各种各样的原因引发的冲突，如政治、社会、宗教、文化和种族等。当然，由经济原因引发的冲突是最根本和最常见的。既然矛盾与冲突不可避免，那么如何解决矛盾与冲突便是一个永久的话题。

纵观人类的发展历史，人类解决冲突的方法无外乎两种，即武力方式与和平方式，小到个人间的矛盾和爱恨情仇，大到国与国之间的利益、主权的争夺。通常情况下武力方式不仅会伤害感情，还可能会造成金钱和生命的巨大损失，比如第二次世界大战；而相比较来说，通过谈判这种和平方式来解决问题无疑是更好的解决方式。特别是 20 世纪下半叶以来，和平与发展已成为世界发展的主旋律，经济全球化的浪潮已将世界各国、各地区联结成为一个相互依赖、你中有我、我中有你的整体，谈判也被越来越多地应用到各种事务，特别是商业往来活动中，成为解决冲突的主要手段。

1. 冲突

冲突又被称作对抗、争执或不同意见。冲突发生在两个或更多个既有不同利益又有共同利益的相互依赖的当事方之间。冲突会削弱各方获取利益的能力。

对以上定义有三点需要进一步解释。

（1）冲突的当事方是相互依赖的

冲突的各方之间由于利益的原因存在着某种关系，这种关系将各方连成利益相关的整体。显然，各方如果互不相关，也就不会有冲突的发生。

（2）冲突的当事方之间既存在不同利益，又存在共同利益

这听起来似乎矛盾，然而如果冲突各方只有不同利益而不具有共同利益，则谈判就失去了根基而无法进行。事实上，任何冲突发生的同时也都在酝酿着共同的利益，这才使得谈判成为解决冲突的一个自然程序。

（3）冲突各方自然要为实现自己的利益而努力，在这一过程中通常会减少对手的利益，结果就是各方各自的获利能力降低，各方实际获得的利益减少。

2. 利益得失

利益得失指的是（通过谈判）可以获取或者会失去的利益，可以产生或者避免的成本。利益得失的确定取决于商务谈判师所处的现状、选择的方案以及是否还有其他选择；利益得失简单地说就是利益，它既指眼前利益，也指长远利益，或者是商务谈判师所表达的潜在利益和具体事件等。

下面就此定义做四点解释。

（1）谈判各方通过谈判要么得到期望利益，要么失去期望利益，因此谈判对于各方是具有利益关系的事件，也只有关系到各方切身利益的谈判才会使人们积极地投入其中。

（2）世上没有免费的午餐，谈判桌上也是如此。谈判各方若想通过谈判获取各自的利益，就必须有所付出。付出成本的大小取决于谈判各方如何应对谈判，如何处理各自的利益得失。

（3）谈判开始时事态的发展状况是各方衡量利益得失的一个标准。如就某一种产品的价格进行谈判时，当时市场的供需情况会是第一个参照指标。在此基础上，各方提出各自的方案并通过谈判确定是保持现状还是改变现状，是方案A还是B或者是其他选择。

（4）商务谈判师的利益既包括眼前利益也包括长远利益和潜在愿望。商务谈判师有时必须在眼前利益和长远利益之间做出抉择，以确定是牺牲眼前利益来满足长远利益，还是以眼前利益为重而舍弃长远利益。

二、谈判结构

由于谈判这一普遍的社会活动表现形式多样，内容广泛，涉及不同的国家、团体、组织和个人，因此人们感觉谈判似乎是一种纷繁复杂、无章可循的社会现象。谈判学科发展的目的就是探索谈判发生的内在规律，揭开事物的表象以探索谈判活动所具有的普遍性和共性的特征。了解谈判的内在规律，应该从剖析它的外部结构和内部结构

开始。事实上，无论谈判的内容、形式如何，从它的外部结构和内部结构来看，谈判都要遵从一定的规律和格式。

1. 谈判的程序

谈判的程序即谈判的外部结构，分为以下几点。

（1）介绍谈判组成员

正式的谈判一般都是从介绍谈判组成员开始的，成员介绍可以从主方开始，也可以从客方开始。介绍一般先从主谈人开始，按照级别从高到低介绍。介绍的内容应包括姓名、职务职称、专业领域、主要职责等。

（2）安排谈判日程

谈判双方需要讨论的第一个议题常常是日程的安排，特别是复杂和重要的谈判，日程的安排非常重要。

（3）进入实质性谈判

当谈判日程确定后，双方按照达成的谈判日程安排就各项议题进行商谈，谈判即进入实质性阶段。

（4）谈判总结

总结是谈判全过程的最后一个阶段。

2. 谈判的一般结构

谈判的一般结构指的是谈判的内部结构。之所以称其为一般结构，是因为无论何种谈判——复杂的或简单的、正式的或非正式的、国际的或国内的——都要经过这样的过程。掌握了谈判的一般结构就可以说对谈判的实质有了基本的了解。

（1）确定利益与议题

谈判各方需要清楚地知道各自要谈什么，各自通过谈判需要获得什么利益。因此在谈判开始前要尽快确定双方的利益，特别是潜在的和隐藏的利益，这是取得谈判成功的第一步。

（2）设计和提出方案

谈判议题确定后，双方即提出各自解决问题的方案。这里的方案指建议、条件、要价等各自为实现自身利益提出的想法。

（3）引入谈判方案的评判标准

在谈判开始后，谈判各方根据自己的谈判方案向对方提出自己的条件。

（4）估计各自的保留点和底线

确定自己的底线是为了明确何时离开谈判桌，它是根据各自的保留点也就是最低要求决定的。

（5）寻求达成协议的替代方案

谈判方案不能只有一种选择，应当有替代方案，这样谈判才会不至于陷入僵局。

（6）达成最终协议

如果任何一方提出的替代方案成功地弥补了双方的差距，并为双方所接受，便可达成最终的协议并宣布谈判成功。当然，另外一种结果是各种方案都无法为双方所接受，那样就只能终止谈判，各自寻找其他机会，或者是等到形势有了新的变化双方再举行谈判。

3. 贸易谈判结构

商务谈判中最主要和最经常发生的谈判是贸易谈判。贸易谈判作为谈判的一种类型，其谈判结构也适用于前文所述的谈判的一般结构。在此之所以特别强调贸易谈判结构，是由于贸易谈判的每一个阶段都有自己特殊的表达方式，即人们所说的职业行话。贸易谈判的过程和结构用贸易领域内常用的词汇可以表达为询盘、发盘、还盘和成交四个阶段。通过询盘和发盘，谈判双方的利益和要求得到明确表达，同时也提出了谈判的方案和评判标准；通过还盘和成交，谈判双方寻求弥合分歧的方法并最终达成协议。尽管贸易谈判的结构与其他类型的谈判相似，但是贸易谈判的每个阶段都有其严格的法律解释。

三、共赢理念

在20世纪后半叶，随着经济全球化和一体化的不断发展和深化，世界各国、各地区之间的经济交往和经济协调更为密切，而这种你中有我我中有你、一荣俱荣一损俱损的局面使人们认识到，在经济相互依赖的世界里，不能简单地以输赢论英雄，而必须寻求一种通过合作获得共赢结果的方法。这种认识使人们越来越多地通过和平的方式，在平等互利的基础上解决一切冲突，特别是经济领域内的冲突。一些学者和社会工作者开始宣传和倡导解决冲突的全新理念，即共赢理念，其中比较著名的有美国学者罗杰·费希尔和威廉·尤利、英国谈判家比尔·斯克特等，他们思想的核心是强调一致性的利益和双方共同的胜利。

1. 什么是共赢

共赢是指谈判双方在尽可能取得己方利益的前提下，或者至少在不危害己方利益的前提下，应通过这样或那样的方法使对方的利益得到一定的满足。寻求双方利益的一致性是指在谈判中应努力挖掘双方利益相同的部分，再通过共同的努力将利益的蛋糕做大，如此双方都可获得更多的利益。以共赢理念为指导，一个全新的谈判模式形成了。大量的谈判实践证实这一新的谈判模式在解决冲突的谈判中成果卓著。共赢理念在解决许多难题的过程中被证明是有效的、成功的，这其中的主要原因是，该理念强调从双方彼此的角度共同考虑问题，这大大促进了双方的相互理解，因而能够产生事半功倍的效果。

共赢模式的结构如下。

（1）确定己方的利益和需求。

（2）寻找对方的利益和需求。

（3）提出建设性的提议和解决方法。

（4）宣布谈判成功。

2. 怎样实现共赢

要实现共赢就需要进行有条件的谈判。谈判各方对利益排列的优先顺序往往是不同的，各方均从自己的角度出发，以放弃非重要议题上的利益为代价，获得在重要议题上的利益，这样双方就有了讨价还价的可能，才能获得最后的共赢。

四、合作原则谈判法

共赢理念的提出为发展全新的谈判理论提供了基石，在此基础上，以罗杰·费希尔和威廉·尤利为代表的谈判理论家建立了合作原则谈判法，即著名的哈佛原则谈判法。费希尔和尤利在其著名的代表作《达成一致》中全面阐述了合作原则谈判法的理论观点和体系，该著作中的观点目前已经得到广泛的认可，并产生了较深远的影响。

合作原则谈判法由以下四个部分组成。

对谈判对手——对事不对人。

对双方利益——着眼于利益而非立场。

对利益获取——创造共赢方案。

对评判标准——引入客观评判标准。

合作原则谈判法的这四个部分互相依存，环环相扣，在谈判中贯穿始终，共同影响谈判的进程。

1. 对事不对人

对事不对人是指谈判中承认商务谈判师人性的方面，不将对方视为问题和障碍，而是将商务谈判师和要讨论的问题分开。将人与问题区分开的至关重要的一点就是：理解对方，控制自己的情绪并加强交流。

2. 着眼于利益而非立场

立场指的是谈判中所持的态度，坚持立场意味着选择哪一边。这种"选边站"的态度往往容易使谈判陷入僵局，而成功的谈判在于利益的给予和付出。

3. 创造共赢方案

首先提出创造性方案，注意将提出方案和评价方案分开；之后寻找共赢方案，注意明确双方的共同利益，寻找使对方愿意考虑的方案；最后选择一个切实可行的、能使双方都接受的方案。

4. 引入客观评判标准

客观评判标准应当具有公平性、合法性、有效性、科学性和权威性的特点，并且独立于谈判双方的意志。在判断一个标准是否属于客观评判标准时，应从以下几个方面考虑。

（1）客观评判标准应当独立于各方的主观意志，因而它可以不受任何一方的感情影响。

（2）客观评判标准应当具有合法性和有效性，并且切合实际。

（3）客观评判标准应当具有科学性和权威性。

（4）客观评判标准要有公平的处理程序。

五、中国传统谈判哲学

人们谈到谈判理论时常常会以第二次世界大战后的西方谈判理论的发展作为谈判理论的起点，事实上，拥有 5 000 余年华夏文明史的中国具有非常发达的谈判文化（或称为谋略文化）。中国的谋略文化源于中国的哲学思想。

1. 对立统一论

中国哲学的精髓是关于对立统一规律的辩证思维，中国古代谈判谋略的思维同这一辩证思维是密切相连、不可分割的。

2. 分和往复论

中国古代哲学在注重矛盾双方对立、斗争的同时，又强调矛盾双方的联系、渗透。

3. 知己知彼论

《孙子兵法·谋攻篇》中说："知彼知己，百战不殆；不知彼而知己，一胜一负；不知彼不知己，每战必败。"

4. 攻心为上论

揣摩谈判对手的心理变化，从情理、感情上说服对方、感化对方，谈判中的这种心理策略在我国古代谈判思想中被称为"攻心术"。

六、谈判力

对商务谈判师来说，通过谈判解决冲突并从谈判中获取最大的利益是促使人们坐在谈判桌前的主要动力。然而谈判代表借助什么方式能够获取多大的利益，则在很大程度上取决于谈判双方相应的谈判力。谈判力决定了商务谈判师在谈判中的地位。

1. 什么是谈判力

实力是一种社会现象，它赋予人们控制他人、事物或行为的能力，但实力只在有相互关联的各方之间才会发挥作用。谈判力则是谈判中那种可以影响及控制另一方的决策、解决双方的争端、实现谈判预定目标的能力。

谈判力指的是商务谈判师在谈判中可以借用的、能控制和影响对方决策行为，以期达到解决问题和赢得谈判目的的能力。谈判力是商务谈判师综合运用各种资源包括谈判环境资源、企业内部资源及商务谈判师自身资源所拥有的谈判能力。商务谈判师能够发现并利用的资源越多越丰富，他的谈判力就越强。

2. 谈判力的来源

在谈判中人们可以借用的资源很多，有内部的、外部的、主观的、客观的，归纳起来说，在商务谈判中谈判力的来源有这些方面：市场地位、市场份额、信息、时间、公司的规模与结构、声誉、产品生命周期、人员素质等。

3. 影响相对谈判力增减的变量

有三个变量无论在何种情况下都起着决定性的作用，即动机、依赖和替代。这三个变量与谈判力之间的关系可以用下面的公式来表示：

$$P_{(A\sim B)} = M_B \times D_{B:A}/S_B - M_A \times D_{A:B}/S_A$$

式中　$P_{(A\sim B)}$——A 相对于 B 的谈判力；

M_B——由 A 所诱发的 B 的谈判动机；

$D_{B:A}$——B 为实现谈判目标而对 A 的依赖；

S_B——B 为实现谈判目标所具有的替代或其他选择；

M_A——由 B 所诱发的 A 的谈判动机；

$D_{A:B}$——A 为实现谈判目标而对 B 的依赖；

S_A——A 为实现谈判目标所具有的替代或其他选择。

（1）动机

动机可以解释为获取利益的愿望和激励因素。它与谈判力的提高和降低的关系是：A 方谈判力的上升伴随着 A 方愿望的下降；反之，A 方的愿望越强烈，其谈判力就越弱。

（2）依赖

依赖指的是人们为了生存或者使自己所从事的工作有效进行而对其他人或事物持续不断的、规律性的需求。而在谈判中，依赖指的是谈判一方为实现其利益和目的对另一方的需求。一方的谈判力会随着其对另一方依赖程度的增大而降低。

（3）替代

替代指的是谈判一方所能寻求的其他选择方案，以及为了降低对对方的依赖程度而采取的行动。显而易见，如果谈判一方有许多其他办法、出路和支持者，他的独立性就会大大增强，因而他的谈判力也会大大增强。

4. 谈判力策略的应用

谈判力较强的一方在谈判中为了达到向对方施加压力、迫使对方让步的目的，常常会使用谈判力策略。人们经常使用的谈判力策略包括：

（1）设定最后期限

为接受谈判条件设定最后期限，并威胁如果到期不接受谈判条件将对其采取制裁措施，如经济制裁、军事打击等。

（2）显示强硬态度

在谈判中一直保持强硬立场以迫使对方让步。

（3）嘲笑对方立场

轻视或者对对方的立场表示不屑一顾，从而迫使对方放弃自己的主张。

（4）突出己方方案

强调自己一方建议的重要性，并通过这种方法强迫对方让步。

（5）威胁双方关系

警告对方如果不接受己方所提条件就断绝双方关系，以此向对自己依赖较大的一方施加压力。

七、利益分配法则

在谈判过程中，利益的多样性和复杂性不仅能通过所涉及的事件表现出来，而且还能通过所涉及的个人、利益群体以及国家部门等各个层次表现出来。这些不同个人和群体的利益相互交织，互相作用，对谈判结果发挥着各种直接或间接的作用。即便是在谈判一方内部，每个成员的利益也是不同的。利益决定了谈判双方以及谈判团队内部的关系。

1. 需求理论与谈判

亚伯拉罕·马斯洛在1954年出版的名为《动机与个性》的书中提出人类有七种基本需求，这七种需求为研究与谈判相关的需求提供了一个很好的框架。需求理论可以引导人们找出谈判桌旁的双方的需求是什么，越是基本的需求，就越容易使对方接受，而谈判时以满足对方的需求作为讨价还价的筹码是最有效的。

2. 国内谈判的三层利益

任何在国内举行的谈判都至少涉及两个层次的利益，有时甚至涉及三个层次的利益，即个人利益、组织利益和国家利益。

（1）商务谈判师的个人利益和组织利益

商务谈判师的个人利益与其所在的工作单位（组织）和所在的国家都密切相连，特别是与其所在的工作单位（组织）的联系更为密切和直接。由于这个原因，商务谈判师在谈判中自然会把组织的利益放在首位并尽最大的努力实现组织的利益。然而尽管个人利益和组织利益有如此密切的联系，个人利益也并非总是与组织利益保持一致，特别是当个人利益与组织利益发生尖锐对立的时候，而且常常是发生物质利益冲突时，商务谈判师有时会为了满足个人利益而牺牲组织利益。

（2）商务谈判师的个人利益和国家利益

从个人利益的角度看，国家利益有时显得很遥远，与个人利益的关系比较间接，因此国家利益常常被视为一个指导原则。然而当个人代表自己的国家，以国家的名义与另一个国家谈判时，他就会坚决捍卫国家的利益并尽一切努力实现国家的利益，因为在这种情况下国家利益的损失不仅意味着组织利益的重大损失，同时也意味着个人利益的重大损失。

（3）组织利益和国家利益

按理说这两者应当是一致的，因为国家利益是全局利益的代表，但是必须承认组织也有自己相对独立的经济利益，并具有使自身利益最大化的倾向。因此一些组织有时会为追求自己团体的利益而忽略甚至损害国家的利益。

3. 商务谈判中的双层游戏

当谈判的舞台由国内转移到国际时，双边谈判或者多边谈判的最终结果将取决于两个层次利益即国内利益（第二层利益）和国际利益（第一层利益）的相互作用，国际利益是国际上各种势力即各个国家相互较量的结果；国内利益则取决于各国内部各个利益集团包括政府、企业、组织等的相互作用。

参与任何国际谈判的国家首先必须在国内形成关于谈判的"一揽子"方案，在国内层次形成的方案和条件越具体、范围越清晰，就越容易形成团结一致的力量。在国内形成的统一的具体方案将最终决定国际谈判的条件、谈判战略和国际谈判的动力。

八、信任法则

美国教授戴尔·赞德在他发表的《信任与决策过程》一文中论述了信任的含义并指出，信任意味着：向别人暴露你的易受伤害之处，而此人的行为不在你的控制之下。

如果此人滥用或者不能够保护你的易受伤害之处，你将因此而遭受惩罚、损失甚至被剥夺幸福和快乐；如果此人按照你的意愿行事或者保护了你的易受伤害之处，你就可能获得利益、回报或者极大的满足。

1. 决定信任与被信任的因素

（1）信息

当一个人向别人透露他的目标、目的或者其他没有必要透露给别人的信息时，他就增加了自己易受伤害之处，给了别人机会来阻挠或破坏他的努力。比如一位公司的职员将自己的计划书透露给同行，然而这位同行盗窃了他的想法并用于其他企业创造收益，这就是利用了他易受伤害之处。因此一个人如果不信任他人，就会掩盖信息，隐藏自己的真实意图。

（2）影响

如果一个人允许另一个人影响自己的决定，则说明他信任这个人，因为当他允许别人干涉他的意见时，他就等于给了别人机会来误导自己（或做出较为不理想的决定），增加了自己的易受伤害性。一个人不信任他人的表现之一，就是抵制他人的影响。

（3）控制

如果一个人愿意将自己的权力下放并允许他人以自己的名义行事和做出决定，就增加了自己的易受伤害性，因为他必须依赖他人做出判断或者决策，而一旦对方的判断是错误的，他就必须承受由此带来的严重后果。

2. 影响信任与否的因素

影响一个人信任或者不信任行为倾向的因素有两类：可变因素和不变因素。

（1）可变因素

可变因素主要源于不同的人的经历和看问题的视角，包括以往的信任记录、完成一项使命的能力、他人的意图、奖励制度等。

（2）不变因素

不变因素有两个主要来源：儿童教育和职业教育（或特殊训练）。

3. 信任的效应

信任是决定人们之间关系的一个重要因素，也是决定谈判队伍成员之间与对方之间关系的重要因素。研究表明，信任可以激发人类的智慧和创造力，信任还可以使人们的情绪更加稳定，更善于自我控制。信任有助于宽容和相互接纳，有助于人们思想的公开表达。信任鼓励合作和相互理解，不信任则会招致对方的拒绝和辩解，破坏谈判组成员之间、谈判各方之间的合作和友好关系。由于相互间的不信任，各方彼此之间往往封锁信息或扭曲信息，掩盖事实真相，这样做的结果会增加人们对事物判断的不准确性和错误率，很有可能会导致人们做出错误的决定。

九、多方谈判

在大多数情况下，参与谈判的多为两方，然而在有些情况下也会有第三方参加，有时甚至多于三方。当谈判双方希望引入第三方参与谈判，或者其他更多的人也希望加入到谈判中时，谈判就变成了复杂谈判。复杂谈判之所以被认为是复杂的，主要是因为其涉及多方参与、多个议题、多种利益等。

1. 第三方的参与

第三方指的是除了当事的谈判双方外，又有一方或多方加入谈判。第三方的加入可能是受到一方或双方的邀请，也可能是受法律的约束或基于以前谈判达成的条件等。第三方可以分为牵线人、助谈人、调解人、仲裁人和行政长官等。

（1）牵线人

牵线人即介绍人，他一般只需在谈判双方间牵线搭桥。使有谈判意向的双方坐在一起，牵线人便完成了自己的职责。

（2）助谈人

助谈人顾名思义就是帮助谈判顺利进行的人。助谈人在谈判中可以通过认真地听取谈判双方对各自立场和观点的陈述，并且通过向双方提问等方式帮助双方认清形势以及各自的优势，分析总结双方的共同利益和分歧。让双方各自完善方案并且通过讨论这些方案来化解双方的不同点，解决双方的问题。最后，助谈人应当让双方寻求客观的评判标准，鼓励谈判双方最终自己解决冲突和矛盾。助谈人在这个过程中一定要注意避免对任何一方有倾向性，而且要保证每一方都有平等地发表自己意见的机会。

（3）调解人

调解人常常承担着更为积极的角色。他们既侧重谈判的进程，又侧重谈判的参与。在调解过程中，他们最主要的目标就是鼓励双方放弃最初的竞争策略，寻求合作解决争端的办法。调解人在谈判中作用的关键词是"帮助并且共同"解决问题。

（4）仲裁人

仲裁人属于谈判参与侧重型。仲裁人应当独立于谈判双方的利益影响，成为纯粹的独立人，这样他才能够在倾听双方的陈述、了解情况和形成决议时保持正直、客观和不偏不倚的态度。仲裁人在谈判中作用的关键词是"独立"。

（5）行政长官

行政长官在他依据自己的判断认为需要干预谈判的时候参与谈判，并依据他对谈判情况的判断做出应采取何种行动的决定。由于行政长官所处的地位和所拥有的权力，他的决定一般不容置疑。

2. 多方参与的谈判

当商务谈判参与方由原来的两方增加到三方时，谈判就由简单谈判转为复杂谈判。但有的时候谈判参与方会大大超出三方，有的谈判甚至有上百个参与方，如世界贸易组织内进行的多边贸易谈判；而 2003 年为解决朝鲜核武器问题举行的会谈，其参与者多达六方。谈判参与方越多，问题就越复杂，达成协议的时间也就越长。例如，关贸总协定的八轮会谈，随着参与谈判的国家的增加，谈判持续的时间也越来越长：从第一轮谈判到第四轮谈判，参与国家在 30 个左右，谈判时间不超过 6 个月；但是从第五轮谈判开始，谈判参与国增加到 45 个，时间也延长到 10 个月；第六轮谈判于 1964 年 5 月至 1967 年 6 月举行，有 48 个国家参与，历时 3 年多；第七轮谈判于 1973 年 9 月至 1979 年 4 月举行，有 99 个国家参与，历时 5 年半；到第八轮乌拉圭回合谈判时，参与谈判的国家达到 120 个，时间更是长达近 7 年。

3. 谈判联盟

一场谈判涉及众多方面的情况常常发生在诸如世界贸易组织这样的国际组织内。在这样的情况下，由该组织出面组织所有成员国就某些议题进行商谈；而在另外一些情况下，则是由谈判双方中的某一方组织联合其他各方参与谈判。例如，你为了说服你的老板和同事，或者是你的客户和供应商，你可能常常会带上一些利益差别较大的人一起去做。这种情况的发生是因为谈判某一方认为有必要邀请尽可能多的支持者来提高自己的谈判地位，增强自己一方的谈判力，特别是在谈判某一方估计依靠自己的力量不能够实现既定目标时，往往会争取尽可能多的支持者。

将自己的支持者团结起来，成立一个谈判联盟或者统一战线是一个十分有效的方法。谈判联盟的含义可以解释为两个或两个以上来自不同的政治、社会或经济团体的力量为了取得一个特定的目标而联合他们的资源、协调他们的行动，因为他们认为联合起来取得胜利的机会大于各自为战和力量分散的情况。

成立谈判联盟是人们为实现自己的谈判目标惯常使用的策略，因为人们希望通过走联合的道路达到壮大自己的声势、弥补自己的弱点的目的。事实上，即便是力量相对强大的一方也会希望有尽可能多的支持者。然而尽管组织一个联盟以获取尽可能多的支持者是人们常采用的方法，但是许多人在如此行事时还是常常只出于潜意识的需要，没有将使用谈判联盟作为谈判中一个目的性明确的策略，而且并不清楚如何建立一个有效的联盟。为了使商务谈判师更好地将联盟策略应用于谈判实践，达到更好地为谈判各方利益服务的目的，下面将对联盟策略、联盟的建立以及如何管理联盟等方面的内容作详细介绍。

（1）确定加入联盟的目标人群

作为建立联盟的第一步，组织者应首先确定能够加入联盟的同盟者。甄别自己的同盟者是一个颇费周折的过程，但又是建立联盟最重要的一步。为了尽可能多地团结可以团结的力量，应首先将目标人群进行分类。

1）从争取同盟者的角度进行分类。对目标群体进行分类的一种方法是按照加入联盟可能性的大小将之分为肯定加入者、可能加入者和潜在加入者。对目标群体进行如此分类后便可以采取不同的策略。

①肯定加入者。肯定加入者的群体应是组织者首先考虑联合的对象，因为他们会积极地参与联盟，成为联盟中可靠的中坚力量。这部分人积极热情地参与联盟的重要原因首先当然是为了他们自身的利益。正是由于他们的利益与组织者紧密相关或互相融合，因而当组织者的利益由于谈判力不足和缺乏足够的外部支持而受到损害时，他们的利益也会因为受到牵连而受损；他们积极支持组织者还可能是出于亲情或者是长期友谊的考虑；还有一种情况是由于具有盟约性质的某种协定，该协定将组织者和其他各方联结成为一体，如果哪一方未能守约，他将受到道义上的谴责。

②可能加入者。可能加入者的群体与组织者没有直接的利益关系，但可能有间接的利益关系。换句话说，这个类型的群体既不是谈判胜利的直接受益人，也不是谈判失败的直接受害者，然而他们的利益会由于谈判的结果而或多或少地受到影响。也正是由于这种影响的存在，无论这组群体的利益与谈判结果的关系如何，他们仍然希望做些事情以推动谈判朝着他们所期望的方向发展。尽管他们的努力仅限于他们感兴趣的事件，尽管他们和组织者的关系与第一组肯定加入者相比是次要的，但是他们加入联盟仍然会大大地增加联盟的力量，并给组织者的谈判对手带来巨大的压力。因此对于这个群体，组织者应当加强与他们的联系并且尽一切可能赢得他们的支持。

③潜在加入者。属于潜在加入者的群体可能仅仅对组织者的观点和立场持理解的态度，或持中立态度，甚至于旁观。即使组织者无法获得这个群体的完全支持，也不应有任何忽略他们的想法，因为他们的支持对于更多的旁观者和中立者会产生心理上和道义上的影响，并会因此产生连带效应。当然，对于组织者来说赢得这一群体的支持有较多的困难，但是尽管如此，他们的支持仍然值得组织者尽自己的努力争取，因为赢得这个群体的支持对谈判对手能产生制约作用，可以削弱他们的谈判力，降低他们的抵抗力。

2）从对谈判一方的影响和作用来分类。美国学者乔尔·迪鲁克将目标群体明确地分为五大类，并且阐述了如何判断各个群体以及他们对自己一方的影响和作用。这五个群体分别为同盟者、持不同意见者、合作者、中立者和反对者。

①同盟者。同盟者有时不需要刻意地去寻找，因为双方互相需要，所以常常会一拍即合。同盟者是组织者可以高度信任的群体，他们彼此之间的关系是互惠关系，就像朋友。因此对待同盟者要像对待自己组织的一部分，要让他们确实了解自己的计划和希望，参加有关自己的弱点和目前正在从事的事业难点的讨论。同盟者的加入可以提供另外的信息来源，有助于发现自己忽略的内容，从不同的角度解决问题。同盟者是最愿意提供帮助的人群，因此与同盟者的交流是最容易进行且受益最深的。

②持不同意见者。持不同意见者并非是联盟组织者的反对者，相反他们常常会是自己的朋友，只是与自己的意见不同。持不同意见者与反对者的不同点在于，前者虽然与组织者的意见不同，但其目的并非是阻挠组织者实现自己的利益目标，而是因为双方有着信任的基础。与持不同意见者的关系最能考验联盟的包容性。迪鲁克认为，持不同意见者的作用就是激发人们最大的干劲。持不同意见者实际上为联盟组织者提供了一个宝贵的机会，使组织者能够在信任的氛围中对自己的想象力进行挑战，他们迫使组织者承认不想承认的现实，指出组织者计划中的致命弱点。

与持不同意见者会谈时要注意不要急于下结论，首先要对他们表示充分的理解和信任，对持不同意见者的信任会使他们更愿意支持组织者的立场。与他们的对话可以达到两个目的：一是从另一个角度提供对联盟是否信任的信息反馈；同时，在一个友好但不太协调的氛围中给组织者一个机会来检验自己论点的说服力。

③合作者。合作者指的是为了某个共同的利益与组织者联盟的暂时合作伙伴。迪鲁克认为，合作者属于那些有目的地结合在一起的人，因此彼此缺乏信任的基础。尽管如此，建立联盟时获得合作伙伴的支持也是很重要的，因为如果他们各行其是的话，尽管是无意的，也会因此在支持者之间产生破坏和分裂的危险。与这些暂时的合作者打交道的关键是按照事先设计好的方案进行，开始时应当强调共同的目的，同时指出存在的担心和问题。对他们要清楚地说明联盟的目标和同他们合作的预期，使他们能履行自己的职责，达到合作的目的。

④中立者。中立者是一些很少表达自己观点的人，组织者即使花不少时间来研究中立者的态度，对他们还是知之甚少。中立者是拒绝选择立场的人，他们态度友好，愿意成为好的听众。在谈话时，他们通常就事论事，在他们的眼里似乎没有值得与对方争论的问题。然而中立者并非没有自己的看法，他们通常依据自己搜集的信息作出自己的独立判断。中立者一般不会帮助联盟组织者，但也不会做有害于组织者的事。当然，如果能取得他们的支持将无疑是一个胜利。因此要鼓励他们选择支持自己的立场，但是不要强迫他们。

⑤反对者。迪鲁克认为，反对者指的是那些组织者根本就不信任的人，而且他们会消耗组织者大量的精力和时间。反对者的目的就是阻挠联盟组织者利益的实现，与组织者的利益是根本对立的。因此对待那些反对者，迪鲁克认为最好的解决办法就是不理会他们，不要有说服他们的企图，但也不做任何毁灭他们的事。在与反对者会谈时要记住，会谈的目的不是试图说服他们，而是减轻他们的敌对和威胁。

（2）组建联盟

在确定了联盟目标群体后，更具挑战意义的工作是将所确定的目标群体组织在一起，成立一个真正的联盟。如何组建联盟需要组织者认真地思考，制订周密的计划。下面是需要考虑的几点。

1）了解目标群体的利益要求。在商界有一句最常用的话，即"只有永远的利益，没有永远的朋友"。这种说法尽管并不完全符合实情，但有其合理存在的部分，它告诉组织者，在组建联盟时首先应考虑目标群体的利益要求，并以此为出发点开始组建工作团队。通过了解和确定目标群体的即时利益和长久利益、直接利益和间接利益，组织者可以发现自己与未来合作者的共同利益和互补利益，以及将自己与目标群体相连接的焊点。

2）吸引目标群体。吸引目标群体的方法有很多，例如向他们提供有诱惑力的条件，承诺将来为他们提供帮助等。组织者还可以通过实例来说明其他人与自己结成联盟后已经从联盟中获取的利益，或者列举在其他与目标群体相类似的事例中联盟对他们的有益的帮助。当然，组织者应当根据不同的目标群体和不同的背景来选择自己的说服策略，以达到吸引和组织目标群体的目的。

3）提醒目标群体。在组织者确定了联盟的候选名单后，名单上的候选群体可能也同时上了谈判对手的联盟候选名单。此时作为一个必要步骤，组织者应当向自己的候选群体及时分析如果加入对方的联盟不仅无助于他们的利益获取，而且还会危害他们的利益，是得不偿失的，这种策略方法被称为"反证"。当然，应用这一方法的关键在于是否能提供具有说服力的事实来支持自己，如果能够找到，则胜券在握。

（3）管理联盟

谈判联盟的建立只是许多工作中的第一步，而更为艰巨的任务是如何管理好这个联盟，使参与联盟的各方能够真正地团结在一起，将各成员方的力量和资源结合在一起，为实现大家的共同目标而努力。下面的一些方法和要点可用于对联盟的管理。

1）开发集体的立场和观点。参与联盟的各方尽管利益各有不同，彼此之间的关系也各有不同，然而他们也有共同的利益，有对事物共同的看法和理解，这些共同点无疑为各方形成集体的立场和观点提供了一个坚实的平台。也只有当参与联盟的各方拥

有相近的观点并形成共同的立场时,才有可能使联盟有效地发挥作用。然而在寻求取得各方观点一致的过程中,一定要记住求大同存小异的原则,这一原则强调尊重彼此的不同点,允许有不妨碍大局的不同观点的存在,因为排斥不同的观点和寻求绝对的一致既不现实,也不可行,它只会有害于联盟的团结。

2)澄清不同的意见和观点。尽管联盟的组织者和参与者都有妥善管理联盟使之为大家的共同目标服务的愿望,然而不可否认的是,在联盟内部一定也会出现不同的观点和建议,以及对相互观点的错误理解导致的不同看法等,这些不同点都会对联盟内各方产生负面的影响,因此有必要及时澄清各方之间的误会。为了加强团结,联盟内各方应当首先相互信任,并在此基础上以坦诚公开的方式澄清相互间的不同点。在进行此类交流时,应确保有关各方都在场并且都有足够的时间和机会充分表达自己的意见和观点。

3)排除内乱因素。有些联盟由于各种原因在未实现其目标之前就中途夭折,而导致联盟夭折的一个重要原因就是内部意见不合。导致内部意见不合的原因多种多样,其中最主要的原因有联盟各方之间的利益分歧加大、对彼此的动机的否定、相互不信任、立场态度改变等。如果这些内乱因素不能及时清除就可能造成联盟分裂的迹象出现。裂纹如果不能得到及时修补,不同意见者的势力就会不断增长并逐渐成为一个分裂的派别,这一现象发展下去会削弱联盟的力量甚至可能导致联盟的崩溃。为防止此类分裂势力的形成,联盟的领导应当保持高度警惕,在分裂势力处于萌芽状态或者内乱因素初露端倪时即将它们清除。

4)强调实际利益,去除不切实际的要求和期待。另外一个危害联盟团结和力量的因素是参与联盟各方中存在的不切实际的要求和期待。这种现象之所以具有危害性是由于当各方不切实际的期待不能实现时,他们很可能产生不满情绪并为此脱离联盟,或者至少变得懈怠起来,这种情况会降低联盟的凝聚力而有利于谈判对手。为防止不切实际的要求和期待的产生,组织者就不能为了吸引更多的支持者而承诺做不到的事情,或者用具有诱导性的暗示使参与者产生不切实际的期待。组织者应当更多地强调联盟各方的共同利益,这样才能使联盟的成员不至于因失望而脱离联盟,并会为他们的共同利益尽最大的努力。

学习如何建立有效的联盟是商务谈判师应当掌握的一个重要的内容。不应当把建立联盟看成是一个阴谋行为;正相反,建立联盟的目的是使人们团结起来为了共同的目标而一起工作。在抗日战争中,中国共产党成功地组织起抗日民主统一战线。统一战线将各个政党和社会团体的力量联合了起来,它包括支持中国共产党的群体和知识界人士、同情共产党的民主党派和个人,甚至包括原本共产党的敌人——国民党。抗日民主统一战线有效地防止了中国内部的分裂和武装冲突，为取得抗日战争的最后胜利作出了不可磨灭的贡献。

十、谈判者性格

商务谈判人员受成长环境、教育水平、个人生活经历等多方面因素的影响，会呈现出不同的性格类型。汤姆斯和基尔曼按照商务谈判人员在谈判中的强硬程度和合作程度将性格类型分为五种，即竞争型、合作型、折中型、回避型和迎合型。这五种类型将强硬程度和合作程度结合起来加以考虑，用 A 代表强硬程度，C 代表合作程度，这两个因素在五种性格类型中的结合情况，就构成了 AC 模型。

每一种性格类型在谈判中都有自己相应的行为模式，不同的行为模式会对谈判的过程和结果产生不同的影响，各代表着一种谈判模式。谈判模式涉及实现谈判目标的方式、对待谈判问题的态度、与谈判有关的信息、谈判的条件、谈判中出现的分歧、谈判策略手段、谈判中的困难、谈判双方的关系、谈判所需的时间、谈判双方的要求和相互帮助与支援等内容。

1. 竞争型

竞争型具有最高的强硬程度 A 和最低的合作程度 C，因此竞争型的人可能在谈判中为自己赢得更多的利益，但同时也非常容易使谈判陷入僵局。竞争型的人习惯使用高压手段，如时间限制、最后通牒和制裁等。他们极少关心别人的利益，常常迫使对方接受他们的要求和条件。

2. 合作型

合作型既具有较高的强硬程度，同时也具有较高的合作程度，因而是最适合谈判的性格类型。合作是他们谈判行为中的一个主要特征。他们一般对对方的利益表示关心，对双方的分歧表示理解，寻求谈判中双方的共同获益。这些特点也解释了他们为什么能够与谈判伙伴分享信息，信任对方，并且在谈判中能够为对方提供必要的援助。

3. 折中型

折中型处在中间位置，既不十分合作，又不十分强硬，在不同的人中间寻求平衡，这表明这一性格类型的商务谈判人员坚持的是中庸之道。他们在某些事情上与对方合作，而在另一些事情上拒绝与对方合作。他们对待提供帮助、分享信息和相互信任的态度如同对待商品一样，是一种交换关系，因此折中型的人的想法常常是"除非你给了我一些我所需要的，我才会给你一些你所需要的"。

4. 回避型

回避型是最低的强硬程度和最低的合作程度的结合。回避型的人从来不愿意与他人合作，他们也很少公开表达赞同或反对的意见。他们习惯的方式是被动抵抗，例如找出种种借口来表示"不"的含义，或者改变话题，或者把事情推给其他人，说此事他管不了，或者今天推明天，明天推后天，等等。

5. 迎合型

迎合型的性格具有最高的合作程度，但强硬程度很低，因而容易使自己一方的谈判力降低，失去本应获取的利益。迎合型的人与竞争型的人相反。他们习惯于迎合别人的希望和要求，和谐是他们的座右铭。他们在谈判中会避免伤害对方的感情，避免损害双方的关系，尽一切努力保持和平的谈判气氛，他们一般表现得非常合作，十分在意对方的想法和要求。

十一、两分法谈判与综合谈判

1. 两分法谈判

两分法谈判是谈判活动中比较常见的形式，也以零和博弈著称，指谈判双方的利益之和是一个常数，或者说甲方利益的获得是以乙方利益的失去为代价的。

2. 综合谈判

"综合"这个概念具有合作的含义，可以理解为通过整合资源去达到共同的目的。综合谈判具有更高程度的信任，能够建立更好的关系，因为双方希望谈判结束后能取得各自希望获得的利益。因此综合谈判就是要确定一个一致的可以彼此分享的目标，或者说是合作目标，通过合作的方式确定共同的问题并采用适当的策略来解决这些问题。

十二、谈判文化

1. 文化的定义

文化可以被定义为一个习得的行为模式的综合体系，它体现了一个特定社会中的成员的特性。文化包括人类群体的一切行为，包括人们的所思、所讲和所做，以及一切事物，如风俗习惯、语言文字、物质产品和群体所共享的观念和情感体系。文化是习得的、共享的，它从一代人传向下一代人。文化还是多维的，由许多相互依赖的因素组成，这些因素中的某一个发生变化也会导致其他因素发生变化。

2. 文化模式

生长在某种特定文化环境中的人，受该文化的塑造和熏陶，不断学习符合该文化要求的"正确"的做事方法，每个人都带有鲜明的本族文化的特征和烙印，形成了独特的文化特点与模式。

（1）信息交流模式

文字和行为是人们用来将形象、观念、思想和看法从自己一方传递到另一方的信号。在这个过程中，发送者与接收者都起着重要的作用。由于文化背景不同，人们在传递信息的过程中形成了自己的传递方式，并带来理解上的不同，形成了自己的文化交流模式。

（2）高关联度

说话人和听话人都依赖于对语境的共同理解来进行交流，而且未被明确表达的部分所包含的意义常常多于被明确表达的部分。东方文化具有典型的高关联度特征。在具有高关联度文化背景的国家中，如中国、日本和沙特阿拉伯等国，交流的背景甚至和实际表达出来的内容一样重要。

（3）低关联度

在低关联度文化背景的国家，大多数信息通过语言就可以明明白白地传达。在低关联度背景的国家，直接讲述事实的真相关系到诚实与否的问题；"公开摊牌"和表达自己的观点则是力量的表现，即便这些观点讲出来关系重大也要如此行事。他们憎恶含含糊糊、不明不白，希望将不确定性最小化。他们期望人们说话时"不要兜圈子"，而是直接"进入正题"。

3. 霍夫斯泰德的文化价值研究

荷兰学者霍夫斯泰德是商务领域对跨文化研究最有影响的学者之一。他的调查内容围绕与商务工作相关的价值观展开，共设了4个变量，即对权力差距的态度、个人主义相对于集体主义、男性主义相对于女性主义和不确定性回避。

（1）对权力差距的态度

对权力差距的态度是指组织内部权力较小的成员和组织机构（如家庭）对权力分配不平等现象接受或反对的程度。

（2）个人主义相对于集体主义

这一维度衡量的是个体融入群体的程度。项目研究发现，倾向个人主义的社会中个体间的联系比较松散，人们认为个人应该照顾自己和自己的家庭。在倾向集体主义的社会，人们自出生起便融入强大的、有凝聚力的群体中，他们的大家庭（包括叔伯、姨婶和祖父母等）保护他们，作为交换，也会要求他们绝对忠诚于大家庭。

（3）男性主义相对于女性主义

如果先以男性价值观作为出发点进行考察可以发现，各国之间男性价值观差异较大，这些价值观包括从非常强硬、具有竞争性等与女性价值观截然不同的方面，到谦虚、仁爱等类似于女性价值观的各个方面。强硬表现的一端称为男性价值观，而仁爱表现的一端称为女性价值观。在女性价值观占主导的国家,男性与女性一样有仁爱之心;而在男性价值观占主导的国家,女性则显示出较强的强硬性和竞争力。

(4)不确定性回避

"不确定性回避"衡量的是一种文化使其成员在"非确定环境"中感到不适或舒服的程度。"非确定环境"指的是新奇、不为人所知、令人出乎意料、不同于寻常的环境。

第三章

技能和素养训练

商务谈判师从谈判前的准备阶段开始直至谈判结束的全过程中所做的一切工作都是围绕谈判的总体目标来展开的，谈判总体目标的设定、谈判预案的准备、谈判策略的制定、谈判进程中的团队配合、对谈判对手采用有针对性的灵活沟通方式等都受谈判人员谈判思维的影响。因此，商务谈判师必须学会学习、培养正确的谈判思维，以提升自身谈判能力。

第一节　谈判思维

谈判中的"谈"字是指参与谈判的各方通过文字、视频、电子媒介、面对面商谈等形式就各方所关注的议题进行的交流、沟通、洽商。"判"字包含两个层面：一个层面是在谈判开始前对拟进行的谈判目标做全方位的宏观与微观分析、评估、预测、判断；另一个层面则是指在谈判进程中，通过与谈判对手的商谈，审视谈判前所做的预测、评估，结合谈判进程中出现的新问题、新信息不断进行新的评估和判断，在必要时加以相应调整和修改。

谈判人员在谈判中的谈判行为在很大程度上受到其对谈判的认知及对所谈事项态度的影响。这种谈判认知和谈判态度会对其在一场谈判中起到潜移默化的影响，错误的认知和判断可能会导致谈判人员采取错误的谈判策略，使谈判变得艰难乃至破裂，因此，具有正确的谈判思维和专业水准的谈判博弈能力是每一个优秀的商务谈判师必须具备的专业素质。

参与商务谈判的各方为了各自的利益诉求展开谈判，不仅要了解己方的谈判目标和利益诉求，更要了解其他参与谈判方的谈判目标和利益诉求，只有知己知彼才能更有效地进行洽商。只考虑己方的利益，漠视谈判对手的利益诉求，则很难赢得对方的

信任与合作。

谈判的产生源自需求，不同的需求吸引了潜在的交易各方聚在一起进行谈判。买方的需求是购买某种产品或服务，卖方恰好可以提供该种产品或服务，买方通过购买来满足自己的需求，卖方通过向买方提供其所需产品或服务，在满足买方需求的同时也完成了自己对获利的追求。需求和逐利是谈判的原始驱动力，这也是谈判的属性。

参与谈判的各方为了各自的利益诉求，会在谈判过程中为己方谋取尽可能多的利益，由于参与谈判各方都有追逐利益最大化的诉求，在谈判中相互的利益诉求有时会成为谈判各方产生激烈争议的焦点议题。是坚决不退让还是做适当妥协，这就需要谈判各方根据具体情况做出相应的决策。

买方的诉求是用合理的价格采购所需产品，以此来满足其需要的产品功能或在随后的商业活动中获得盈利，卖方的价格若虚高不合理，致使买方无法从中获利或丧失购买能力，则交易不可能谈成。反之，卖方希望从交易中获取尽可能多的利益，但若买方压价太低，致使卖方无利可图，卖方不可能赔本做生意，也就不可能达成合作。因此谈判各方必须对产生争议的谈判议题进行充分的沟通、协商，理解各自的观点与利益诉求，达成共识，找到各方均能接受的解决方案。

谈判的理念思维建立在对谈判属性正确认知的基础上，谈判者应理性地认识谈判参与者逐利的特性，遵从商业伦理，在追求己方谈判利益的同时，兼顾其他谈判参与方的利益诉求，实现各有所得的共赢格局。谈判的理念思维是谈判者已经成型的思维定式，它决定了谈判者对待谈判的观念、态度和行为准则。

谈判的博弈思维建立在对谈判目标、谈判背景、谈判各方的优劣势乃至谈判对手的背景、特点、利益诉求等所有与谈判标的相关信息充分了解的基础上，谈判者应对这些信息、数据加以缜密的分析、评估、假设和推理演绎，制定己方的谈判策略，设定谈判不同阶段的子目标以及谈判的总目标，谋定而后动。谈判的博弈思维是谈判者在谈判过程中的指导准则，如在谈判过程中抓大放小的策略，谈判子目标必须服从总目标，适时、适量妥协是为了提高谈判效率、促进谈判进程等，谈判的博弈思维实质上亦可称作谈判战略思维。

一、谈判中的博弈

在日常谈判工作中，许多问题经常面临着各种选择，选择不同，结果也不同。比如在众多潜在的商业伙伴中应该寻求与谁来进行某项业务的合作？与其他潜在合作伙伴相比，该目标伙伴是最佳选择吗？其他竞争者会采取怎样的应对措施？我公司的谈判终极目标是什么？在谈判中应该采用什么样的谈判策略？如何预判潜在商业伙伴可能采取的谈判策略和提出的要求？有哪些潜在的合作因素？市场上还有许多和我们一样的决策者，尽管企业可能并未与市场上所有决策者发生直接的业务合作关系，但各自所做的决策会相互作用并产生直接或间接的影响。因此，做决策时必须考虑各种内在与外在的影响因素，如别人的决策对你公司运营的影响、你公司所做的决策别人会如何做出应对措施等，这些因素都会影响最终的结果，因此需要解决的问题就是怎样才能做出最好的选择，获取最佳的结果。

想要更好地理解谈判博弈思维，首先必须了解什么是博弈论。博弈论是由匈牙利裔美籍数学家约翰·冯·诺伊曼和普林斯顿大学的德裔美籍经济学家奥斯卡·摩根斯特在1944年合作完成的博弈论的开山之作《博弈论和经济行为》中提出的，他们关于博弈论的研究报告首次对博弈论理论进行了系统化和形式化的梳理。后来由约翰·福布斯·纳什利用不动点定理证明了均衡点的存在，为博弈论的进一步研究奠定了基础。博弈论研究决策主体的行为在直接相互作用时，如何进行决策以及这种决策如何达到均衡的问题。博弈论是二人在平等的对弈中各自利用对方的策略变换调整己方的对抗策略，达到取胜的目的。简言之，博弈论就是研究互动决策的理论。这里的互动决策指的是参与行动的各方（局中人）的决策是互相影响的，参与者各具有不同的目标或利益，为了实现各自的目标和利益，各方必须考虑对手的各种可能的行动方案，并力争选取对自己最为有利或最为合理的方案，在如此相互作用、相互影响的情形下进行决策，选择最有利于己方的策略。

在其他参与者战略选择已知或能够被预测到时，能够给本公司带来最大收益的战略被博弈论定义为最优选择。在博弈中，最优选择并不是理性的唯一表现，博弈论也并不总是假设人是理性的。

自私是人的天性，人们首先关注的往往是自身的利益，企业更是如此，在每个企业都有自私动机的情况下，如何才能实现合作，这正是博弈论回答的问题。1950年兰德公司的梅里尔·佛勒德和梅尔文·德雷希尔提出了相关困境的理论，随后时任斯坦福大学客座教授的普林斯顿大学数学系主任艾伯特·塔克在给一些心理学家讲解博弈论时，为了避免使用太多的数学知识，以"囚徒困境"（prisoners' dilemma）为例子来进行阐述。这是博弈论中比较典型的博弈示例。

囚徒的困境：汤姆与约翰这两个窃贼携带枪支在一个作案地点附近徘徊时被警察捉住，警方怀疑这两个犯罪嫌疑人可能还犯有其他重案，但这仅仅只是一种推测，暂时没有证据。为了防止两位犯罪嫌疑人串供，进行攻守同盟，警察将二人分开进行隔离审讯，以便分化瓦解二人。警方分别告诉二人，如果主动坦白，可以减轻处罚；若是顽抗到底,一旦同伙招供,不招供者就要受到严惩。如果两人都坦白,那么这种主动招供也就没什么价值了,在这种情况下,两人依然会受到严惩,只不过比一个人顽抗到底要轻一些。两个囚徒都需要做出各自的选择:或者供出他的同伙,也就是背叛他的同伙,与警察合作;或者保持沉默,也就是与其同伙合作,拒绝与警方合作。这样会出现以下几种情况,为了便于更好的理解,对每种情况分别设定具体的刑期,见表3-1。

如果两个犯罪嫌疑人都拒不交代,警察会以非法携带枪支罪将二人各判刑1年。

如果其中一位犯罪嫌疑人招供并作证检控自己的同伙(背叛同伙),而他的同伙保持沉默,坦白作证者作为证人将不会被起诉,被释放并获得一笔奖金,保持沉默拒不招供者将被重判15年监禁。

倘若两名犯罪嫌疑人都分别招供,互相检举(互相背叛自己的同伙),则二人都将被判监禁10年。

表3-1　　　　　　　　　　　囚徒的困境分析

约翰 \ 汤姆	合作	背叛
合作	-1, -1	-15, 0
背叛	0, -15	-10, -10

究竟是选择互相合作还是互相背叛是这两个囚犯面临的问题。从理性角度上来看,他们理应互相合作,保持沉默,因为这样他们两人都能得到最好的结果,只被判刑1年;但他们不得不仔细考虑对方可能会采取什么选择,他们会更多地关心如何减少自己的刑期,而不在乎同伙被判刑多长时间,这是每个人都有的自私的天性。

汤姆会这样推理:假如约翰不招供,自己只要一招供,立即能够获得自由,而若不招供却要坐牢1年,显然招供比不招供要好;倘若约翰招供了,自己若不招供,则要坐牢15年,而若自己也和约翰一样招供,则只需坐牢10年,显然也比不招供坐牢15年少了5年,因而还是招供比较好。权衡之下,无论约翰招供与否,汤姆的最佳选择都是招供,所以他会选择招供,背叛自己的伙伴。

然而约翰也会做出同样的推理,于是两人都作出了招供(背叛同伙)的选择,这对他们个人来说都是符合他们个体理性的最佳选择。这是本问题的唯一均衡点,只有在这一点上,任何一人单方面改变选择都会得到较差的结果;而在别的点上,比如两人都拒绝招供的情况下,其中一方可以通过单方面改变选择来减少自己的刑期以获得更好的结果。

为何汤姆和约翰智商都很高,但却无法得到最好的结果?两个人都招供,对二人而言都只是个人的最优选择并不是集体的最优选择,因为无论对哪个人来说,两个人都不招供,远比两个人都招供要好得多。而这种以自我利益为目标的"理性"行为,导致了两个囚犯都得到了相对较劣的结果,这一现象存在于各个领域,特征就是个人理性行为导致各方较劣的结果,囚徒的困境恰好揭示了这一现象,这正是其价值所在。

在商业谈判中,谈判双方(假定是买卖双方的谈判)也时常会面临"囚徒的困境"。假设买卖双方就某机器设备的交易进行谈判,从买方的角度来说,通常都是希望购买物美价廉的商品,降低采购成本是为了将来能从中获取更多利润;而作为卖方来讲,通常都希望尽可能提高卖价以便获取更多利润。当买方和卖方各自的利益诉求交织在一起时就会产生矛盾,假设优质设备50万元/台(假定成本为40万元/台),若按此价格出售,则卖方将提供高质量产品、合理百分比(假定为30%)的配套易损耗材(假定配套耗材价格比单独购买耗材的价格要便宜60%)、设备3年质保及优质的售后服务。倘若买方坚持要求以38万元/台的价格购买设备,而卖方不可能低于成本价出售产品,则要么其中有一方做出妥协达成交易;或者双方各做一些让步达成交易;要么双方都拒绝妥协,使得谈判破裂。

假设双方经过讨价还价,各自做出一些让步,以38~50万元/台区间的某一价位成交,单纯从理论上看,似乎买方收益为 X 至 $-X$、卖方收益为 $-Y$ 至 Y(稍后作进一步分析)。

倘若买方坚持不妥协,卖方妥协,以38万元/台成交,则买方收益为12万元/台,卖方收益为 -12 万元/台。

假如卖方坚持不降价,买方妥协,以50万元/台成交,则卖方收益为10万元/台,买方收益为 -12 万元/台。

假如买卖双方均不肯做出让步,导致谈判无果而终,理论上双方获益各自为零,然而双方谈判是有成本的,谈判破裂各自同样会产生相应的成本,主要为谈判而产生的人力、物力、财力等方面的支出成本,诸如谈判前期为收集信息、进行市场调研、购买数据库数据、工作人员的薪酬等产生的成本,谈判人员的差旅费、食宿费、当地交通费,谈判场所租金,聘用专业人员(律师、会计师、业界专家等)费用,等等。因此,谈判破裂的结果为各自损失相应的负收益即 $-X$ 和 $-Y$,见表3-2。

表 3-2　　　　　　　　　　设备买卖收益分析

买方 \ 卖方	妥协	不妥协
妥协	X 至 $-X$，$-Y$ 至 Y	-12，10
不妥协	12，-12	$-X$，$-Y$

上述谈判的例子说明了买卖双方中任何一方采取不合作的谈判策略都会使己方获利较多一些，而在现实商务谈判中，若谈判任何一方对所有谈判议题均不做任何妥协，那么这种强势谈判策略是很难取得理想的谈判成果的。

假如买方坚持按 38 万元/台成交，而卖方的成本为 40 万元/台，这个成本价包括 30% 的配套易损耗材（配套价格比单独购买耗材要便宜 60%）、设备 3 年质保及优质的售后服务。若按 38 万元/台成交，每台机器设备赔本 2 万元，通常来说卖方不可能赔本销售自己的产品，在买卖双方均拒绝妥协的情况下，双方不可能成交。卖方若想成交，同意按 38 万元/台的价格出售机器设备，为了盈利，就可能减少配套易损耗材的百分比、缩短设备的质保期、提高售后服务价格，甚至通过降低制造机器设备所需的原材料质量（偷工减料）、零部件质量等，以此来弥补低于成本价销售机器设备的损失并保证维持己方相应的盈利空间，这是一种打折的妥协，而且在 38 万元/台价格条件下所提供的机器设备质量也不再是买方原先想要的优质产品，其使用寿命、产品性能、售后服务等诸多方面均存在一些潜在的隐患，这是买方采取过度强势、不妥协的谈判可能带来的风险。

假如卖方坚持不降价，而买方做出让步，同意按 50 万元/台的价格购买机器设备，则卖方获益为 10 万元/台（成本价为 40 万元/台），而买方损失为 12。

若双方均坚持自己的价格条件，不肯做出任何妥协，则谈判破裂，双方各有相应程度的损失。

若双方均作出适度让步，以高于 40 万元/台的成本价格成交，买方虽略高于初期预定的目标价格，但却获得了优质产品、理想百分比的配套耗材、良好的售后服务等，卖方收益为正 Y，买方收益也应是正 X（表面上看买方支付超出了 38 万元/台，然而产品成本价为 40 万元/台，高于 40 万元/台的价位是完全合理的，不能看作是买方的损失，它保证了产品的优质、应有的质保期和良好的售后服务等）。

上述因徒困境的理论和现实中的商务谈判例子简要说明了博弈思维在商务谈判中的重要性，正确理解、善于运用博弈思维可以为商务谈判奠定成功的基础。谈判任何一方如果只考虑将己方利益最大化，而不顾及对方的利益诉求，就有可能陷入囚徒的困境，导致实际谈判结果远远背离初衷。

2000年6月，中国九大彩电骨干企业在深圳召开企业峰会，峰会宣布了各种规格彩电的最低限价，"加强行业自律，规范市场，防止过度竞争"成为共同的呼声。这些行业内竞争对手之所以如此做，是因为前期的市场竞争已使得这些彩电生产商面临着行业竞争的囚徒困境。最初他们发现为各自的利益而采取背叛其他竞争者的做法对自己有利，于是为了夺得更多的市场份额，各生产商竞相降价，这种价格上的轮番血拼，最终导致彩电市场几乎无利可言。在这种竞争者的价格战中，别人都在不断降价，自己若不降价就是死路一条。但是当价格已经降到接近成本，只有微利或无利的程度时，降价就不再是一种用来竞争的手段，这也是为何九大彩电产品竞争者要通过召开峰会来进行谈判的原因。首先从彩电生产厂家来看他们之间的博弈，九大厂家中任何一家率先开始降价（假设是制造商A），则制造商A背叛其他八个厂家竞争者是有利可图的，因为制造商A的彩电价格比其他八个厂商要便宜，其销售额增加，市场份额也会随之扩大。而其他八个厂商为了保护自己的利益，也开始采取降价的策略，于是由制造商A启动的降价战略就引发了其余八个制造商跟进的轮番降价大战。对各方来说只有降价（背叛）才是各自利益最大化的策略，然而个体的理性策略在整体博弈中却导致了整体不理性的结果，想改变这种整体的不理性结果具有相当的难度，除非外部规则、环境、影响因子发生了根本的改变。彩电九大厂商联合召开峰会，谈判、制定行业自律措施就是一种改变外部规则、环境、影响因子的尝试。

囚徒困境是一个简化、抽象的二人博弈案例，在现实生活中常见的是多方博弈，上述彩电生产厂商的案例就是多方博弈。在囚徒困境案例中，汤姆和约翰只能进行一轮博弈，而在现实中重复博弈则可能产生不同的结果。

九大彩电企业联手形成对行业的垄断，谋求最大利润，这种结成的联盟被称作卡特尔（Cartel的译音），卡特尔是由若干同行业企业自发组成的联盟，经过谈判达成限制产量的协议，由于控制产量，就稳定并提高了产品的价格，形成了卡特尔垄断价格（石油输出国组织OPEC就是一个知名的卡特尔）。然而囚徒困境博弈依然存在发生的可能性，此时九家企业中的某一家（假设为制造商B）采取背叛策略，偷偷降价，则制造商B可能会因此而获得更大的利益。由于卡特尔的成员都是各自独立的经济主体，相互之间没有隶属关系，所以当一家企业违反协议偷偷降价能为其带来更多的利益时，就会诱使联盟中的一些其他企业也违反协议。

在囚徒困境博弈中，优质产品未必一定能够卖到与其品质相匹配的价格，中华美食在世界上都是公认的美味佳肴，因此去中餐馆消费按理应该比较昂贵，然而在世界各国中，中餐美食却是较便宜的，这是因为参与竞争的中餐馆老板都很精明，他们通过不断降价的手段来吸引食客,形成了中餐馆之间的恶性价格竞争,最终价格降到微利的时候才不得不停止这种靠价格血拼来与其他中餐馆竞争的模式,使得中餐美食的价格最终停留在了比较低价的水平上,造成这种局面的缘由是每一个竞争者个体都自认为很聪明,他们的博弈思维使集体陷入了"囚徒困境"。

反观世界各地的日本料理、韩国料理,其价格都比中餐馆价格要贵许多,曾经有食客在一家日本料理店抱怨该店的价格太贵,建议日本店主用降价的方式来吸引更多顾客,而该店老板则回应:"如果你嫌本店价格贵,可以去便宜的餐馆,我不会为了吸引更多食客而降价,我的食物和服务值这样的价格。"正是因为日本餐馆老板有不依靠偷偷降价来获得短暂利益的博弈思维理念,维持了整体日本餐馆的利益,最终获得了共赢的格局。

二、培养谈判博弈思维

1. 同时行动的博弈

《孙子兵法》云,"势者,因利而制权也",意思就是所谓有利的形势,就是根据对己方有利的情况采取的相应对策与措施。而在面对"囚徒困境"这种同时行动的博弈时,什么是己方的最佳策略?决定胜负的因素是什么?又要如何判断对方的策略选择?可以先来看一个例子。儿童在某些事项上难以做出公平决定时,会采用"锤子剪刀布"的猜拳游戏来做出公平的裁决:锤子赢(砸烂)剪刀、剪刀赢(剪碎)布、布赢(裹住)锤子。假设张三和李四商定规则为三局两胜,且二人必须同时出拳,晚出拳者判输。于是二人开始了第一轮的出拳,假定二人第一次都出了锤子,按规则不输不赢,双方要继续出拳,在出拳之前二人开始了循环博弈思维,见表3-3。

张三可能的判断之一:由于自己第一轮出了锤子,李四根据对张三性格的了解(张三是一个很固执的人),认为张三有可能下一轮依旧会坚持出锤子,那么李四为了赢张三,下一轮会出布,而张三利用李四的惯性思维,出其不意,在下一轮出剪刀就可以赢李四。

张三可能的判断之二:由于李四和张三第一轮均出了锤子,因此李四判断张三下一轮会出布来赢张三第二轮出的锤子,既然张三下一轮有可能出布,那么李四应该出剪刀来取胜,由于李四可能出剪刀,因此张三应该出锤子来赢李四。

张三可能的判断之三(复杂一点的分析):由于二人第一轮都出了锤子,李四可能会进行如下推理:张三认为李四第一轮出了锤子,于是判断李四下一轮会出布来赢锤子,于是张三可能在下一轮会出剪刀,既然李四认为张三可能出剪刀,那他就必须出锤子来赢张三。张三对李四可能的推理做了上述分析后,就必须出布来赢李四。

表 3-3　　　　　　　　　　　猜拳博弈思维分析

张三＼李四	锤子	剪刀	布
锤子	0, 0	1, -1	-1, 1
剪刀	-1, 1	0, 0	1, -1
布	1, -1	-1, 1	0, 0

在同时行动的博弈里，竞争参与者在自己行动之前无法知道其他参与者的行动方案。因此，互动推理必须通过设身处地将自己处在竞争对手的角度思考问题，加上己方思考问题的角度，来看清竞争对手的策略。因为你的竞争对手也在做同样的分析：他们会假设处在你的位置时会怎样做，从而从中找出最佳的行动方式。这种分析像是"锤子剪刀布"游戏的博弈循环："假如我推断他是那样认为我会如此考虑这个问题……"

足球的点球射门就属于同时行动的博弈，点球运动员与守门员都必须同时行动，如果等点球运动员踢出点球守门员才开始做出反应肯定来不及，因此守门员必须根据自己对点球运动员的判断来做好扑球的准备，而点球运动员也同样会对守门员可能扑出的方向做一个预判，守门员和点球运动员的预判根据是对方在以前比赛历史数据中的射门（守门）习惯，这些信息都是通过赛前对比赛对手的技术数据分析、了解获得的。为了便于理解，将二人的攻防策略简化为左侧（左上、左中、左下）、中间（中上、中下）和右侧（右上、右中、右下），见表3-4。

表 3-4　　　　　　　　　　　点球射门分析

点球员＼守门员	扑防左侧	扑防中间	扑防右侧
射左侧	-1, 1	1, -1	1, -1
射中间	1, -1	-1, 1	1, -1
射右侧	1, -1	1, -1	-1, 1

这种同时行动的博弈要求每一个博弈参与方在不知道对手可能采取的策略情况下做出对己方最有利的决策，而这个决策是所有参与博弈方同时做出的。例如，在招标项目中，要求所有投标方在规定的截标日期前完成投标，这就要求己方对其他竞标方的相关信息进行收集、梳理、分析、推理、判断，在所有参与投标的公司中有哪些是

与己方实力相当,具有竞争力的?哪些公司是初次进入该区域市场,为了将项目作为样板工程、树立口碑而不计代价要争夺项目的?他们分别会按什么样的价格投标?他们有无曾经与招标方合作的历史?己方的竞争优势与劣势分别是什么?应该采用什么应对策略才有可能胜出?哪些是业主对招标项目重点关注的问题?这些仅仅是参与投标的企业在做决策时需要考虑的一小部分内容而已。在同时博弈的背景下,对其他参与方策略的分析、推测、判断的精准程度至关重要,判断失误则有可能丧失商机。

2. 先后行动的博弈

同时行动的博弈与先后行动的博弈(如下围棋,黑白双方一人一步按顺序依次下棋子,棋手必须思考、分析、判断对手每一步棋的意图,可能会对这步棋之后的十几步棋乃至几十步棋会如何演变做出预判和计算,从而决定自己应该如何应对)所采用的策略思维与行动是完全不同的。先后行动的博弈循环推理过程是这样的:"假如我把棋子下在这个位置,他就会在那个地方下棋子应对,若是那样,我就这样反击……"

这种先后行动博弈的特点就是我的应对措施取决于对手上一个行动是什么。例如,中美贸易谈判中,美方对中国出口至美国的商品加征关税,中国则立即宣布对从美国进口的农产品等加征关税,这就属于先后行动的博弈。

三、纳什均衡与最优谈判策略

如何在商务谈判博弈中找到对自己有利的决策,这涉及纳什均衡,用纳什均衡预测对手的策略和结局,首先要确定所有局中人的可能策略,然后寻找结果,在这个结果中,需要每一方都很满意自己的策略。

约翰·福布斯·纳什在普林斯顿大学求学期间提出了纳什均衡(Nash Equilibrium,以他的名字命名该理论),纳什均衡又称为非合作博弈均衡,是博弈论中的一个重要内容。假设有 n 个局中人参与博弈,在给定其他人策略的条件下,每个局中人选择自己的最优策略(个人最优策略可能依赖于也可能不依赖于他人的策略),从而使自己的利益最大化。所有局中人的策略构成了一个策略组合。纳什均衡指的就是这样一种策略组合,这种策略组合由所有参与人最优策略组成,即在给定别人策略的情况下,没有人有足够理由打破这种均衡。纳什均衡,从实质上说,是一种非合作博弈状态。在囚徒困境博弈中,纳什均衡是两方均招供,尽管从总体上看,两方均抵赖是对两个人都有益的结果,但却不构成纳什均衡。在汤姆招供的情况下,约翰的最优策略是招供,反之亦然。囚徒困境揭示了个体理性与集体理性的矛盾,个体为了自己的利益最大,而不愿意改变决策,导致整体利益最小。这种情景是个体与环境博弈的结果,不是纳什均衡,被称为全局博弈均衡。

而在非合作类博弈中，存在一种策略组合，使得每个参与人的策略是对其他参与人策略的最优反应。如果参与者当前选择的策略形成了"纳什均衡"，那么对于任何一位参与者来说，单方更改自己的策略不会带来任何好处。纳什均衡的经典案例之一是"智猪博弈"（pigs' payoffs）。

智猪博弈：在一个猪圈里有一只大猪和一只小猪，在猪圈的一侧（A）有一个踏板，每隔几个小时可以踩一次踏板，踩完踏板后，在食槽处（B，距离 A 有一段距离）会自动注入 10 份猪食，由于踩踏板的猪从 A 点跑向 B 点有一段距离，踩踏板以及途中需要损耗相当于 2 份食物的体力，因此就可能出现以下选择和结果，见表 3-5。

1. 大猪踩踏板后跑向食槽，而小猪则在食槽边上等待，由于小猪抢先食用，可以吃到 4 份，而小猪无体力损耗，所以实际获利也是 4 份。大猪吃到 6 份，除去体力损耗 2 份，大猪实际获利 4 份。

2. 小猪踩踏板后跑向食槽，而大猪在食槽边上等待，由于大猪在石槽边上抢先食用，大猪吃掉 9 份，大猪实际获利为 9 份。小猪吃到 1 份，除去体力损耗 2 份，小猪实际获利为 –1 份。

3. 两只猪同时踩踏板，同时跑向食槽，大猪奔跑速度快，吃掉 7 份，扣除体力损耗 2 份，实际获利 5 份。小猪速度慢，吃到 3 份，除去体力损耗 2 份，小猪实际获利为 1 份。

4. 大猪和小猪都在食槽边等待对方去踩踏板，幻想自己可以多吃到一些现成的食物，其结果是谁也吃不到食物，最终都饿肚子，在这种情况下，大猪和小猪的获利均为 0。

表 3-5　　　　　　　　　　　　智猪博弈分析

大猪 \ 小猪	踩踏板	等现成
踩踏板	5, 1	4, 4
等现成	9, –1	0, 0

利益分配的结果决定了两只猪的理性选择，小猪若单独踩踏板，实际获利为 –1，与大猪同时一起踩踏板，实际获利为 1，若不踩踏板，等在食槽边上吃现成的，可以实际获利最大（4 份），因此对小猪而言，在食槽边等待大猪去踩踏板是它的最优策略；对大猪来说，与小猪同时踩踏板的情况下可以实际获利 5 份，大猪踩踏板，小猪等待，大猪实际获利为 4 份，小猪踩踏板，大猪实际获利为 9 份（小猪实际获利为 –1 份，因

此小猪绝对不会做有损无利的事情）。两只猪都选择等待，就有可能都被饿死，这也不可能是二者的选择，因此等待成了大猪的劣势策略，大猪踩踏板至少能有一定的获利，比不踩强，因而大猪踩踏板成了大猪的优势策略。所以这个博弈中的纳什均衡就是大猪踩踏板，小猪等待现成食物。

智猪博弈给予了谈判者一个启示：有时候占优势的一方为了实现共赢，需要做出适当的妥协，最终博弈的结果虽然可能有悖于单方面个体的初始理性，但却可能符合博弈各方由于合作带来更多收益的原则。

假设中国的A公司与德国的B公司拟共同建立一家合资企业，德国B公司将其生产流水线设备及专利技术使用权作为其在合资企业中的投资，中国A公司将其现有土地、厂房、部分现金等作为其在合资公司中的投资。为确定双方投资额，既要对专利技术使用权、设备进行资产评估，也要对厂房、土地等进行资产评估，双方展开谈判，就形成了非合作博弈，因为从个体利益最大化的理性角度出发，谈判各方都试图将己方的评估值最大化，从而使合资企业中的投资股份百分比尽可能多地向己方倾斜，至于己方的资产评估是否会影响合资企业的整体运行效率这样的"集体利益"，则有可能被忽视，这就是非合作博弈，参与者优先考虑的是如何维护自己的利益，强调的是个体理性，个体最优策略。因此若B公司坚持用虚高的评估值，A公司可能会认为B公司缺乏诚意，会对未来的合作产生疑虑，就有可能导致谈判破裂（类似于智猪博弈中的两只猪都不去踩踏板策略，双方收益为零）。若德国公司将虚高的评估值降至合理的范围，至少保障在成立合资企业后双方整体的利益（类似于智猪博弈中的大猪踩踏板、小猪等待策略，双方都获利，达到纳什均衡），那么合作就有可能继续。

四、非零和博弈与帕累托最优

1. 非零和博弈

博弈通常分为常数和博弈与非常数和博弈两大类，在常数和博弈中，参与者的收益之和总是一个常数。"零和博弈"（zero-sum game）是相当普遍的一种常数和博弈，其总收益为常数零。零和博弈又被称作"零和游戏"，博弈各方的收益与损失之和为零，各方不存在合作的可能，属于非合作博弈。博弈各方都想方设法为自己谋利，丝毫不考虑给别人带来的痛苦或损失，这种你死我活的博弈就是零和博弈。

如一些黑心制药企业为了降低药品成本，故意减少或替换药品中昂贵药材的成分，导致药效降低，企业通过向医疗机构销售这种不合格的药品来谋取不当利益，给医院及患者带来了损害。黑心商人的收益建立在对医院及患者的伤害之上，是典型的损人利己的零和博弈。

在商业合作中，交易各方若想长期稳定地获利，就必须考虑参与合作的各方均能从交易中获利，取得共赢的结果，这就是与零和博弈相对应的非零和博弈。它是既有对抗也有合作的博弈，各参与方的目标不完全对立，参与方有时候根据自身的利害关系单方面做出决策，有时候为了共同利益而进行合作，其收益总和是可变的，参与方可以同时有所得或有所失。如果医药供应商想要的不是损人利己的一锤子买卖，而是要维系与医疗机构的长期合作关系，确保己方长期稳定的利益，那么这家药企在考虑己方目标的同时也必会顾及到买方（医疗机构、患者）的利益，提供符合医用质量标准的药品，这样做虽说放弃了卖黑心药的暴利，但销售良心药却保证了参与各方的利益不受伤害，通过有效的合作，实现稳定的多赢格局。

猎人博弈的案例：古时候有一个山村里有张三和李四两个猎户，他们都用弓箭来狩猎。假设山林只有两种猎物：野兔和鹿。如果两个猎人联手去打猎，可以猎获一只鹿（相当于两个人半个月的食物），如果各自单独狩猎，则每人只能猎获4只野兔，能保证两个人4天不挨饿。两个猎人的博弈策略有两种可能，要么分别打野兔，张三和李四获益均为4，要么联手一起猎鹿，每人获益为15。这两种情况均为纳什均衡，显而易见，联手猎鹿（15，15）的纳什均衡远比两人各自打野兔（4，4）的获利大得多，狩猎鹿的纳什均衡比打野兔的纳什均衡更具有帕累托优势（见下文），换言之，（15，15）与（4，4）相比，不仅前者获益总额增大，而其他各方的境况都不受损害。

2. 帕累托最优

帕累托是意大利经济学家，帕累托最优（Pareto optimality）也被称作帕累托效率（Pareto efficiency），它是指资源分配的一种最理想状态。假设有一群固定数量的人群和可分配的资源，如果在不损害人群中任何成员利益的情况下，调整资源分配状态可以使得人群中至少一个人利益变得更多时，说明资源尚未被充分利用，就不能说已经达到帕累托最优。当资源分配状态已经不可能在不损害任何人利益的情况下再有任何改进余地时，此种状态才叫帕累托最优。在帕累托最优状态下，若还想提升己方的收益，那就只能损害这群人中某人或某些人的利益来换取己方收益的提升，总量不变，个体的收益有了相应的增减变化，实现新的帕累托最优结构。

上述猎人博弈中只是简单假设两个猎人的狩猎能力和贡献度相同，因此两人平均分配猎物。但实际情况未必如此。假如张三狩猎能力强、贡献大，他就会要求得到更多一点的猎物，那么分配鹿的比例可能不是平均的15∶15，而有可能是25∶5或20∶10等不同的组合。无论如何组合，只有在李四（狩猎能力较弱）被分配到的猎物多于他独自打猎的收益（4只野兔/天）时，这种合作的帕累托最优才可能实现，否则李四就没有合作狩猎的动力。比方说分配鹿的比例是27∶3，相较于各自猎兔4∶4就没有帕累托优势，李四没有得到更多反而更少，利益就受到了损害，所以从李四的角度看，显然27∶3不如4∶4好，即李四不会有参与合作猎鹿的动力。

在商务谈判中，合同中的每一项条款就是各谈判方的相关利益或承诺，因而每一项条款的磋商大多都会通过锱铢必较、讨价还价、妥协让步、利益交换等方式逐步推进，目的就是为了使谈判结果实现帕累托最优，使得谈判各方都能从交易中获益，从而实现共赢的谈判目标。

在囚徒困境非合作博弈的情况下，嫌疑犯互相背叛同伙，看似是当事人的最优策略，实际上却只是次优策略。在商务谈判中，谈判各方的利益诉求可能不同，甚至存在某种矛盾冲突，这就需要谈判各方进行充分交流与沟通，找出各自利益的共同点与不同点，在不损害合作的重大利益的情况下，使各方的主要谈判目标、利益诉求得到保证，找出谈判各方都能接受的矛盾冲突解决方案，使得谈判各方都能在这场谈判中获益。这样的谈判结果就是共赢（win-win）。

谈判签约后，谈判各方可能都有收益，各方收益的比例大小取决于谈判者的谈判能力，能力强的谈判者可能会争得更多的利益，能力弱的可能获得的利益就会少很多。尽管谈判能力较弱的一方也获得了一定的利益，这种谈判结局也可以叫共赢，但是较多的利益被其他谈判方抢走了。在谈判博弈中，对手几乎不可能在你尚未开口提出某些诉求之前就主动给予你相关的利益或好处，只有靠己方在谈判过程中的努力争取才有可能获得收益相对合理的多赢结果。

五、异域文化对谈判思维的影响

从事国际商务谈判工作，经常要与来自不同文化背景的商人打交道，有时会感到文化差异所带来的谈判沟通、交流上的障碍，即便是与本国人进行商务谈判，也会感受到不同地域文化所带来的差异。

文化包括哲学、美学、教育、语言、法律、政治、传统、宗教信仰、社会组织、技术、物质文化、伦理价值、世界观等内容。文化是某个社会群体成员对一些约定俗成的行为所达成的共识，它折射出由一个民族或国家的社会价值观和标准所规范的行事准则。

文化差异会使人们对同一问题产生不同看法，甚至可能是截然相反的观点。这常常会给一些谈判人员带来困惑，分明已经向对方把事情讲得很清楚了，为什么对方依然固执地拒绝接受己方的观点呢？这就是文化差异产生的认知不同造成的。这就如同海中漂浮的冰山一样（这里将冰山比喻为某个文化所包含的内容），你了解的只是水面以上冰山可视的部分，而在水面下的部分（冰山价值观）远远大于水面上的冰山部分，你对异域文化的了解可能仅局限于五种感官所能感受到的水面上的那一小部分：语言、建筑、音乐、食物、人口、服饰、艺术、文学、生活节奏、情绪表现、动作、眼神交流、休闲活动、体育等。而想要与具有异域文化背景的人进行较好的交流，就必须对其文化有较深入的了解。水面以下冰山价值观决定了以下内容：实践的概念、个人如何融入社会、人类的信仰、人际关系的规则、工作的重要性、成就动机、家庭中成人与儿童的角色定位、对变革的容忍度、对大男子主义的期望、面子的重要程度、对领导体系的偏好、沟通风格、时间观念、对待男女地位的态度、思维方式偏好（线性思维还是非线性思维）等。线性思维是指思维沿着一定的线型或类线型（直线思维或曲线思维）的轨迹寻求问题解决方案的一种思维方法。一切不属于线性思维的类型则归类于非线性思维，模糊思维、系统化思维等都属于非线性思维。

从跨文化的角度来看，西方人的交流沟通风格倾向于直率地（或生硬地）直奔主题，这可能会被认为是咄咄逼人，因为可能会激怒对方并引发对方富有攻击性的强硬回应。东方人可能认为西方人比较具有攻击性，而西方人则可能认为东方人太过于被动。那么在咄咄逼人的西方人与被动的东方人之间的交流差异是什么？直截了当把所有正反两种观点放到桌面上来谈是西方人的倾向（美国人尤其显著），亚洲人通常会以一种比较微妙的、迂回的方式去对待问题或难题。美国人从小就被教导要在课堂上无保留地说出自己的想法，要看着别人的眼睛说话以表示他们是真诚的，并要能清晰明确地表达自己的观点，在必要时要强势，用语言或非语言的方式表示不同意。而在很多非西方文化国家，直视对方是不礼貌的，甚至可能会被视为是一种威胁或挑战，他们更为注重的是在直接商讨可能有争议的议题时保持一种和谐平衡的感觉。

为何来自不同文化背景的人在很多方面具有如此大的差异？因为一个人对人和事的认知皆来源于他所成长的环境，从小到大受到来自家庭、特定社会的传统文化理念、道德伦理、世界观、宗教、民族等许多方面耳濡目染的影响，而这些影响对来自这个特定文化环境地域的人的待人行事准则起到了潜移默化的指导作用，因此在与来自不同文化背景的人交流沟通时，我们会发现相互之间有许多理念上的差异，而我们需要做的是欣赏对方的不同文化，尝试了解他们的文化，保持开放的心态，倾听并尊重他们的不同理念与心声，这不仅有利于增进相互之间的理解，还能够提高沟通的效率，弥合文化差异，构建良好的伙伴关系，找出解决问题的办法。

文化智商 = 对文化所掌握的知识（事实与文化特质）+ 对自己和别人的认识 + 具体技能（行为）。

第二节 交流沟通和基本素养

无论商务谈判是以书面形式还是以面对面的形式进行,谈判中最重要的就是人与人之间的互动交流、沟通,谈判各方之间如何进行沟通对谈判的成败起着决定性的作用,所以合格的商务谈判师在与对方的谈判过程中,必须掌握有效的沟通技能,展示较高的个人素养,创造良好的谈判氛围。本节将重点介绍商务谈判中的语言技巧、不同谈判阶段及不同谈判语境中的语言表达、如何解读并利用商务谈判中的肢体语言,以及商务谈判礼仪,这些都是商务谈判师必备的技能与个人素养。

商务谈判是参与谈判的各方为了利己的动机而与对方进行沟通与交流,在利己与合作的框架下进行商洽,为了己方所追求的利益劝说对方让步,这就少不了进行解释、说服、逻辑推理论证等语言上的沟通。语言是商务谈判沟通的重要手段,无论实际谈判是以书面、电话、视频等形式还是面对面谈判的形式,都离不开语言。语言又分为书面语言、口头交流语言和肢体语言,它们在人际互动交流过程中都扮演着各自重要的角色。

在不同场合中,书面语言有其特定行业、领域的特色,因此在商业邮件往来中,谈判的语言通常以商务专业术语、相关行业术语、商务法律语言等为主,文学语言显然就不合时宜。然而在面对面谈判的语境中,有时候为了调节谈判的紧张气氛,用一些幽默的文学语言表达方式来缓解紧张的僵局对峙情绪,改善彼此的对立态度,能够起到一定的推进谈判进程的作用。因此,在不同的语境中善于使用与该语境相适应的语言会产生比较好的效果。

一、商务谈判的语言技巧

1. 书面语言

书面语言是非面对面形式的沟通,虽然谈判各方是在以书面文字的形式进行洽商,但是依然有许多需要注意的事项和沟通技巧。从字里行间就可以透露出许多信息,而这些信息是否会暴露己方的商谈意图,则需要写邮件的业务人员谨慎把握。例如:某日上午A公司采购部业务员小王给B公司销售部的赵经理写邮件,询问当前B公司的C产品价格,下午打开邮箱发现赵经理没有任何回复,于是又给赵经理发了一封询价邮件,敦促赵经理尽快回复,次日一早打开邮箱发现赵经理仍未回复他的询价邮件。于是小王就直接给赵经理打了电话,询问赵经理为何没有回复他的两封邮件,并询问赵经理是否当天下午有时间接待小王去 B 公司面谈。小王的这种高频率询价邮件泄露出来的信息表明了 A 公司目前对 C 产品有较为紧迫的需求，B 公司若捕捉到这样的信息，则可能会在 C 产品的报价上采取待价而沽的策略，因此在询价邮件中如何表述需要仔细斟酌，在发送邮件的频度上也要有适度的把控。

书面沟通需要把握好分寸，不得做虚假、不负责任的承诺，诸如为了骗取对方的及时回答，在询价邮件中这样写："我公司只打算和贵公司做这笔交易，请尽速给我公司报价。"这会给对方不好的印象，还可能会直接带来不良后果。在询价邮件中应做到冷热有度，不卑不亢，即便公司业务很急，也不要流露出来。例如："本次询盘有效期为两天，贵公司若有兴趣请在某月某日某时前回复。"这样写，谈判的书面话语权就掌握在你的手中，对方若想与你公司做这笔交易，就一定会及时回复。

邮件往来是商务谈判中双方沟通的一个重要环节，因此对谈判对方的每一封邮件都要做到及时回复，这有利于建立起对方对你的信任，高效的回复也能使对方感受到你对他们的尊重与重视。不仅要做到邮件及时回复，回复的内容也要围绕对方关注的问题进行解答并提出合理化建议及从对方利益角度考虑的可供选择的方案，及时跟进并提供一些对方所需数据、资料、信息，使对方真正感受到你是在竭尽全力为对方考虑。

在书面邮件中应采用敬语，让对方从字里行间感受到你对他的尊敬和真诚。商务邮件往来必须遵守 3C 原则：礼貌（courtesy）、简洁（conciseness）、清晰（clearness）。

（1）礼貌

礼貌是对对方的一种尊重，邮件中在对方的名字前面冠以头衔、职务、职称，使用敬语等以示尊重，但不必表现得过度谦卑，而应不卑不亢，礼敬有度。

（2）简洁

文字应简洁，用词需精准，切勿洋洋洒洒写长篇大论，抓不住要点，让对方不知所云。商务邮件贵在简明扼要，用简练的语言表达出核心思想即可。

（3）清晰

每一封邮件都应清晰地传达要表述的内容，切勿模棱两可，让对方难以理解邮件的内容，甚至产生误会。

书面邮件是将来产生法律纠纷或争议时的证据，因此对邮件中涉及业务方面的内容要慎重，要将对方的邮件妥善加以保存，以备不时之需。

2. 口头交流语言

谈判人员的说话方式会影响谈判对手对待他的态度以及与他进行沟通的效率。一个人说话时的语调、语气、语速、音量、节奏、重音、迟疑、说话的流畅度、加入语

气词的停顿等都能向倾听者传递许多内涵丰富的信息。说话油腔滑调、口若悬河、夸夸其谈、巧舌如簧者给人的印象是不靠谱，容易引人反感。说话严谨得体、分寸把握有度者会给倾听者良好的印象，也会在某种程度上增加其所表述内容的可信度。

3. 肢体语言

人类相互交流主要是通过语言来进行的，然而除了书面语言、口语表达之外，还可以通过大量丰富的肢体语言来进行沟通。肢体语言包含丰富多变的面部表情（如斜视、撇嘴、蹙鼻、皱眉等）、手势、身体动作（如耸肩、摇头、点头等）、身体接触等。部分姿态的变化可以表达出谈判者的情绪变化，比如从摇头到点头，表示了从否定到肯定的变化。

肢体语言通常被说话者用来配合说话的内容，加强其表达观点的力度，此时的肢体动作是有意识做出来的，是为了增强语言表达的效果。在有些情况下肢体语言使用者并不说话，而只是有意识地通过肢体语言来传递信息，比方说主谈人向自己的同事使一个眼色，暗示同事"该你配合我实施事先商定的红脸与白脸方案了"。还有的时候肢体语言并不是主动做出来的，而是下意识地做出来的动作，有些细微而不易被察觉的动作包含了丰富的内容，比较有难度的是如何通过谈判对手的肢体语言来解读他内心的真实想法，这是一个优秀的谈判人员应该掌握的技能之一。

有时人们口头表达的内容并非是他们心中的真实想法，那么如何判断他们是否在撒谎呢？专家做过一系列实验，志愿者观众被要求判断试验视频录像中有哪些人是在撒谎，哪些人没有撒谎。实验结果发现人们通常对说谎者的判断与实验结果正好相反，实验中大约30%的说谎者当他们说谎时会频繁地将目光看向别处；而另外70%的说谎者会与听众保持密切的眼神交流，他们认定这样做会减少听众对他们谎言的怀疑程度。结果证明他们是正确的，他们的谎言被识破率降低到了25%。

而商务谈判中，一个优秀的谈判人员也会通过观察知道听众对他正在说的内容是否感兴趣，也能感知什么时间触发了客户的"热键"并能发现客户关注的兴趣点。比如当人在讲话时，从听者手托腮或手托下巴的动作可以判断出他们态度的冷热。当听众开始用手支撑头部时，这是他开始感到厌倦的象征。而他厌烦的程度与他的手臂或手支撑他头部的程度相关，通常一开始只是用拇指支撑下巴，随着兴趣的衰减则改用拳头支撑，特别不感兴趣的时候可能会用整个手来托住下巴。

再如当你向别人介绍一个想法或主意，讲话结束征求他们对你讲话内容的建议和想法时，他们若有抚摸下巴的动作，表示他们正在进行决策，假如接着而来的动作是抱着双臂、两腿紧闭、人向后仰靠椅背而坐，那么他的回答十有八九是否定的，观察到这样的信号时实际上你还有一个机会，在他开口表态之前赶紧采取补救措施，否则在他表明否定之后再谈判将会更加艰难。倘若抚摸下巴动作之后身躯前倾、双臂张开，或拿起你的建议书或样品，那么你将有可能等到一个肯定的回答。

肢体语言丰富多样且能表现出听者下意识的想法或者观点，所以在谈判中要善于观察对方，熟练运用肢体语言为己方的谈判目的服务，这是谈判人员应该掌握的基本技能。

二、不同商务谈判阶段中的语言表达方式

通常一场商务谈判包括谈判的开局、谈判的中局、中场茶歇、谈判的终局（收尾）、重建谈判（也叫再谈判）五个阶段。在每一个阶段中谈判有不同的目标和议题，谈判中的语言表达方式也会有所变化。

1. 谈判的开局

在谈判的开局阶段，谈判各方相互寒暄。例如谈判的主方可以先嘘寒问暖，关切询问客方经过舟车劳顿来到本地旅途辛苦，是否休息好了，对本地饮食是否习惯，有没有什么需要主方协助解决的困难等。这样的题外话可以令对方有宾至如归的亲切感和温暖感，为随后的谈判营造友好融洽的氛围。也可通过题外话逐渐导入谈判正题，题外话往往是为了寻找对方与己方的共同点从而增进彼此的亲近感，为谈判创造一个良好的开端，诸如："您也是牛津大学毕业的？真是太巧了，真没想到会在这里遇到校友！我们这么有缘，相信贵公司和我公司一定也能互帮互助、顺利达成合作共赢的局面。"

寒暄和题外话之后通常会逐渐引入与谈判相关的话题。在进入正题之前的开场白可以为整场谈判定下基调，营造出相应的气氛。不同的开场白有不同的目的，一般以陈述说明为主，属于铺垫，如简单介绍本公司经营概况。假如是双方合作中的纠纷、争议谈判，应简明扼要陈述己方的立场、观点及要求。谈判人员在语言的表达上须做到：简洁易懂、观点明确、条理清晰、逻辑性强、措辞得体。试比较下面两段开场白。

"今天请贵公司谈判代表前来商讨关于××合同项下所交付货物产品质量与合同规定不符的解决办法，希望通过我们今天的洽商，能够找出解决问题的方案。"

"你们知道吗，由于我公司的产品安装上你们公司的劣质零配件，造成了我们200万元的损失，我们的客户强烈要求索赔，你们明知提供的零配件质量不合格还卖给我们，这不是故意坑我们吗？"

前者语气和缓，为谈判营造一个略微宽松的气氛，随后再逐步引入正题，这种表达方法较易被对方接受。后者一开始就严厉指责对方的过错，在谈判的开局就制造了紧张对立的情绪，激化了矛盾，这样的气氛会给随后的谈判增加难度，而且还可能会

带来对方情绪上的不配合。所以有时候为实现特定的商务谈判目标，不同的表达方式也是一种谈判策略。

"一句话能让人笑，一句话也能让人跳。"上述两种表达方式就很好地验证了这一点。商务谈判是为了通过相互沟通寻求共识，协调彼此利益的冲突，找到解决问题的方案。为了实现谈判的这一终极目标，采取什么样的语言表达方式及谈判态度至关重要。

例如2000年中国与以色列签署购买4架费尔康预警机合同，并根据合同条款向以色列支付了1.9亿美元预付款，美国得知这个消息后，向以色列施压，禁止以色列将预警机出售给中国，否则将取消与以色列的军事合作和科技合作，并威胁称在国际事务中将不再支持以色列。以色列屈从了美国的压力，被迫撕毁与中方的协议，退还了中方的预付款，接替巴拉克担任以色列总理的沙龙就取消协议一事向中国表示歉意。但中方要求双方就此事进行谈判，根据合同中的不可抗力条款，以色列将美国的施压列为不可抗力事件，因此双方应该各自免责，以色列不承担任何赔偿责任。在中以双方谈判代表见面握手寒暄时，以色列主谈代表洋洋自得，傲慢地对中方谈判代表说的第一句话就是"I am a bad boy（我是一个坏小子）"，完全是一副"我是流氓我怕谁"的姿态，认为反正你们对我也无可奈何。这样的开场白首先是想以气势压人；其次是为了表明以色列方面对撕毁协议的态度，即责任不在己方。面对这样的谈判对手，如果中方谈判代表回应以方的语言表达方式把握不好，则会丧失先机，刚开局就会在谈判中处于被动的状态。而中方主谈代表立即强势回应"I happen to be an expert in dealing with bad boys（本人恰好是擅长与坏小子打交道的专家）"，这样的开场白毫不示弱，既在气势上强硬回击，打压了对方主谈代表的嚣张气焰，使得他转变了傲慢态度，又表明了中方的谈判态度。由于中方谈判前的准备工作充分，在索赔谈判中据理力争，以翔实的数据作为支撑索赔的理由，最后以色列不得不向中国赔偿了3.5亿美元。

谈判的开局阶段主要是以陈述性说明为主，而这类开局导言是在为随后进入正式谈判做铺垫。因此，开局时如何表达，说什么内容，应该在谈判之前就做好充分准备。准备工作做得越充分，在谈判中就越有主动性，谈判成功的概率也会越高。谈判前的准备工作有很多，如对对方谈判人员的个人信息、公司背景、其他竞争对手及竞争产品等情况进行深入的了解，加以比较、分析，以便投其所好，从对方主谈人关注的兴趣点引入相关话题等。

2. 谈判的中局

经过开局阶段的陈述性铺垫之后，谈判的中局阶段开始。这个阶段谈判的议题都是涉及各方所关注的利益问题，在利益面前，谈判各方都会据理力争，或解析并批驳对方的观点，或解释己方观点并说服对方接受，为己方能获得更多的利益而努力。

谈判中局是各方交锋最为激烈的阶段，也会充分展现各种语言沟通技巧。在与对方交谈时使用什么样的表达方式要根据对方的性格、文化背景、教育背景、情绪动态等特征来决定，倘若对方是个急性子且说话心直口快，那么简洁、清晰的表达方式就比较适合对方的特点；对方若是一个慢性子，说话慢条斯理，那么语速过快的说话方式可能就会令对方难以听清你的意思，从而造成节奏上的不合拍。谈判对手如果是异性，则在语言措辞方面需要斟酌慎重，优雅委婉的谈吐会比较合适。若年轻人遇到年长的谈判对手，则可以较多的使用敬语。如果对手的思维比较跳跃，则要注意随时将偏离的话题拉回到谈判的主题上来。

在谈判中要善于倾听，从对方的言谈中捕捉对己方有利的信息，为己所用。例如："刚才您说贵方为此项新研发的技术投入了 1 000 万美元的研发费用，需要在该设备销售中收回研发成本，己方认为这是理所当然的要求，我们完全理解。然而贵公司将每套设备的售价定在 100 万美元的水平上，我不相信贵方只考虑将此设备卖十几套就不再销售了，因此，把研发成本以过高的比例分摊到每一套设备的售价中显然不太合理，建议贵公司重新调整一下报价。"

优秀的谈判人员不仅善于倾听，也善于通过提问题来收集所需的信息。提问题时应注意根据不同情况采用不同的询问方式。如采用激将法："这个产品目前供不应求，生产计划都已经排到半年后了，您要求一个月内交货，还要求打折，您觉得可能吗？除非您愿意支付更高的价格，我公司可以考虑安排工人额外加班来满足您的急切要求，而我说的更高价格中增加的费用是用来支付工人的加班费的。"再如："您想按 50 万美元的价格采购己方价值 100 万美元的高科技设备，这犹如想用买白菜的价格去购买牛肉，您觉得合理吗？如果贵公司只有 50 万美元的采购预算，我可以向您推荐我公司与此价格水平相对应的设备，同样也能基本满足贵公司生产的需求，只不过在性能与科技含量方面会有差距，您看如何？"

在谈判过程中，难免会被问到一些敏感而你又想回避的问题，此时可以假装没听见或没听明白。比如《孟子·梁惠王下》中的一个例子。

孟子谓齐宣王曰："王之臣，有托其妻子于其友而之楚游者。比其反也，则冻馁其妻子，则如之何？"（孟子对齐宣王说："大王的臣子中，有一个托付自己的妻子和孩子给他的朋友后去楚国游历的人，等他回来的时候，他的妻子和孩子却在受冻挨饿，那么对这样的朋友应怎么做？"）

王曰："弃之。"（齐宣王说："不要这个朋友。"）

曰："士师不能治士，则如之何？"（孟子说："司法官不能管理他的下属，那么对

他应怎么做?")

王曰:"已之。"(齐宣王说:"罢免他。")

曰:"四境内不治,则如之何?"(孟子又说:"一个君王没把国家治理好,那么对他应怎么做?")

王顾左右而言他。(齐宣王回头看身边的大臣说起其他事情了。)

当齐宣王面对尖锐问题无法回答时,他选择了假装没听到孟子的这个问题,与身边的其他大臣们谈论别的话题,这就是成语"王顾左右而言他"的出处,这一方法也是谈判人员经常用到的谈判技巧。而如果对方就对某个问题紧追不放,使你无法以"王顾左右而言他"的技巧摆脱时,可以假装没听明白对方的意思,选择尖锐问题中的次要部分无限放大,并将其作为重点内容进行回答,转移对方注意力,以这种手法避重就轻,或者在回答对方纠缠不放的问题时,用双关语或模棱两可的模糊表达方式来回应对方,那么怎么被对方解读就是对方的理解问题,将来若产生争议时,就可以说:"是贵方理解有误,己方并未如此明确说过。"

在谈判中可能会被问及己方未能预料到的问题,未经成熟的思考,一时难以回答,此时不能表露出来己方的手足无措,可以找个借口采取暂缓策略,比如:"不好意思,我想先去一下洗手间,等回来再答复你这个问题。"借此赢得短暂的时间,迅速思考回应方案;或者采取拖延的方法,比如:"这个问题我不能马上给您一个明确意见,我需要请示我的老板才能决定,毕竟我得到的授权有限,无法做出超越我职权范围的决定。""您的这个问题我需要先请教我公司的总工程师,毕竟这是很专业的技术问题,需要由专业人员做精准的专业解释。"商务谈判中回答问题不是一件简单的事情,在组织语言时一定要谨慎小心,因为有时候说错话很容易会被对方抓住不放。很多问题都是经过对方精心构思后提出来的,可能还设计了陷阱,因此在回答问题时要留有余地,有选择地回答对方的问题,或者不直接回答问题,转移对方关注点。例如买方直接询问你的产品价格,你若直接回答价格的具体数字,可能双方马上就进入讨价还价阶段,这样会比较被动。不妨试着这样回答来转移对方关注的焦点:"先别着急讨论价格,我想您公司肯定更关注产品的质量,所以我认为有必要先向贵公司简单介绍一下几款同类商品的质量与性能,在您对这几款不同产品有所了解并对它们进行比较之后,我们再来讨论价格问题,毕竟不同品质会有不同的价格。"

如何提问是很重要的谈判技巧,因此提问之前一定要想好提问的目的、提问的方式。提问的目的有时候是为了得到对方明确肯定的答复,有时候则是虚晃一枪,进行火力侦察,总而言之是为了让对方按照自己设计的谈判方向前进。提问时要注意以下几方面。

（1）在不同的谈判阶段应重点商议该阶段的讨论议题

比如在谈判开局阶段，卖方正在介绍与产品性能相关的情况，此时就不宜问交货期、运输、保险等跨谈判阶段的问题。

（2）不要连珠炮似地提问

这会让对方不知你究竟关心什么。通常问一个问题后，应立即停下倾听对方的回答，不要插嘴打断对方，这是对对方的尊重。若对方表述能力差，讲话颠三倒四、啰唆，可以在他说话期间短暂停顿换气时，插入简洁的问题，帮助对方聚焦于你所提的问题。

（3）提问有时可作为一种委婉的暗示

这可以表明你实际上是掌握相关的信息的，只是为了顾全对方的面子，不去揭穿对方的谎言而已。

来看一个例子，20世纪90年代中期国内某纺织厂与澳大利亚墨尔本的一位银行家洽谈建立一家生产羊绒衫的合资企业，国内纺织厂打算以土地、厂房及一部分现金作为资本投资入股，澳大利亚银行家同意出资购买机器设备作为投资入股，为了节约开支，澳大利亚银行家准备购买二手设备，但在谈投资股份额度时双方产生了争议，澳大利亚银行家声称他的设备价值高，理应增加他在合资企业中的股份比例。此时中方主谈人就提了一个问题："澳大利亚这几年纺织业不景气，工人失业人数猛增，好像有不少纺织厂倒闭了吧？"这就是一种委婉的暗示提问法，潜台词是我们了解澳大利亚纺织行业的现状，纺织行业不景气，失业工人猛增，企业倒闭后自然要进行清算，那些机器设备肯定要通过拍卖来清偿债务，这些二手机器设备扣除折旧费之后，破产拍卖价格肯定不会很高，所以澳大利亚银行家要求增加其在合资企业中股份比例的要求显然不合理。这就是中国人常说的"说话听声，锣鼓听音"，表面上看好像是在提问，弦外之音则是委婉地把己方的观点传递给对方，既保留了对方的面子，又达到了婉拒对方要求增加股份比例的目的。

3. 中场茶歇

有些谈判议题很多，有不少复杂的问题需要谈，因此谈判各方经过冗长的谈判，会感到疲劳，为了呼吸一下新鲜空气，缓解一下气氛，有时候会安排茶歇，彼此稍事歇息。茶歇的作用非常重要，必须充分加以利用。它实际上是谈判以另一种形式的延续：第一，利用茶歇的机会就如何应对谈判中有争议的问题与己方谈判团队进行紧急商量；第二，对谈判中遭到对方反对的问题与对方进行非正式交流，以茶歇闲谈的方式做进一步沟通、解释工作，因为有些话题在相对放松的环境中交流起来会更加有效。茶歇闲谈时间短暂，对语言表达能力要求很高，要用精炼、简明易懂的表达在有限的时间里达到沟通的目的。茶歇闲谈承前启后，为茶歇后的继续谈判起到的作用是：消除误解、增进理解、化解争议、做好铺垫、推进谈判。

4. 谈判的终局

在谈判的终局阶段，有两种可能的结局，第一种是谈判各方经过多次讨价还价，终于达成共识，签署了协议。此时应该互相表示祝贺，不要吝啬溢美之词，如："非常感谢贵公司对我们的信任，经过我们的共同努力，终于签署了协议。多亏贵公司有你们这样的精英团队，使我们对今后的长期合作充满了信心。"第二种结局就是谈判失败，沉不住气的谈判人员可能会互相指责："这笔生意谈不成，全都怪你们不合作，要是你们答应己方的价格要求，就不至于谈判破裂了！"这种将责任归咎于对方的收尾表达方式非常不可取，可能会引发互相指责升级，恶化双方的关系，把未来可能合作的大门彻底封堵了。比较理性、专业化的收尾总结可以这样表达："很高兴有机会与你们相识，并在谈判中一起共同努力，虽然今天的谈判并没能达成协议，但我们相信或许将来有一天我们会有机会再进行合作。"这种表达方式可以使大家带着轻松友好的心情离开谈判桌，也为今后的合作留了一条路，"买卖不成仁义在"说的就是这个道理。

5. 重建谈判

在谈判失败之后，其中一方还想回头再找另一方重新进行谈判，就会进入重建谈判阶段。例如甲方在与乙方谈判破裂后，甲方谈判人员回到公司向领导汇报，领导听到失败的原因是因为价格原因无法达成协议时，表示对方这个价格可以满足，这时甲方再约乙方重新谈判时，如果甲方在上次谈判结束时做了铺垫，并未将谈判破裂的原因归咎于乙方，那么重启谈判是完全可能的。但若是在上次谈判结束时甲方对乙方横加指责，那么重启谈判的要求就可能会被乙方断然拒绝，即便乙方同意谈判，也会在重新谈判中占有相对的心理优势。

三、商务谈判礼仪

礼仪是在人际交往中体现相互尊重的礼节和仪式。中国是文明古国、礼仪之邦，早在周朝就有周公制礼作乐。在《论语·颜渊》中，颜渊问仁，子曰："克己复礼为仁。一日克己复礼，天下归仁焉。"孔子提倡儒家要约束自己，使每件事情都归于礼。礼是一个国家或社会群体成员之间约定俗成或由文化传承形成的行为规范、准则。礼的起源是由习俗演变而来的。从习俗发展为礼仪，这些礼仪又逐渐被定式化，逐渐演变成特定文化圈内独有的一套约定俗成的礼仪。

当代社会科技高度发达，世界各国之间的交往十分密切，而不同国家的礼仪也在相互融合、相互影响。在英国的两大殖民时期（16世纪后半叶及工业革命之后），英国对其殖民地如美国、加拿大、澳大利亚、新西兰、非洲的一些国家的文化、生活等就产生了较大的影响力。因此国际礼仪以欧美礼仪为主，而欧美礼仪又以英国礼仪为主。但这并不意味着要摒弃其他各国的礼仪规范，在与不同文化背景的商人打交道时，同样必须尊重其民族习俗、宗教信仰等。国际商务礼仪是文明世界中国家和人民需要共同遵守的规则。随着我国对外交流日益增多，了解国际商务礼仪，通晓国际规则，熟悉异域文化是国际商务谈判人员必须具备的基本素质。

1. 着装礼仪

一个人的外表、服饰给人的第一印象是比较重要的。所以参加商业活动首先要注意自己仪表，着装也要与活动场合相匹配。

着正装参加商务活动表示你对这次活动非常重视，同时也是对别人尊重的一种表现，它能体现出你的专业素养和审美观。人们通常会通过一个人的外表来初步判断一个人，很难想象不修边幅的着装打扮会给对方留下什么印象。通常一个衣着邋遢的人也间接反映了其工作态度，这类人对工作可能是漫不经心的，而与这样的人进行商务合作会有较大的风险。由此可见服饰、仪表对商务谈判人员的重要性。整洁的正装能彰显出一个人的精神风貌和职业素养。

对着装的"TOP原则"有两种解读：tidy 整洁、occasional 场合贴切、pleasant 舒适悦目；或是 time 时间、occasion 场合、place 地点。这就要求穿衣的礼节要根据时间、场合、人物、国家风俗的不同而有所区别，穿着应得体，展现出个人的品味及风范。

（1）男性着装礼仪

在正式商务场合男士正装以西服为主，民族服装也可以。男士西装暗色系较为正式，如深蓝色、灰色、褐色、墨绿色等，一般冬季多深色，夏季偏浅色，切忌全身深黑色西服搭配黑色领带。

男士西装分双排扣与单排扣。双排扣西服的胸前尖口不低，是否穿背心可以根据西服的样式决定。正式的单排扣西装大多分为三件套：衬衫、背心、外套。衬衫的袖口应比西服的袖口长出一寸多（中指和食指的叠加宽度），方便遮掩小手臂上的汗毛。西服外套上最下面一颗扣子不要扣上，如果坐下时，可以解开扣子。西装应保持平整挺括，外套的口袋盖要翻在外面。西装上衣口袋、西裤的口袋切忌塞满东西，会破坏西装的整体曲线美感，有碍观瞻，有人喜欢把皮夹、钥匙、名片、手机、零钱、餐巾纸等小物品都塞进裤子口袋里，这样会显得很臃肿，与商务精英应有的干练形象不符。西服的上衣口袋有时候可以插一支高级笔，或者将叠放雅致的手帕插在上衣口袋。皮夹则可以放在上衣左侧内口袋里。

选择领带时应注意其颜色、图案，最好与西装色系相近，如此可以给人协调一致的感觉。打领带时衬衫的第一颗纽扣一定要系上。不同的活动应搭配不同的领带，切忌在连续几天的商务活动中只用同一条领带。皮带宜为深色，或与西装同一色系。皮鞋要保持鞋面光亮、洁净。袜子应选择与西服色系相近的颜色，袜子的长度至少要穿到小腿的三分之一以上，以保证在就座时袜子能够遮挡小腿而不至于露出汗毛。

商务活动中对男士的仪容一般有如下要求：头发必须梳理整齐，胡须要剃干净，鼻毛不可外露，指甲应勤修剪，服饰要整洁得体，眼镜镜片上无落尘，衣服无皱褶和油渍，身上无异味（烟味、酒味）等。

（2）女性着装礼仪

女士着装需要考虑个人的体形、身高、个性、肤色。发型要与脸形、体形相配。可通过服饰来修饰自己的身段，掩饰体形上的某些不足，突出个人的优点，还要根据肤色、体形、头发颜色选择合适的服饰色系。通常人们的视觉焦点是落在衣服末梢和脖子上，也就是说穿较长的衣服会显得上半身较长，下半身较短，所以本身如果腿不修长的人应尽量避免穿着过长的上衣。同理，脖子较短的人也不适合高领的衣服，应该选择圆领、T字领或V字领的上衣。女性穿着高跟鞋也可以修饰身材比例，上半身与下半身最完美的比例为1∶1.618（黄金比例），所以高跟鞋过高、过低都不合适，应该按照身材比例去选择。此外在商务场合穿高跟鞋，要尽可能减少进出谈判会场和在谈判会场里走动，因为高跟鞋的声音会扰乱谈判人员的思路。

女性参加商务活动不宜浓妆艳抹，可以化淡妆。切忌喷洒浓烈香型的香水，可以用清淡香型的香水。口红颜色过重也不合适，还要注意喝茶或喝咖啡时最好不要在杯子上留下口红印。女士若需补妆，切忌在商务谈判会场上直接进行，而应该离开会场另找地方补妆。

2. 社交身份排序

社交身份排序在商务活动中非常重要，排序出错会引起对方不快，甚至会影响到商务谈判的展开。社交身份排序应遵循下列基本原则。

（1）职位高者优先于职位低者。

（2）年长者优先于年龄低者（除非年龄低的人职务高于年长者）。

（3）女士优先于年龄相仿的男士，除非男士的职务高于女士。

（4）礼让原则，客人优于主人。

（5）座位安排、出场顺序均需按约定俗成的排序，以右为尊。

商务会谈一般安排长桌型会议室，如图3-1所示，主方（图中B方）通常背对门口而坐，客方（图中A方）面向门口而坐。这是一种尊重客方的安排，把方便、安全让给客方，因为面向门口可以在第一时间洞察可能发生的危险情况。长桌会谈座次以中央为大，双方座次的排序分别是主谈人坐在中央，其余谈判人员分坐主谈人的两侧。

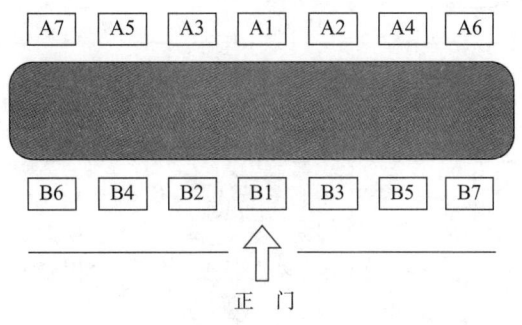

图 3-1　长桌型会议室座位安排（一）

如果长桌的其中一侧对着门口，则主方应在进门后的左侧落座，客方在进门后的右侧落座，如图 3-2 所示。

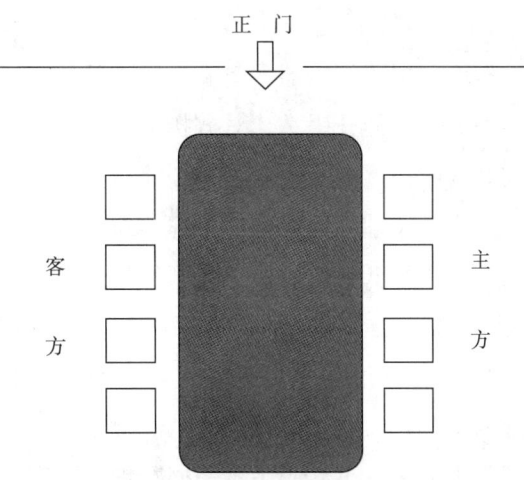

图 3-2　长桌型会议室座位安排（二）

如果是签署合同，座次安排同样应是主方坐在左侧位置，客方坐在右侧的位置，若需要在签字桌上摆放国旗，也是按此规则来摆放，如图 3-3 所示。双方签字见证人员可站在签字人身后，签字人签字完毕后，工作人员可以用吸墨器具将字迹吸干，以防未干的字迹不小心被碰模糊，然后双方交换文本继续签字。全部文本签署完毕后，签字人可握手致意，工作人员可以端上香槟酒，双方碰杯以示庆贺，若有纪念品也可在此时互赠。合同签署完成后合作双方通常会合影留念，此时应根据职务级别的高低站位，以前排中间为最重要主宾，主方在左，客方在右（若从摄影师的角度看则是主方在摄影师的右侧，客方在左侧），主客双方其余人员则依职务级别分立于己方领导一侧。

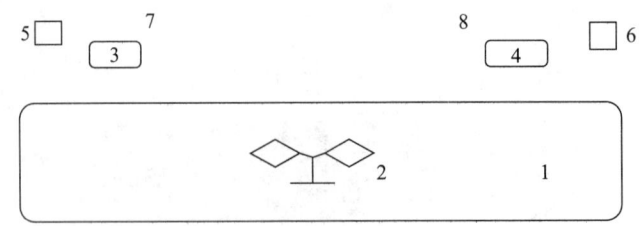

图 3-3 合同签署仪式座位安排

1—签字桌　2—双方国旗　3—客方签字人　4—主方签字人　5—客方助签人
6—主方助签人　7—客方参加签字仪式人员　8—主方参加签字仪式人员

3. 问候礼仪

见面互相寒暄问候是商务谈判活动不可或缺的一个重要环节，不同国家有不同的问候礼仪，下面主要介绍几种常用的商务问候礼仪。

（1）握手礼

握手礼是当今世界上应用最为广泛的见面礼仪。握手礼据说起源于刀耕火种时代，人们在狩猎、战争时，石块、棍棒等武器不离手，以防备危险。遇到无敌意的陌生人时，大家需要放下手中的武器，伸开手掌让对方抚摸一下自己的手掌心，以表示手中没有武器，这种表达友好的习惯逐渐演变成了当今流行的国际礼仪。与人握手时，应伸出右手，稍用力握住对方的手掌，以握紧而不捏疼对方为宜，且要面带微笑，双目注视对方，上身略微前倾，头微低，使对方感受到你的热情与友好。握得太轻，或不握住对方的手掌而只是用几个手指和对方的手碰一下，都是一种失礼行为。

握手时间不要太长也不要太短，一般控制在 3~5 秒钟，另外要注意手部清洁，有些人有手汗，若以汗湿的手和别人相握是很失礼的。握手前，男子应脱下手套、摘下帽子；军人可以先敬军礼再握手，不必脱手套、摘军帽。不宜戴着墨镜与人握手，不宜用左手与人握手，不宜多人交叉握手，不宜坐着与站立者握手。握手的先后次序：先上级后下级，先长辈后晚辈，先主人后客人，先女士后男士。

（2）合十礼

合十礼流行于东南亚信奉佛教的国家。行礼时，两手掌在脸前合十，掌尖和鼻子等高。泰国人行合十礼时，身子还要略向下躬，头微微低下，双手合十的高度取决于对方的年龄、身份、地位。世界上许多宗教也都将合十礼作为一种礼节。

合十礼源于印度古代的婆罗门教的礼法。印度人认为右手为神圣之手，左手为不净之手，若两手合而为一，则被视为人圣洁的一面与不净的一面的合一，因此合掌的意思就是表示自己愿意向对方展示自己最真实的一切。

（3）鞠躬礼

鞠躬礼源于中国的先秦时代，现在多为日本、韩国使用。行鞠躬礼要求行礼者不得斜视和环顾，行礼时不可戴帽，行礼时身体上部向前倾15°~90°，前倾幅度取决于受礼方受到的尊重程度。上级或长者还礼时，可以欠身点头回应，不必以鞠躬礼还礼。

4. 谈判过程礼仪

（1）交换名片

交换名片是初次见面时商务人员必做的一件事情，留下对方的信息是为了便于以后在业务上沟通联系，因此在谈判前务必要准备好足够的名片数量。在交换名片时为了显示尊重对方，通常可以双手向对方递送名片，同时说敬语如"这是我的名片，请您多多赐教""这是我的名片，认识您非常荣幸"等。而当对方双手递给你名片，你应该也用双手去接名片，这也是在向对方表示敬意。接过名片后应先看一下名片上的信息，记住对方的姓名及职务，然后说几句恭维话如"你这么年轻就已经是总工程师了，真了不起！我在你这个年纪的时候还只是一个小业务员呢"等。

（2）互赠礼物

在商务活动中，通常宾主双方都会互赠礼物，在礼物的挑选上要注意：

1）礼物应具有本国民族特色或企业特色。

2）礼物价值通常不可过高，避免腐败行贿的嫌疑，有很多国家都有相关的反贿赂法。

3）礼物要规避民俗禁忌，例如不能给中国人送钟。

4）送礼前应仔细检查礼物是否完好无损，包装是否完好。

5）估算对方参加会谈的人数，礼品准备数量要适当多于参会人员，以备可能的人数变化，礼物可以依对方职务级别分出一定的等级来，位高者档次最高。

（3）接打电话

在谈判进行中，要将手机关闭或调成静音，尽量不在谈判期间查看手机或接听电话，因为当前最重要的事情莫过于和对方正在进行的谈判，使用手机是对对方非常失礼的行为，除非谈判双方谈到的议题需要你打电话做请示或咨询。

5. 商务宴请礼仪

（1）座位安排与着装

如果是圆桌，第一主人坐的位置面向门口，第一主宾坐在第一主人的右侧，体现以右为尊的原则，第二主人坐在第一主人的正对面，具体座次如图3-4所示。

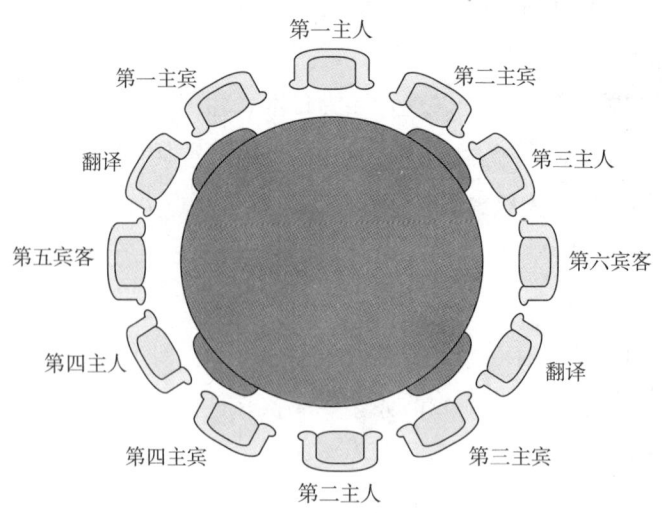

图 3-4 商务宴请的圆桌座位安排

在西餐的长桌宴请中,通常第一主人和第二主人坐在餐桌的两个尽头,第一主宾坐在第一主人旁边,依此类推。还有一种安排则是第一主人和第一主宾都坐在中间,两人面对面坐,方便交谈。

出席商务宴请时,男士应着西装,女士着正装。正式晚宴中不适合戴帽出席。女士若携带了皮包,可放于身后椅子上,切忌放在桌上。

(2)西餐礼仪

每道菜端上来后,主人要环视一下,确认所有宾客的食物都被端上桌后才开始招呼大家用餐。主人未动刀叉前,客人若自顾自地先吃,是极为不礼貌的行为。而身为主人,也不能只顾自己吃,一定要留一些食物在自己的餐盘里,等其他客人都吃完这道菜后主人再吃最后一口;同样地,如果主人已经吃完这道菜,则客人也不宜继续再吃。

西餐刀叉的使用顺序应由外向内使用,每一副刀叉使用一道菜,切忌将刀当叉子使用。餐巾应放置在膝盖上,骨头、鱼刺应吐到小托盘内。若需要距离较远的胡椒粉、盐等调味瓶时,应礼貌地请身边的人帮你递过来,并表示感谢。进餐过程中切忌大呼小叫,打响指招呼服务生来为你服务是不礼貌的。西餐中一道菜若吃不完不想继续吃了,只要将刀叉并拢斜放在餐盘上,这就是向服务生传递信号:这道菜的餐盘可以收走了。餐桌上喝汤、吃面条时发出声响也是不礼貌的,应闭嘴咀嚼食物,口中有食物时避免说话,使用刀叉时尽量避免互相撞击餐盘发出声响。

用餐时应抬头挺胸,以食就口,用刀切下刚好一口能吃完的食物。低头去够食物或咬一口后将剩下的食物放回盘中,都是不够礼貌的行为。用餐时若要打喷嚏,应用口布捂住嘴巴转过身，打完喷嚏后要和大家说对不起。

（3）品酒礼仪

商务人员还需要对西餐中各种酒有所了解，以便在餐桌上与商业合作伙伴继续交流，了解对方的酒文化有利于进一步增进彼此间的友谊。

1）西餐酒的分类

餐前酒：约在餐前30分钟饮用，目的是开胃或避免迟到的宾客尴尬，通常在客厅里饮用，可以随意走动，男士可以选择马丁尼、鸡尾酒等，女士一般喝雪莉酒等。

餐中酒：餐中酒即用餐过程中饮用，分为白葡萄酒和红葡萄酒。红葡萄酒搭配"红肉"，如牛肉、羊肉等。红酒不加冰，搭配粗一些的红酒杯。白葡萄酒搭配"白肉"，如海鲜、鸡肉等。白葡萄酒要加冰，搭配高一些的白酒杯。

餐后酒：餐后饮用，一般多为白兰地，用杯身矮胖、杯脚短小的酒杯，可在其中加少许糖或咖啡。

2）酒的倒法。各种酒倒入酒杯中也是有讲究的：红葡萄酒倒酒杯的1/3；白葡萄酒倒酒杯的2/3；香槟酒则先倒3分满，待泡沫消散后再倒7分满。

3）喝红葡萄酒的步骤。喝红葡萄酒的三个步骤为观色、闻香、品酒。

①观色。晃动酒杯使酒液做旋转运动，让酒液沿杯壁向下缓缓流淌，可以观察到一些清澈的酒滴缓慢地流下，这被称为酒泪或酒腿，它显示的是水和酒精之间的物理张力，以及酒精、糖分和甘油在葡萄酒中的含量和融合程度。

②闻香。品酒往往会选择郁金香型的葡萄酒杯，这样不会因吸入外部气味而干扰对酒香的判断。闻香时可将鼻子贴着杯口伸进杯中，为避免鼻子碰到酒液，且保持其最佳饮用温度，红葡萄酒只倒酒杯的1/3。

③品酒。喝入一小口酒含在口中，让舌头的味蕾充分感受葡萄酒的复合香型；吞咽酒液后，感受主导香气的演化，直至它消失。外界温度对酒的口感有很大影响，因此喝葡萄酒时最好不用手去握酒杯杯身，手的温度会极大地破坏葡萄酒应有的口感，正确的执杯方法是用手持酒杯的杯梗。

第三节　谈判心理学

谈判人员的心理活动是非常复杂的，在商务谈判活动中，心理学的相关知识是商务谈判人员的利器。这一节内容将概要介绍心理学知识，重点介绍谈判心理学原理及在商务谈判中的应用技巧。

商务谈判的表面形式是谈判各方通过语言交流来对商谈议题进行洽商，其中不乏阐述、说明、质疑、提问、回答、解释、劝说、争辩、讨价还价等各种形式。谈判人员的谈判能力强弱取决于他的沟通能力，有效的沟通要通过语言来表达，要实现有效的沟通，必须善于运用心理学的知识，只有洞悉谈判对手的心理动态与需求，才能有针对性地与之进行高效的沟通。谈判的全过程实际上也是参与谈判的各方展开的心理互动和博弈的过程。

一、心理学概述

心理学是研究人类以及其他动物的内在心理现象、精神功能和外在行为的科学，既是一门理论学科，也是一门应用学科。心理学研究涉及意识、感觉、知觉、认知、动机、情绪、人格、行为和人际关系等诸多领域。

在用行为研究心理学的时代，人们通过专注于实际所做的事情来进一步加深对自己的科学认识，但是人类的心理过程仍然是一个谜。今天，科学技术的进步为人们提供了学习和理解自己的新方法。例如，通过脑成像技术，人们几乎可以直观地看到自己的头颅内部，并在思考或感受时可以看到大脑的哪些部分会亮起来。心理学再次成为精神生活和行为的科学，并最终开始揭示人类思想的一些奥秘。你有一个聪明的头脑，但是你的想法是什么，它是如何运行的？是什么让你成为一个聪明、有意识的人？心理学家史蒂文·平克解释说，虽然思想看起来很神奇，但并不需要用任何神秘的概念来解释它。思想只是大脑的活动，大脑就和任何其他器官如心脏、肝脏等一样。大脑的进化是因为它在保持人们生命力方面发挥着重要的作用。相对于体重，人类的大脑比其他动物大，但人类只是拥有复杂神经系统的众多物种之一。大脑的进化在于它以增加人类生存可能性的方式指导人类的行为，它帮助我们解决生活中的实际问题，例如寻找食物和住所。

人类是一种社交动物，生活中的问题之一就是如何与其他人相处。弄清楚如何与其他人打交道是一项复杂的任务，所以我们的思想会通过指导改变我们的行为和策略来解决生活中的实际问题。换句话说，我们的大脑使我们有学习和总结的能力，不停地学习可以使我们的能力远超过其他动物，这是人类思维的一个显著特征。

二、谈判心理学

1. 利益交换

人的心理特点之一就是会不断产生新的欲望，正是这种不断产生的欲望使人们不断产生各种需求，买方需要买某种商品来满足其欲望，而卖方则通过出售该商品来满足买方的需求，表面上看卖方是在向买方提供其所需的商品或服务，而实质上卖方通过出售商品来实现自己逐利的需求。简而言之，人的欲望是不断产生的，正是因为人的这种永远难以获得满足的心理特点，社会才会不断向前发展，科技才会不断取得新的进步。人类不断产生的欲望是社会向前发展的动力，也是商务谈判的驱动力。

人的另一个心理特点就是满足感维持的时间不长，因此在谈判中必须懂得把握时机，否则机会稍纵即逝。例如在谈判过程中，你在交货日期的条款上做出了让步，答应提前三个月交货，但你并没有提出其他要求，而是继续谈判。随着议题转换，这种卖方妥协给买方带来的愉悦心情会逐渐消失。当你过后再提出商品的价格要适当增加时，此时对方先前的满足情绪已经消失了，当你再向对方以提前三个月交货作为提价原因时，解释难度不仅会大大增加，可能还会让对方觉得你没有诚意。

因此，理解了人的这种心理特点，在商务谈判中就要记住两点：其一是让步不应该是单方面的给予，而应该是有交换条件的，例如："如果我方答应贵公司的这个要求，那么贵方准备拿什么条件回报我方的慷慨呢？"其二是用己方的妥协向对方索要的回报必须在价值上大体相等，切忌失衡，否则在整场谈判中虽然每一次妥协都有相应的回报，但若每次更多利益都被对方拿走，谈判结束时对方获得的利益从总量上来说可能会远远超过己方。

2. 注重细节

谈判的各方都有其预先设定的谈判目标，有其谈判的底线，这里所说的谈判目标与底线实际上也就是谈判各方的谈判心理预期目标。只有知己知彼，方能对症下药，因此谈判人员只熟知己方的谈判目标远远不够，还必须通过谈判中的细枝末节去设法摸清对方的谈判心理诉求，从而形成己方的谈判心理策略。

谈判主场与客场的心理是有所差别的，"天时地利人和"说的就是这个道理。谈判间环境的布置、谈判各方座位的安排都会使人产生一定的心理变化。例如，前面说过的座次安排通常是客方面向门口，但若是故意把客方安排在背对门口，面向窗户，在这种逆光的环境中，客方无法看清主方的面部表情，时间长了便会产生一种烦躁的心理，容易被主方所利用。主方座位顺光，可以清楚观察到客方的面部微表情并掌握主动。

不同的谈判开场白也会产生不同的谈判气氛，貌似简单的开场白实际上为正常谈判定下了基调。有位话剧演员有次演出结束后发现演员们感觉都特别累，最后找了原因，是这场话剧第一个说话的演员当天比较亢奋，声调比平时高了许多，而在他后面接着说话的人在表演中也跟着这一定下的高调门说话，所有演员比平时演出的声调都提高了许多，因此整场演出结束时全都感到非常疲倦。谈判也是一样，如果在开场白期间先寻找彼此之间可能存在的共同点,拉近彼此的关系,建立热情友好的、期待合作的谈判氛围,使彼此感到有缘,这种心理上的热身和铺垫可以营造良好的谈判气氛,易使对方产生信任感。

3. 善于倾听和观察

优秀的谈判人员首先是一个善于倾听的人,口若悬河、滔滔不绝的人未必是一个好的谈判者。如果只顾自己说话,而别人说话时却心不在焉,或者不断打扰对方的讲话,当对方感到你不尊重他时,就会对你产生抵触心理,从而影响谈判的进程和结果。倾听和讲话都是相互关联的,你需要具有同理心,倾听对方讲话的内容,认同他的心理感受,学会从对方的角度看问题,能使你对问题有更全面的了解。

倾听是发言的前提,只有完全听懂对方所要表达的意思时,你才能做出准确的回应,沟通效果才会更好。有些人没等对方的话说完就急着插嘴,在尚未弄清楚对方要表达的意思之前就打断对方,既不礼貌,也不专业。有些谈判人员缺乏经验,在谈判中不知不觉地用辩论赛的惯性思维去进行谈判,一定要把对方所说的内容和观点驳斥得体无完肤、哑口无言,意欲从心理气势上压倒对方。这种方式恰恰触犯了商务谈判的禁忌,既对谈判伙伴缺乏最起码的尊重,也不利于倾听不同的观点,会令对方反感,甚至会造成不欢而散的结果。

常言说,"商场如战场",谈判实际上是各方斗智斗勇的心理较量,优秀的谈判人员即便不是心理学专家,也一定是在谈判中善于运用心理学知识的行家。表面上看谈判各方唇枪舌剑、你来我往,通过语言表达为己方争夺利益,而实际上谈判者的每一句话都是经过反复斟酌之后才说出来的。

心理学的研究证明,人有时候在无意识的状态下做出的细微肢体动作会泄露他内心的真实想法,因此作为一个善于倾听的谈判者不仅要听对方所说的内容,同时还要密切关注对方的肢体语言,尽管对方说的内容可能并非他心中的真实想法,但通过察言观色还是可以捕捉到有用的信息。所以在倾听的过程中要不时与对方保持互动,如:"您刚才说的意思是……不知道我的理解对不对?"以此验证自己是否理解有误。为了避免打扰对方的陈述,不时用一些肢体语言来与对方互动,如点头、微笑等,这表明你对他说的内容很感兴趣,鼓励他继续说下去。这会给对方一种受到重视、尊重、关注的心理暗示。

4. 幽默和委婉的运用

在谈判任何议题时你的对手都有可能向你提出要求,其中有些触及你的谈判底线,是你必须拒绝的要求。比方说最敏感的谈判议题之一是价格,有些价格敏感型的客户会对价格斤斤计较,要求你把价格降到他们可接受的水平。此时委婉的拒绝就必须要懂得对方的心理诉求，比如："您的要求我十分理解，不过我公司的价格在全球都是统一的标准，我们在全世界的许多客户都非常认可我公司的产品质量和服务水平，请您设身处地的从我公司角度考虑，如果我们给贵公司降价，对我们在全球的客户是一种不公平，而且对我们这样的上市公司信誉也会产生恶劣的影响，倘若他们纷纷要求我公司退赔过去十几年里销售的产品价差，对公司而言这将是无法承担的灾难性后果，相信您也不愿意看到这样的结果吧？再说，全球统一价格是经过董事会决定批准的，我只是公司的一个销售经理，也没有权限改动董事会的决议啊。"主谈人通过解释不能降价的几个理由并幽默地自我解嘲，会让对方不至于感到有失面子从而接受此价格。

在谈判中有时会出现对方提出无理要求的情况，若直接生硬地拒绝，容易伤及对方自尊，使对方下不了台，从而影响到谈判的气氛，带来负面的效果。"除非我们采用劣质原材料或者干脆偷工减料将生产成本降低75%，否则实在无法满足贵方所提出的这个价位，您是一位极具智慧的人，肯定不会花冤枉钱买根本没法使用的劣质产品。谈了这么久，您肯定是注意到我的倦容，故意和我开玩笑好让我提振精神，您这方法还真奏效。"以幽默的方式为对方开脱，在不伤及对方自尊、保留对方面子的同时，还能婉转地拒绝对方的无理要求。

所以幽默和委婉是与谈判对手进行顺畅沟通的润滑剂，可以化解谈判中的窘境，使谈判各方继续保持良好的关系。

5. 化解僵局

有时当谈判议题涉及各方重大利益时，各方均不肯轻易做出妥协，此时谈判就陷入了僵局。如果此时心中焦虑，口不择言，自乱阵脚，就可能把谈判引入歧途。优秀的谈判者必须要具备强大心理承压能力，做到处乱不惊，尽管心中焦急万分，也能控制内心的焦虑不安，保持镇定自若，从容地说明己方观点和理由。

遇到谈判僵局时，若想推进谈判，要么某一方做出相应妥协，要么各方均做适当的让步。在展开谈判时，谈判各方的利益诉求可能会发生矛盾，此时就要运用心理学知识化解和疏导，引导双方交换想法，共同努力寻找彼此都能接受的解决方案。

第四章

技术、组织和管理

第四章
技术、组织和管理

本章内容重点介绍开展商务谈判的技术理论知识以及商务谈判的组织和管理，旨在帮助学员掌握商务谈判实际操作的技术要领，熟悉组织实施商务谈判的基本程序、方法和步骤，了解商务谈判各个阶段的工作环节和步骤。另外一个重要方面是要学习如何对商务谈判进行科学有效的管理。

本章内容将理论知识与案例分析有机地融合在一起，学员在学习本章之前需要先学习国际贸易相关专业知识。通过本章的学习，不仅要了解什么是商务谈判，还要了解开展商务谈判需要哪些技术；了解在谈判实施中的"what"和"how"，即在谈判实施中要考虑什么，策划什么，组织什么？要怎样考虑，怎样策划，怎样组织？学员应将商务谈判的理论融会贯通，并与实务相结合，为将来学以致用、不断提高实战能力奠定基础。

第一节　职业视野

两位美国著名谈判咨询顾问韦恩·巴洛和格伦·艾森在他们合著的《谈判技巧》一书中指出："谈判是双方致力于说服对方接受其要求时所运用的一种交换意见的技能，其最终目的就是要达成一项对双方都有利的协议。"从中可以看出谈判的基本特征是目的性、相互性和协商性。因此，商务谈判可以视为不同的经济主体为了自身的经济利益和满足对方的需要，通过沟通、协商、妥协、合作等方式，发现可能的商机并确定下来的活动过程。

商务谈判的准备过程、谈判策略、谈判结果，以及协议履行，都会受到宏观环境和微观环境的影响。

一、商务谈判的宏观环境

商务谈判的宏观环境主要涉及政法环境、经济环境、技术环境和人文环境。

1. 政法环境

谈判的内容和进程往往会受到政法环境变化的影响。政法环境不仅关系到谈判是否能够顺利进行和获得成果,而且还关系到谈判协议的内容和最终的履行结果。政法环境涵盖的内容很广,包括国家或地区对企业的管理程度(清廉程度)、经济的运营管制制度、法律及政府规定、政治背景、政局稳定性、政府间的关系以及国家政治体制的类型、国家内部及国际间政治关系的稳定性、国际关系(国与国之间的政治关系也会影响双方的经济关系)、国家和企业的关系、经济体制以及谈判对手国当局的稳定性等,这些都应在商务谈判的考虑范畴之内。

(1)国家政治制度

不同的国家会实行不同的政治制度,而不同的政治制度就会带来不同的经济制度,所以在进行商务谈判时,首先要了解大环境下的政治局势,比如国家对合作项目是支持还是压制,在未来的5年甚至10年内政策变动的可能性等,这些都是商务谈判中可以作为利用或要注意的影响因子。

(2)政治稳定

谈判各方政治局势是否稳定也将影响各自合同的顺利执行,例如政治危机、大规模种族冲突等,对合同的履行会造成潜在的威胁和影响,这时在谈判中应决定是否继续谈判,也可以提出有针对性的解决方案,避免合同履约失败,预防可能造成的经济利益损失。

(3)国际关系

两国政府之间的政治关系会对两国之间的经济关系产生决定性的影响,例如他们是否加入了共同的国际合作组织,是否给予对方优惠待遇,是否签署双边贸易协定,是否有与跨境商务相关的物流、海关、支付等方面的扶持政策等。

(4)国家与企业的关系

国家的一些条例、条款、政策和国家的发展方向也将对企业的谈判产生不同程度的影响。

(5)立法环境

此外,在谈判过程中对立法环境的考虑也要全面。在分析立法环境时要注意不同法系的差异,同时也要注意了解一个国家法律的执行情况,从而合理选择合作伙伴,规避相应的风险。首先,要考量与谈判对方有关的国家法律制度类型,如是英美法系还是大陆法系；其次，要了解在实际应用中该国法律的执行情况是否能落实到位，此外，该国法院受理案件时间长短、流程成本和复杂度也需要提前了解；最后，对应的国家执行国际贸易间的法律仲裁判决程序、不同国家法律适用性，以及国外法律仲裁判决条件和程序也都是在进行国际贸易谈判时需要考虑的宏观法律因素。

2. 经济环境

（1）宏观环境

宏观环境是指与经济周期、国际收支、外贸政策等相关的经济形势变化。宏观环境的变化势必会给商务谈判带来显著的影响。在谈判前，商务谈判师应认真了解上述内容及其变化，并分析其对谈判的影响。一国的经济环境有软硬之分，经济软环境是指有别于交通城建等基础设施以外的有关经济发展的投资环境，主要因素包含经济发展的相关政策、政策的落实程度和社会风气。当经济环境有利于经济发展，且经济发展呈上升势头时，该地区的经济就能快速、健康的发展；反之，经济发展会受到相应的阻碍。

（2）商业周期

商业周期是再生产经营环境的综合反映。在谈判前制订谈判方案，客观评估与预测双方的经济形势和需求的时候，商务谈判师必须了解当前商业周期的进程阶段，这有助于作出正确的决策。例如当谈判方所在的国家处于蓬勃的发展阶段时，该国经济会得到迅猛发展，此时市场需求旺盛，他们就会更愿意去购买新型商品，发展新型产业。

（3）国际收支

国际收支可以反映一个国家的对外结算能力。许多国家政府都将国际收支当做制定国际贸易政策的一个重要因素，因此了解谈判方所在国家的国际收支平衡状况，有助于商务谈判师分析国家对外偿付能力、货币价值的涨跌趋势，根据货币政策、外汇管理政策、汇率制度和贴现政策，预测该国汇率的变化。此外，这方面的调查为在谈判中确定付款条件并选择结算货币也能起到决定性作用。其他观察因素还包含外债状况、外汇储备情况、支付信誉、税法条款、基础设施及后勤供应状况、气候状况等。

根据国际形势和外贸形势的变化，各国经常调整对外贸易政策，商务谈判师应当及时跟进最新国际贸易政策环境动向，不然会因此遭受不必要的损失。商务谈判师应了解与谈判内容相关的外贸政策的最新变化，如国家政策、配额管理、许可管理、最低价格等，并调整谈判计划和相应的谈判策略。

（4）市场环境

市场环境是谈判过程中可行性研究的重要内容。市场环境可以从三个指标进行考虑，分别是经济自由指数、冷热国对比和巨无霸指数（Big Mac Index）。

1）经济自由指数。经济自由指数是由美国传统基金会与《华尔街日报》联合发布的，涵盖全球186个国家和地区，是全球权威的经济自由度评价指标之一。

2）冷热国对比。国别冷热比较法是美国学者伊西阿·利特法克和彼得·班廷在20世纪60年代提出的通过七种因素对各国投资环境进行综合、统一尺度的比较分析，从而评价投资环境的方法。七种因素包括政治稳定性、市场机会、经济发展和成就、文化一体化、法令阻碍、实质性阻碍和地理及文化差距。

3）巨无霸指数。巨无霸指数是一个非正式的经济指数，在假定购买力平价理论成立的基础上，可以用来测量两种货币的汇率在理论上是否合理。

3. 技术环境

技术环境包含谈判会涉及的相关产业科技环境及自然环境。

（1）产业科技环境

产业科技环境包含如高新技术发展宏观现状、已经发展的技术结构分布、技术人员丰裕度、技术普遍程度、当地工业技术基础水平以及当地产业构成等。此外，科技的发展对谈判过程本身也会有相应的影响。

（2）自然环境

自然环境也是需要重点考虑的因素之一，这一点可以帮助商务谈判师确定谈判力的大小，以及项目落地的可行性等，许多谈判条件都与自然资源的丰裕度分不开。自然环境包含自然资源、气候因素、地形地质（如丘陵、近海、平原）以及地理位置（如沿海、内地、交通枢纽、城市、郊区等）。

4. 人文环境

人文环境包括宗教信仰、商业习惯、社会习俗等。

（1）宗教信仰

宗教信仰是指该国占主导地位的宗教信仰对商务谈判可能造成的潜在影响。不同的宗教信仰会对特定政治事务、部分国别政策、社会交往与个人行为举止、节假日与工作时间等产生不同的反应和结果。商务谈判人员应提前了解宗教信仰和相关的行为准则、宗教活动方式、相应的禁忌等，这些细节都是影响谈判活动能否顺利进行的重要因素。

（2）商业习惯

一些商业习惯诸如企业决策程序的复杂程度、企业文本内容传播度、律师在谈判中的作用、商谈成员的谈话顺序、是否存在商业间谍问题、有无贿赂现象、竞争对手情况、对应翻译及语言障碍问题等，可以用来作为提前了解、准备的内容，做到知己知彼，以便于在谈判中尽可能多地发挥优势。

（3）社会习俗

国际商务谈判中还需要考虑社会习俗因素。社会习俗属于当地文化的一部分，对于谈判过程非常重要，但有时不易察觉或容易忽视。例如，谈判前应注意当地的衣着式样和称呼方式，工作与娱乐的区别，同时也要考虑人们工作及生活的节奏，以免造成分歧和误会，引发不必要的矛盾。

二、商务谈判的微观环境

商务谈判的微观环境主要指企业自身条件，可以分为客观环境和主观环境。

1. 客观环境

商务谈判的客观环境会在很大程度上影响谈判的走向，其中企业实力是客观环境的主要成分之一。企业实力是指企业的经济实力及规模、科技水平和产品独特性、信誉和品牌等。企业实力会影响商务谈判话语权，进而对谈判的各方面事务产生影响。

（1）企业的经济实力及规模

谈判双方企业本身的经济实力及规模会从根本上奠定谈判地位的高低和话语权的大小。此外，企业的经济实力也可以从侧面说明企业的交易能力以及谈判的合同规模，从而能从更长远的角度去促成合作或选择合作伙伴。创立哈佛商学院谈判系、担任哈佛谈判委员会主席的塞贝尼厄斯认为"声明价值"是在谈判过程中非常重要且关键的一部分，尽管有些时候强调一方的价值也意味着对另一方价值的削弱，但是从整体来看，这也是一种非常有效的谈判技术，如提出更多可能的合作形式、作出承诺、影响预期、采取强硬立场、操纵让步的节奏，甚至将有价值的问题作为"筹码"，都可以影响谈判的走向。

（2）企业的科技水平和产品独特性

企业的科技水平和产品独特性往往可以奠定一场谈判中双方的地位。作为拥有高新异质性产品或科技的一方，在谈判过程中理所应当会占据更有利的地位，拥有相对较高的谈判力。企业技术环境可以从以下几个方面进行考量。

1）企业技术发展现状在行业中所占位置是否靠前。

2）企业主要技术支柱是什么，技术发展结构是否完整。

3）企业主力技术发展前景和可持续经营能力。

4）企业是否具有数量充足的高质量、高素质技术人员，以保证能够满足产品的前期安装、中期设置、后期维修及更新等服务的相应需求。

5）企业技术是否存在异质性。

（3）企业的信誉和品牌

企业的信誉和品牌也是谈判过程中的一个无形的考量因素，能从侧面反映企业的履约能力。此外，商务谈判师可从更多渠道了解对方企业的贸易往来记录，比如了解对方企业的规模、经营范围、成立年限、资信情况和现有及过往合作伙伴贸易往来记录等，还可以寻求资信调查公司协助，或者借助对方企业的官网甚至审计报告等进行调查，从而全面了解对方企业的信誉和品牌实力。

2. 主观环境

主观环境又叫抽象环境或软环境，是指需要人为主观判断的环境因素，譬如双方的谈判目标和需求、对概念和名词的不同定义、时间和里程碑的限定、阶段成果、满意度、依赖性、不同要素的价值、肢体语言的含义、成功的标准、契约价值等，也包含谈判人员与对方相比拥有的心理势能，这是谈判策略和技巧运用的主要来源。

主观环境由谈判个体、谈判群体和谈判心理等共同构成。

（1）谈判个体

1）个体影响因素。谈判人员作为个体，其在谈判过程中的表现会直接影响谈判进程和谈判结果。谈判人员的实力主要包括观察细致程度、随机应变的能力、语言功底、心理承受能力等。谈判人员能力的影响因素主要可以概括为三个方面：谈判人员的个人成长背景，谈判人员的性格和气质，谈判人员在谈判现场的行为表现。

谈判人员的个人成长背景会对其思维方式和处事方式产生重大影响。文化差异会导致不同国家的人们思想和行为上的差异。文化具有鲜明的民族特色，同时因对人的影响常常是潜移默化的，所以有时会无法察觉而容易导致误解。不同民族存在自己不同的文化特色，所以有过多种文化背景下生活经验的谈判人员比在单一文化背景下长大的谈判人员往往在谈判中占有优势。

谈判人员的性格和气质也对谈判有重要影响。心理学上将气质分成了四种类型：胆汁质、黏液质、抑郁质、多血质。气质没有正确与否，但谈判人员必须明确自己和对方的气质，才能做到顺利掌控谈判节奏，使谈判走向对己方有利的局面。谈判人员还要注意谈判过程中的礼仪、礼节，主要包括日常交往中的礼节、见面时的礼节、相互交谈时的礼节，以及服饰礼仪等。

谈判人员的行为作为一种谈判手段，不仅能在双方洽谈的过程中发挥重要作用，而且还直接影响谈判的成败。因此谈判人员的选择往往对谈判有至关重要的作用。

2）个体心理因素。个体心理因素包含个性（性格、能力、素质），情绪（喜、怒、哀、乐），态度（认识、情感、意向），印象（感性认识），知觉（整体反应）五个方面。人的行为处事风格可以从力度（Power）和情感（Emotion）两个维度评定为四种类型。

①控制型。控制型的人特点是自信而且冷静；快节奏，高原则性；结果导向，讲究实际，有竞争性，理性，目的性强。说服控制型的人要简明扼要，讲清问题，提出解决方案，重点在于受益和价值，促使他果断、独立自主地做决策。任何时候都不能忽视控制型的人。

②倡导型。倡导型的人特点是自信而且热情；快节奏，低原则性；荣誉导向，积极主动，有活力，创新求异，情感化，易于冒险。说服倡导型的人要详细明确地论述事实，注重细节且有逻辑性和合理性，使其感到有道理、是正确的选择。

③分析型。分析型的人特点是善于接受且冷静，高原则性；任务导向，逻辑性强，注重细节，谨慎且稳定。说服分析型的人要注重与其进行情感交流，使其感觉良好、独特、有新意。

④平易型。平易型的人特点是善于接受且热情，原则性较低；易于合作，健谈，也是好听众，喜欢谈话和协调。说服平易型的人要突出安全性，利用其从众心理。

（2）谈判群体

群体是指由两个或两个以上的个体组成的组合体，成员们遵守共同的规范，为实现共同的目标而相互联系、影响和配合。谈判小组作为一个群体，具有以下几个特点。

1）谈判小组一般由两个或两个以上的人员组成，一般人数不多，属于小群体。

2）谈判小组属于正式组织。

3）谈判小组以顺利完成谈判为终极目标。

4）谈判小组群体成员之间联系密切。

5）谈判小组群体内部有着严明的纪律约束。

此外，还应注意群体效能的影响。群体效能主要是指群体的工作效率和工作效益。谈判小组并非每个谈判人员个体的简单组合，不是成员个体效能的简单相加。谈判小组追求的是谈判群体的效能最大化。如果群体组织合理得当，那么组织效能就可能大于个体效能之和。反之，如果组织内部成员间存在分歧与误会，或者组织结构导致效率低下，组织不能很好地发挥功能，就会降低谈判效率。一般来说，在谈判中影响群体效能的因素主要有：群体成员的素质、群体成员的结构、群体规范、群体的决策方式，以及群体内的人际关系。

如果群体内部各成员的积极性能够被充分有效地调动，使他们在谈判过程中实现角色和技能上的互补，那么群体效能将会大于个体效能的简单累积；相反，则会由于内耗而使群体效能小于个体效能之和。谈判负责人重要职责之一就是使谈判团队的群体效能实现最大化,为此需做好如下工作。

——合理配备团队成员。

——灵活选择团队的决策程序。

——建立科学有效的激励约束机制。

——建立有效的团队内部信息交流渠道。

(3)谈判心理

谈判心理是指谈判人员在商务谈判过程中面对谈判需求以及谈判形势变化所反映出的不同心理活动。不同的谈判心理会有不同的外在表现,如一种表现是彬彬有礼、态度诚恳,与之相反的表现则是态度狂妄、盛气凌人。谈判心理具体表现为内隐性和稳定性等,当然谈判心理也存在个体差异性的特征。正确把握商务谈判时的心理活动有助于帮助谈判者推动谈判进展,如面对比较艰难的谈判局势时找到突破点;有助于揣摩谈判对手心理,实施心理诱导或施加心理压力,赢得谈判先机;有助于恰当地表达和掩饰己方心理;有助于营造谈判氛围等。

1)谈判心理理论。在谈判过程中,谈判双方的心理活动是一种动态的博弈过程,需要应用必要的心理学理论才能更好地排兵布阵,其中一个就是马斯洛需求层次理论。马斯洛需求层次理论的基本假设有三个,分别为:人是有需求的,人要生存,他的需求能够影响他的行为;人的需求是有序的,从最基本的(如食物和安全)到高级的、复杂的(如自我实现);当人的某一层次的需求得到最低限度的满足后,才会向上追求高一层次的需求,人的内生动力就是在不断追求高层次需求的过程中产生的。

由此基本假设得到了需求心理的五个方面。

①生理的需求。吃饭、喝水、睡眠、取暖等基本的生存需求。

②安全的需求。保护人身、财产安全和防备失业的需求。

③社会的需求。渴望被群体接纳从而有所归属和获得爱情的需求。

④尊重的需求。实现自尊,赢得好评、赏识,获得承认和地位等的需求。

⑤自我实现的需求。个人能力得到发挥,实现理想和自我价值的需求。

马斯洛需求层次理论特别指出:

——当低层次的需求得到相对满足后,更高层面的需求才会被提及。

——追求不同层次的需求,难度不同,越是高级需求越不容易实现。"自我实现"不一定会发生在每一个人身上。

——不同层次的需求可以同时存在,从而产生多种激励因素,可能会有某种激励机制作为主导,也可能几种激励机制共存,共同推动人的行为。

谈判中的需求主要有生理的需求、安全的需求、尊重的需求以及自我实现的需求。

2）谈判谋略心理。谋略是动机推动思维从而实现目标的一项谋划活动。谈判者可以通过评估谈判对手的客观实际情况，再结合自己的需要和动机，针对具体的谈判内容，恰当地制定、策划自己的谈判谋略。

谈判谋略的构成涉及两个心理因素：一是谈判谋略一定是建立在满足谈判双方各自需求的基础之上的；二是谈判谋略应该有不同的程度来满足对方的需求，而不是对对方绝对有利。谈判策略只有同时具备上述两点，才能有效推动谈判取得成功。

3）谈判成功心理。在谈判桌上，除了自身实力等外部客观条件组成的客观因素外，谈判成功的另一大因素就是无形的心理因素。心理因素有时能发挥扭转乾坤的作用。谈判的成功直接源自谈判者的信心、诚心和耐心三个基本心理因素。

①信心。人们在进行谈判活动时必须具备成功的信念。成功信念的心理要素可以使谈判者得以充分展示自身的才能，同时能激发释放谈判者的潜能。在足够的物质条件支持下，加之充分的事先准备工作，谈判人员如果要进一步追求需求层次中更高一级的内容，并使这种追求行为逐步得到补偿，就必须在成功信念的心理要素支配下开展谈判活动。

②诚心。谈判需要诚意，受诚意支配的谈判心理是保证实现谈判各方目标的必要条件。谈判诚意应当是在双方之间共存的，单方面的诚意不足以推动谈判的顺利进行，只有共存于双方才能转化为谈判的驱动力。诚意还能强化谈判各方的心理沟通，营造和谐融洽的谈判气氛。

③耐心。耐心有时是谈判活动中非常重要的心理特质，它在谈判中表现为：在不同谈判阶段不急于一步到位而是通过有效的沟通和恰当的策略选择，逐步分析对方谈判需求，并向对方传达合作诚意，最终使合作成为可能。耐心是谈判者心理成熟的标志。

三、技术分析工具SWOT的应用

SWOT是英文单词strengths（优势）、weaknesses（劣势）、opportunities（机会）、threats（威胁）的缩写。SWOT分析法是战略研究设计学派的著名战略分析模型，是一种理性的组织发展战略管理工具，最早由肯尼斯·安德鲁斯教授于1971年在其《公司战略概念》一书中提出。

SWOT分析法是指企业基于内外部竞争条件和竞争环境下的态势分析，根据自身的优势、劣势和所处环境的机会、威胁，运用系统分析的理论，将各类要素彼此匹配起来加以分析，从而进行战略选择和战略决策。

SWOT分析法注重从组织内部状况和外部环境出发，开展综合分析，为企业制定发展战略提供选择。通过SWOT矩阵可以得到4种可供选择的战略，如图4-1所示。

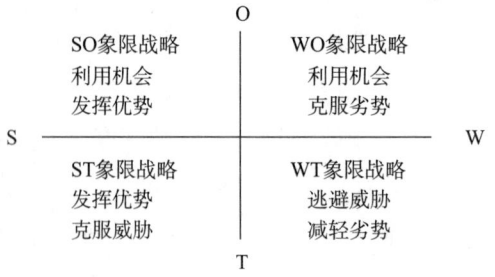

图4-1　SWOT矩阵战略模型

对商务谈判而言，SWOT也是一种有益的工具。基于SWOT分析，商务谈判师能够确认谈判中本方适宜发展的战略区域，从而能够做出更合理的谈判选择，制定足以最大限度发挥本方优势且充分利用所处环境机会的谈判战略。

伴随着市场经济的发展和全球化进程的加速，影响商务谈判的因素也越来越复杂，而如何基于企业本身诉求和社会市场专业要求做出明智的谈判决策，是商务谈判师不得不思考的问题。但谈判决策受多变量影响，所以商务谈判师不但要分析企业条件和行业环境的信息，还要全面衡量经济政策等宏观因素的影响。当企业无法明确内部条件或行业信息时，就会难以做出谈判决策。如何应对谈判决策困难，这已成为诸多商务谈判师关注的重要问题。

面对商务谈判问题，进行SWOT分析是可行且必要的。根据SWOT分析的理念和商务谈判的实际需要，可以从微观和宏观两个层面进行分析。微观层面主要分析企业的内部条件，对企业内部状况的优势和劣势加以分析；宏观层面对企业在外部环境中的机遇和威胁进行判辨，例如市场前景、行业政策、经济发展等因素。基于SWOT分析，根据所处的行业前景和市场环境以及自身的优势和劣势，企业可以选择合适的谈判方法和策略，降低决策风险。

因此，SWOT分析可以在商务谈判中得以应用。通过SWOT分析，谈判各方能够更精准地对自身条件进行评估，更明确地认识所处环境的机会，从而根据社会状况和企业条件做出合理的谈判决策。

在具体的商务谈判过程中，可以按照以下步骤应用SWOT分析法。

1. 企业自身SWOT矩阵的创建

企业通过运用各种调查研究方法，总结企业的优势和劣势，同时考察企业所处的市场环境和行业前景，分析所处环境的机遇和威胁，从而创建出企业的SWOT矩阵。通过该矩阵，企业可以明确地意识到自身的不足并认清外部威胁，为提升企业规模找到合适的发展方向；同时明晰企业的竞争优势和环境机遇，从而制订切合实际的发展规划。

在具体构建 SWOT 矩阵的过程中，企业可以考虑从微观和宏观两个层面入手。

在微观层面上，企业可以分析企业内部积极因素和消极因素，即对应 SWOT 分析中的优势和劣势。优势可以视为组织机构内部的有利因素，例如更低的经营成本、正面的市场形象、先进的技术水平、良好的品牌形象等。同理，劣势则是组织内部的不利因素，例如设备老化、管理混乱、产品积压等。

在宏观层面上，企业可以考虑外部环境对企业发展有直接影响的有利和不利因素，即对应 SWOT 分析中的机会和威胁。机会可以视为组织外部的有利因素，企业可以考虑从中把握发展方向，具体包括市场需求增加、国际市场壁垒解除、政策利好等。同理，威胁则是组织外部的不利因素，企业需要考虑避开或解决有关问题，具体包括经济衰退、市场紧缩、行业竞争加剧等。

通过列举微观和宏观层面的有利和不利因素后，企业可以将各种因素相互匹配起来构成 SWOT 矩阵。这种分析方法有利于企业明确情况和全面检查问题。

2. 进行 SWOT 定量分析

明确企业自身的优势和劣势、环境的机会和威胁中的明细要素，这是进行 SWOT 分析的第一步。倘若想要进一步做出更合理的谈判决策，那么就要进行定量的 SWOT 分析，根据优势、劣势、机会、威胁中各项要素的影响程度，将 SWOT 矩阵四个方面的诸多明细要素赋予权重，基于所占权重进行定量决策。

针对差异化行业的不同企业而言，每一项优势、劣势、机会、威胁在影响程度上也会存有差异。相比较而言，如果只是进行 SWOT 定性分析，只分析每一项要素的可能影响程度，那么由于分析维度的扩充，企业就难以得出直观真实的结果，也不利于做出合理的谈判决策。如果根据企业详细状况、行业状况和市场情形，用定量的方法将优势、劣势、机会、威胁联系起来加以比较，就能够确定企业相对于竞争对手是否具有比较优势，从而制定科学的决策。

在 SWOT 分析中，每项因素的权重值是可以不同的，权重分数的高低取决于每项因素对企业的重要程度，不同企业的情况不同。通常情况下，对于公司发展有直接的、重要的、大量的、急切的、长远的影响因素，一般会被赋予较高的权重；对于那些间接的、次要的、少量的、迟缓的、短暂的影响要素，一般会被赋予相对较低的权重。

但需要注意的是，这种定量的 SWOT 分析只是从数学运算的角度近似地反映问题的全貌，更科学的 SWOT 分析是采取其他更高级的数学方法来求值，如运筹学、模糊数学、数理统计等方式。采取何种定量方法，更取决于企业个体的实际情况。

3. 运用 SWOT 技术手段分析结果

通过定量分析明确优势、劣势、机会、威胁的影响程度后，企业即可基于这些信息得到相应的 SWOT 分析结果，制定各种相关策略，最终做出合理的谈判决策。在制定有关决策时，要从微观和宏观两个层面上同时分析。在微观层面上，发挥优势因素，克服劣势因素；在宏观层面上，把握机会因素，避免威胁因素。通过系统分析各项因素的权重值，发觉留存问题，找出解决方法。

上述步骤是 SWOT 分析法的基本过程，通过 SWOT 分析法企业可以做出相对科学的谈判决策。但值得注意的是，SWOT 分析法在谈判规划的应用中仍具有一定缺陷。SWOT 分析只是选择某一时间点的状况进行静态分析，无法结合过去、现在和未来的发展趋势进行综合评估，无法满足商务谈判的动态需要。另外，环境有时会变化莫测，企业难以全面了解和把握环境的改变，因此在分析机会和威胁时，会忽略诸多可能性。因此，要克服 SWOT 分析静态性的缺陷，企业一是要注意结合未来的发展趋势，从未来的角度对当下情况进行解读；二是要时刻留意市场变化情况，通过不同方法追踪最新市场状况，根据外部环境的变化及时调整 SWOT 矩阵，及时分析以调整谈判决策。

商务谈判师应该明白，SWOT 分析只是谈判决策中的一项辅助工具，如果想实现最优化的谈判决策，仅凭 SWOT 分析是远远不够的，还应考虑各种方法的综合运用，并时刻注意内部因素和外部环境的变化状况。

四、寻求商机和项目合作

在商务谈判过程中，不同的谈判方基于自身的经济利益和对方的需求，在不断的沟通、协商、妥协的过程中，将潜在的商机得以确定，同时实现双方互惠的项目合作。在上述谈判过程中，谈判方需要同时考虑微观和宏观环境的影响，通过以 SWOT 分析为代表的多种方法，制定合适的谈判决策。本节我们选取了奥康与 GEOX 公司的谈判案例进行详细分析。

浙江奥康集团是国内知名鞋业生产企业，GEOX 公司是意大利排名第一的鞋业企业、世界鞋业巨头之一。在中国刚进入世贸组织时，GEOX 就瞄准了中国市场，计划在中国建立生产基地。为了更好地打开中国市场，GEOX 计划在中国寻找合作伙伴，经过调研，GEOX 将目光转向了浙江奥康集团。但奥康集团能否与国际巨头达成合作，进而落实企业的国际布局，起到重要影响的是下列谈判决策的出色运用。

1. 进行充分的谈判准备

在举行商务谈判前，必不可少的是初期的预备工作。只有充分做好谈判准备，谈判者才能游刃有余，从容不迫地面对各种冲突矛盾。

GEOX 集团谈判方代表 Polegato 先生在中国的行程非常紧凑，去奥康调研的概率非常低。即使 GEOX 与奥康合作的概率不大，奥康集团仍然为此进行了周密的策划准备。在谈判开始前，奥康集团就提前在香港地区收集信息，尽可能多地掌握 GEOX 的情况，包括市场背景、运营状况、赴华目的以及谈判对手个人特点等。同时，为了打动 GEOX 谈判方，奥康集团专门成立了总裁亲自领导的接待小组，制订了细致的招待计划，大到谈判时间的选定、谈判地址的采选，小至来宾下榻酒店预订、接机仪式的设计，奥康集团在整个流程上都进行了精心策划，换来的结果是 GEOX 谈判方"一直很满意"，这也为合作的达成确立了根基。

2. 营造真诚和谐的谈判氛围

谈判能否成功，很大程度上取决于双方能否互利互惠，但有时情感层面的交流也会促进谈判顺利进行。在合作谈判的进程中，一位优秀的谈判者应当善于了解对方的需要和诉求，通过寻找契合点以实现建立长久合作关系的目的，从而建立谈判成功的心理基础。

在实际谈判的过程中，奥康集团一直在努力营造和谐真诚的谈判氛围。奥康集团通过在黄浦江上包下游轮为谈判对手接风洗尘，在赏月游景中缓解谈判的紧张节奏，营造良好的沟通气氛。同时奥康集团巧借中秋节、情人节等中西节假日，通过赠送特色礼品等方式，加深双方理解沟通，从而让 GEOX 集团更深入地了解奥康集团的诚意与实力，这对双方建立真诚的合作关系起到了积极作用，也为日后的合作和履约奠定了重要的基础。

3. 适当妥协实现互补

在谈判各方立场、利益存在差异的情况下，为了建立合作，谈判各方都必须做出相应的妥协与退让，舍弃己方的部分利益以满足对方的利益诉求。在谈判过程中，陷入僵局往往是在所难免的，这对于谈判双方而言都是考验。唯有进行适当的妥协，通过以退为进，达成双方利益互补，才能推动谈判进一步发展。值得注意的是，妥协不是目的，只是达成合作的必要手段。而何时妥协，做出怎样程度的妥协，这都是考验谈判人员水平的问题。

在奥康集团与 GEOX 的谈判中，GEOX 集团有备而来，提前拟订了多达数十页的谈判条款。双方在每一项条款上都进行了长时间的协商。为了达成合作，双方各自都做出了让步，但在两件事情上，双方出现了严重分歧。一是在担保银行的选定上，奥康集团率先揭出以中国银行为担保银行，但 GEOX 公司反对这项提议。经过双方长时间的交涉，根据利益均沾的准则，双方相互妥协后达成一致意见，最终选择香港某银行作为担保银行。二是在选择哪国法律为基准处理日后争议问题上，GEOX 集团谈判代表要求必须以意大利法律为标准,但奥康集团代表表示对意大利法律缺少相应了解,因而对这项提议予以坚决反对。同时,奥康集团代表建议使用中国法律,也因意方代表对中国法律缺少认知而不了了之。这个问题曾一度使谈判处于破裂边缘,但最后在互相妥协、让步下,双方达成一致意见,不以双方各自国家法律为准绳,而以第三国(英国)法律为日后争端解决的依据。通过妥协,双方在核心利益上实现了互补。

4. 互利互惠实现共赢

在商务谈判中,谈判双方尽管有各自不同的利益诉求,但互利互惠是双方商务谈判的共同目标。因此在谈判过程中,双方应该尽量调和彼此利益,在互利互惠的利益平衡点上,实现双方共赢。

在奥康与GEOX的谈判中,双方一直秉持着互利互惠的共同原则。最后,双方也实现了共赢的合作局面。GEOX凭借奥康集团在国内的产品渠道和产业基础撬开了中国市场的大门,同时,GEOX也相信奥康集团的经营能力和企业精神,相信与奥康集团的合作能够促进GEOX品牌在中国的发展。对于奥康集团而言,通过合作可以获得GEOX集团先进的技术支持,学习到完善的国际化管理经验,而且可以通过差异化销售策略实现销售淡旺季互补。同时,凭借这次合作,奥康集团开启了国际化的征程,借助GEOX集团的国际布局与品牌优势,奥康集团降低了开辟国际市场的风险,以合作共赢的方式共同赢取国际市场的"蛋糕"。

第二节 商务谈判谋划

在商务活动中,商务谈判师在接受谈判任务后面对的第一个题目就是"如何进行谈判谋划和准备"。要解决的问题包括:从海量信息中梳理出有效信息链,在诸多议题中找到核心谈判点,定位自己的谈判目标,确定基本的谈判策略。

要解决这些问题,商务谈判师应该清楚地知道:谈判谋划和准备的过程是什么?在各个环节的工作内容是什么?哪些是工作的重点?怎样做好这些工作?这些问题涉及商务谈判的指导思想,考验谈判师对商务谈判学的核心理念的理解程度。大多数商务谈判师在处理这些问题时,是根据自己的经验来做判断,经验多就能处理得好,经验少就会陷入困惑,不知该如何处理。

本节结合商务谈判学理论和商务工作实际经验,归纳出商务谈判谋划准备阶段的一些指导理念,以帮助商务谈判新手清晰地把握各种商务谈判工作的脉络,自如地策划谈判预案,把控商务谈判全局。

一、谋划的 CAPA 技术流程

在正式的商务谈判中,商务谈判师一般按照 CAPA 流程,即 "collecting information(信息准备)、analyzing and extracting(案情分析)、planning scheme(方案策划)、assessing and determine(评估确定)" 4 个工作流程,来进行谈判的谋划准备。

1. 信息准备

信息准备包括信息的采集和处理,即在谈判前,使用科学的方法采集信息,经过去粗取精、去伪存真、条理化的整理,使之形成一条有效信息链的过程。

进行信息准备的目的是实现"知己、知彼、知它",为案情分析、方案策划提供依据。

(1)知己

"知己"是指通过信息的采集和处理,充分认识己方真实的实力、能力和可用信息量,为客观地评价己方的谈判实力、薄弱环节,明确谈判目标,厘清谈判思路提供依据。

(2)知彼

"知彼"是指通过信息的采集和处理,尽可能多地了解谈判对手的资信实力、合作意愿、谈判风格、谈判目标、核心利益等情况,做到心中有数。

(3)知它

"知它"是指通过信息的采集和处理,掌握与本次谈判有关的各种客观环境因素和变动趋势,以及这些因素对本次谈判可能产生的影响,为制订谈判方案提供依据。

谈判前的信息准备是复杂而烦琐的工作,要想顺利完成,就需要按照"目的性、系统性、准确性、灵活性"的原则来开展工作:信息准备要有明确的目的,要根据自己的需要有针对性地进行;信息采集要系统、全面、有可比性,不能支离破碎;信息的处理结果要准确,分析要科学、客观,注意时效,不能主观随意,乱下结论;信息准备的方法要灵活,根据不同的情况,选择不同的信息采集和整理分析方法。

2. 案情分析

在信息准备的基础上,商务谈判师结合谈判任务对相关信息进行综合分析,提炼出若干结论的过程,称为"案情分析"。案情分析一般分三个层次进行:

(1)总体分析

根据信息从总体上分析判断,商务谈判师所面临的是什么性质的谈判任务,谈判要达到什么目的,完成谈判的难点是什么,己方居于何种谈判地位,可以采用的谈判方式和策略是什么。

（2）整体分析

根据信息，对谈判中有待解决的问题进行整体分析，以明确谈判双方的表面诉求和各方的核心利益，进而分析谈判要解决的核心问题和对策。

（3）具体分析

对需要谈判的问题，进行具体数字条件的定量分析和文字条件的定性分析。

3. 方案策划

谈判方案是指在谈判开始前，商务谈判师依据案情分析的结果，对谈判的任务、议程、目标、对策等要素所做的预先安排。谈判方案是谈判谋划准备的最终呈现，也是谈判团队与对手展开谈判的依据。在正式的商务谈判中，完整的谈判方案一般由下列元素构成，如图4-2所示。

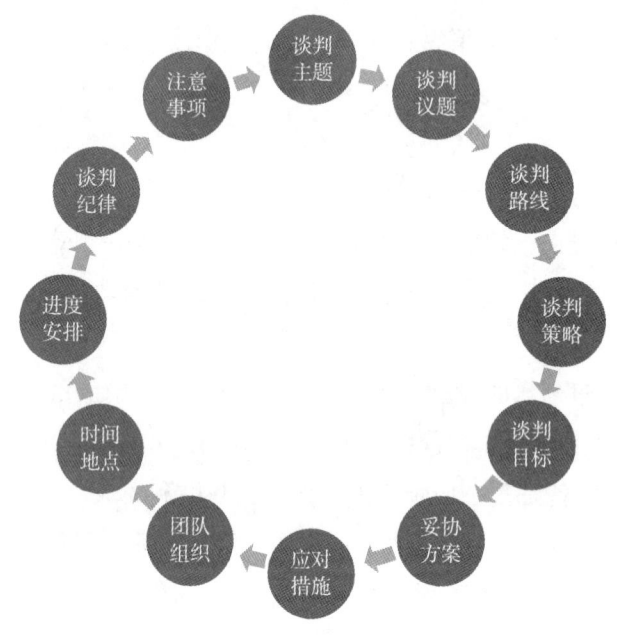

图4-2 谈判方案元素

在一个交易项目的谈判中，需要考虑和安排的常常不是一个问题，而是一系列的问题。因此在构思和谋划谈判方案时，需要从总体方案、具体方案、组织方案三个层次把握。

（1）总体方案

总体方案包括谈判主题、谈判议题、谈判路线、谈判策略等元素。总体方案要依据案情分析的结果，决定谈判的主题和总目标，明确提交谈判的议题，确定谈判磋商的顺序路线，提出解决问题的总原则、基本方式和总体策略等。

（2）具体方案

具体方案包括谈判目标、妥协方案、应对措施等元素。具体方案是对总体方案的细化、量化和落实。

（3）组织方案

组织方案包括谈判团队组织、谈判时间地点、进度安排、谈判纪律、注意事项等元素。组织方案是对组织实施谈判的预先谋划，目的是对谈判实施阶段的工作给出指导意见。

4. 评估确定

谈判方案的评估确定工作包括可行性分析、风险评估、方案调整、方案确定等内容。当谈判方案提出后，方案制订者需要从不同角度对方案进行不同视角的可行性分析和风险评估，找出漏洞和缺陷，不断调整完善，以确定最终方案。

商务谈判的谋划准备包括了上述四项工作。这四项工作不是相互割裂的，而是既相对独立，又相互关联的。谈判谋划也不是一次性完成的，而是以案情分析和方案策划为中心，根据实际情况反复完善的。

二、谈判案情分析

在商务谈判谋划过程中，要采集处理的信息是多方面的，商务谈判师在进行信息综合分析的基础上，还要侧重对谈判背景、谈判地位、利益目标进行分析。

1. 谈判背景分析

谈判背景包括项目背景，各方背景，谈判环境（市场、法律、文化、国别等），谈判目的以及商务阶段等。对商务谈判师来讲，要分析把握的几个基础要点是贸易方式、盈利模式和商务阶段。

（1）贸易方式分析——读懂你的课题

贸易方式的分类方法根据统计需要有很多种，按照世贸组织的分类，世界贸易按"标的"形态分为"有形贸易与无形贸易"，并延伸出"货物贸易"与"服务贸易"两大类，由于"技术贸易"的特殊性，技术贸易又从服务贸易中独立出来。

随着国际合作的发展，在一个交易项目中出现多种贸易形式的现象越来越普遍，最有代表性的是"工程总承包"，典型的"工程总承包"——EPC模式（设计+采购+施工）和BOT模式（EPC+运营+移交）都涉及了多种贸易方式，学术界有人将这种混合型贸易称为"集合贸易"。在中国，随着改革开放，出现了企业改制、合资合作、企业并购等经济活动，被称为"企业资本运营"。随着股票市场的发展，又出现了收购企业股权、包装上市的资本运营活动。有人将这种在资本市场上以企业资产为标的，以获利为目的的交易方式称为"资本贸易"。

按照部类、子项、细目细分下去,再加上同种贸易方式下不同商品的特殊交易方式,国际上已知的贸易方式已接近200种。商务谈判师面临的第一个问题就是这个项目的贸易方式是什么,在商务上怎样操作才能实现企业目标。

不同贸易方式对谈判方案的影响主要表现在:

1)达成交易的方式不同。国际商务活动中达成交易的方式分为谈判成交和行动成交,谈判成交又分为口头谈判成交和书面谈判成交,按照谈判次数要求又分为一次性谈判成交和多次谈判成交。各种贸易方式都有自己惯用的成交方式。

2)需要的知识结构不同。国际商务活动中各种贸易方式既有知识共通的地方,又有其特殊的知识要求。不同贸易方式需要不同的商务知识,不同行业的贸易有不同的行规(或贸易惯例),不同贸易方式适用的国际国内法律各不相同。

3)适用的商务文件不同。各种贸易方式适用的商务文件是不同的。商务谈判师需要熟知各种商务文件的结构、内容、表述方法、其中的要点和可能的陷阱,以及同一主题在不同贸易方式下的变化。不了解不同贸易方式下的这些商务文件的差异,就无法组织有效的商务工作。

4)价格形成机制不同。不同商品的价格形成机制是不同的,商务谈判最基础和最常见的议题是价格,不了解价格形成机制和市场信息,就没有价格谈判的发言权。

商务谈判师需要根据交易项目的要求和贸易方式的特点,制订相应的谈判方案。但作为商务谈判师个体来讲,不可能精通所有的贸易方式,所以这种需求和能力的矛盾始终存在,而这个矛盾有多大,能否解决、如何解决,就需要商务谈判师在分析案情时作出不同的调整。

(2)盈利模式分析——知道你的机会

盈利模式或商业模式是指企业发展中获取利润、积累资金的系统方法和获利途径。

1)单点盈利与多点盈利。在当今世界中靠单一产品或技术生存的企业很难有大的发展。而发展快速的企业基本采用的是系统经营法,即在做一件事的时候争取从多点盈利,或者在不同阶段采用不同的商务手法获得持续的盈利。在国际贸易中,越来越多的企业也都开始采用系统经营法,争取在一笔交易中多点盈利。

2)显性盈利与隐性盈利。交易条件中的价格条件或数字条件一般为显性盈利点,而含价条件即含有成本、费用因素的条件为隐性盈利点。

在进行国际商务谈判案情分析时,商务谈判师需要从总体上把握双方企业的盈利模式,明白双方在交易中的盈利方法和盈利点,否则将会使自己失去本应获得的利益。

（3）商务阶段分析——明白你的工作

在不同商务阶段进行谈判，面对的议题和涉及的商务内容以及采用的方法、准备的方案都是不同的。

1）成交阶段。在交易成交阶段，双方谈判的内容是成交条件，包括要件条件、扩充条件和约束条件等内容。

2）履行阶段。在交易履行阶段进行的谈判，主要为了解决履约中出现的纠纷，双方谈判的内容是纠纷原因、责任费用和解决方案。

3）终止/中止阶段。在交易因一方或双方违约终止/中止阶段进行的索赔理赔谈判，双方谈判的内容是事实认定、索赔要求和解决方案。

谈判背景分析属于案情分析的内容之一。通过分析要明确谈判项目是属于何种贸易方式、哪一种商业模式；发生在哪一个商务阶段，进展到哪一步；环境条件对此有什么影响；工作难度有多大，谈判团队的能力能否满足要求，如果能力不够如何解决等。

在进行整个案情分析时，商务谈判师需要对本次谈判的性质和特点做出判断，明确谈判谋划准备的工作重点。

2. 谈判地位分析

（1）谈判地位的差别

尽管学术界在描述谈判双方谈判地位的说法上各有不同，如主动、被动、对等，强势、弱势、均势，优势、劣势、均势等，但都是指由各方实力和各种环境条件形成的谈判态势。商务谈判师要及时分析这些态势对己方是较为有利、较为不利还是基本对等，并作出良好的应对。

谈判双方所处的谈判地位有差距是客观的存在，造成谈判地位差距的原因是由客观因素、主观因素和偶然因素综合形成的。

（2）谈判地位对谈判的影响

由于交易环境、市场供求的不同，或者受偶然因素的影响，参与商务谈判的各方在谈判桌上处于不同的谈判地位。有时候是强势地位，有时候是弱势地位，即使是基本对等的地位，也有略强或略弱的区别。谈判地位对谈判的影响表现在：

1）"谈判地位"的强弱决定了谈判话语权的大小，并非所有的谈判都是平等的。

2）"谈判地位"决定"谈判方式"，软式谈判还是硬式谈判要视情况选择。

3）"谈判地位"决定"谈判策略"，强势和弱势时使用的谈判策略是不一样的。

（3）改善谈判地位的因素

谈判各方的"谈判地位"不是一成不变的，导致谈判地位变化有三个因素：信息因素、能力因素、利益因素。

1）信息因素。商务谈判是双方信息占有程度的博弈，信息占有情况的变化，可以改变谈判的地位。

2）能力因素。商务谈判是双方商务谈判师能力的博弈，商务谈判师的性格、经验和技术是改善己方谈判地位的重要因素。

3）利益因素。商务谈判是双方利益的博弈，"利益为本、以诚取胜"是改变谈判结果的根本因素。即使是在弱势地位，只要让对方看到了合作的利益和你的诚意，也会增加成交预期，客观上改善弱者的谈判地位。

谈判地位分析也是进行案情分析的一项重要内容。商务谈判师需要通过分析明确谈判双方居于何种谈判地位，对谈判局势有怎样的影响，怎样改善己方的谈判地位，并以此研究可以采用的谈判方式和策略。

3. 利益目标分析

利益目标分析是进行案情分析的一项重要内容，通过分析各方的表面诉求和利害关系，找出各方的真实目的，从而在整体上把握本次谈判的重点，并据此在策划谈判方案时设定谈判目标和妥协方案。

（1）"利益"是谈判的真实目标

"利益"目标是各种商务谈判的谈判重点和核心议题，利益目标分析的目的就是通过信息分析，明晰各方的核心利益和利益目标是什么，从而在众多议题中找到核心议题。一般来说，核心议题一旦确定，整场谈判就会清晰而明确。

（2）构成利益目标的要素

在各种商业交易中，一般的交易都是以"较小的成本换取较大的利益"为目的。出口商的目标是"承担较少的责任和费用，提供较少的标的物，获得较高的价格"；而进口商的目标是"用较少的钱，购买更多更好的标的物"。所以交易双方的利益冲突点集中在标的（增减）、价格（高低）、责任（多少）、费用（承担）。

在经济社会中，企业商务活动的目的是创造利益，经济利益的核心是金钱。因此这四个词都指向了一个词——"金钱"，在商务谈判中构成"金钱"的要素包括：标的的直接成本、责任的派生成本、资金的时间成本。

商务谈判师进行案情分析，就是在信息分析整理的过程中，以谈判背景、谈判地位和利益目标为重点，分析谈判面临的任务和困难、谈判需要关注和解决的重点问题，以及谈判可能采用的方式和策略的过程，以此为线综合整理其他信息，形成"有效信息链"，并提炼出结论，根据这些结论，制订相应的谈判预案。

三、谈判方案策划

1. 谈判方案制订的原则

谈判方案是行动执行性方案,在构思制订时要遵循以下原则。

(1) 案无常形

谈判方案的结构和内容不是固定不变的,要根据实际情况进行组合优化。谈判方案的形式可根据谈判规模、重要程度、人员经验来确定;可以是书面形式的,也可以是口头交代;内容可多可少、可简可繁。

(2) 简明扼要

谈判方案要用最简洁的方式表述方案的要点,使谈判人员容易记住,即"易记"。

(3) 具体明确

谈判方案的内容要具体而不空洞,表述要明确而不含糊,使谈判人员能根据方案的要求与对方周旋,即"易用"。

(4) 富有弹性

谈判方案要有一定的可调性,使谈判人员可以根据现场情况的变化,在权限范围内灵活调整方案,以取得较为有利的谈判结果,即"易调"。

(5) 可执行性

谈判方案中所列出的谈判方向、谈判目标等要有成功的可能性,即"易成"。

2. 谈判方案核心元素的策划

(1) 谈判议题

在商务活动中,由于交易双方的利益和着眼点不同,对交易条件提出的诉求也不会相同,只要双方诉求有差距,就需要通过磋商谈判来解决。谈判各方的每一个诉求差距和冲突点就是一个谈判的议题。商务谈判师在构思谈判方案时需要汇总所有的议题,以安排谈判议程。汇总工作包括:

1) 梳理双方的诉求,确定提交谈判的议题。
2) 明确核心的议题,确定己方的谈判重点。
3) 测算成交的预期,把握谈判发展的方向。
4) 准备需要提交讨论的文件。

(2) 谈判路线

谈判路线是对整体议程和谈判侧重点的预先安排,合理有效的谈判路线可以提高谈判效率,加快谈判进度。确定谈判路线的工作包括:

1) 确定谈判议题的谈判顺序。

2）明确各项议题的相互关系和谈判重点。

3）选择核心议题作为谈判的主攻点。

4）准备提交对方的议程。

（3）谈判策略

商务谈判策略是商务谈判师在谈判过程中为实现特定的谈判目标而采取的各种方法、措施、技巧和对策的总称，包含了商务谈判师的行为方针和行为方式两层含义。制订谈判方案中的谈判策略，要根据谈判环境和目的，选择合适的方式，确定合适的方针。制定谈判策略的工作包括：

1）根据对双方优势、劣势的分析，明确双方谈判地位。

2）根据谈判地位和目的确定谈判基本方针。

3）根据对方特点选择谈判方式。

4）根据谈判需要组织己方的战术配合。

（4）谈判目标

谈判方案中的谈判目标是指谈判要达成的各项具体量化目标，它指明了谈判的方向和企业对本次谈判的期望值。制定谈判目标的工作包括：

1）制定各项议题的层次目标。

2）根据核心利益排出各项议题的优先争取顺序。

3）整合上述两项工作的结果，制定组合层次目标。

（5）妥协方案

谈判成功的标志是实现互利共赢，对一方绝对不利的交易是不可能成立的，而妥协是实现共赢的途径。商务谈判中的妥协退让并不是无条件、无目的的随意行为，而是进行利益交换达成交易目的的手段，需要预先仔细谋划才能实现"以较小的代价换取较大的利益"。谈判方案中的妥协方案是指在谈判中存在多重条件目标时，根据双方核心利益，整合个体条件目标制订的综合让步和交换方案。制订妥协方案的工作包括：

1）根据双方条件差距的大小，确定退让次数和退让幅度。

2）确定每次退让的项目和争取交换的对象。

3）确定退让资源和备用资源措施。

（6）应对措施

应对措施是针对谈判过程中在各项议题上可能出现的主要质疑和思辨所做的应对准备措施。制定应对措施的目的是使商务谈判师在谈判过程中胸有成竹，有据可依，有方案可操作。制定应对措施的工作包括：

1）预测在各谈判点上可能出现的主要质疑和思辨，做解释和应对的准备。

2）准备支撑己方论点的数据、证据和依据（如合同、法律、惯例等）。

3）补充缺乏的知识，包括请外援等。

3. 谈判方案的使用要求

谈判方案是谈判人员的行动纲领，在整个谈判过程中起着指导性作用。一个合格的商务谈判师在按照谈判方案组织谈判时要掌握以下几条原则：

（1）心中有数

商务谈判师必须清楚谈判议题有多少，可以顺序谈，也可以跳跃谈，但不能丢、不能缺，这是谈判的基本要求。

（2）善于引导

商务谈判师必须始终保持清醒的思路，在谈判场面出现混乱时，以谈判方案为纲，及时引导谈判按预定方向前进。

（3）小结转题

商务谈判师对经过谈判达成一致的结论，应及时做出小结，适时提出新议题，这是提高谈判效率的重要手段。

（4）适时调整

只要是预案就会有失误，实际谈判中出现意外情况是正常的现象，谈判方案要根据实际情况进行适时调整。小的调整可以由主谈人决定，大的调整需要内部沟通或向上级请示后决定。常用的方法是利用"休会"或"暂停"，迅速完成沟通请示，做出调整方案。一旦决定后，谈判应按调整后的新方案继续进行。

四、大厦建设融资谈判案例分析探讨

在本节的谈判案例中，中国北方金属矿业有限公司是融资方（甲方），新加坡狮城投资有限公司是投资方（乙方）。

五年前，融资方独资在沈阳市中心建设了一幢高 20 层、面积 25 000 平方米的四星级宾馆大厦。因缺少资金，在大厦封顶完成外装饰后停工，成为烂尾工程。要使其复活需要 7 000 万元的投资，为此，融资方通过各种融资渠道积极寻求投资合作伙伴。

投资方愿意合作，提出的合作建议有：

合作方式：人民币 7 000 万元融资贷款。

贷款条件：融资期限 10 年，优惠年利率为 7%。

附加要求：

——允许乙方使用大厦整体资产做载体平台，境外发行债券 1.5 亿元，募集的资金乙方十年内可自行使用。

——授予乙方十年的宾馆自主经营权。

——将评估价值 3.1 亿元的大厦整体资产所有权和办理的房产证抵押在乙方，并且乙方为第一抵押权人。

——未来十年大厦资产价值升值部分双方共享，乙方所得不少于 40%。

融资方接到投资方交易条件后，产生了困惑，不知道该如何准备谈判，于是向专家求教，提出了几个问题：

——谈判的核心议题是什么，是贷款的利息、年限、还款方式吗？

——投资方所提出的交易附加条件是什么意思，是否应该答应？

——应该怎样准备谈判方案？

1. 案情分析结论

谈判专家根据融资方提供的信息和收集掌握的其他信息，对案情进行了综合分析后，得出了以下结论：

（1）投资方可获得的盈利模式

1）贷款利息盈利。

2）用甲方资产发行债券募集资金盈利并收回贷款本金。

3）用经营宾馆的收益偿还债券利息并有盈余。

4）甲方资产抵押既可保证乙方权益，又可从银行取得更多运营资金。

5）分享房地产升值的额外利益。

（2）双方的利益目标

甲方目标是以最小代价获得资金支持以盘活资产；乙方目标是以资产运营方式，以最小的成本获取最大的多点盈利。

（3）谈判的主题

表面上是单纯融资贷款，实质上是资本运营合作。

（4）谈判的核心议题

谈判的核心议题已不是贷款的利息、年限、还款方式，而是双方如何在乙方设计的商业盈利模式中争取应有利益。

2. 对融资方制订谈判方案的建议

（1）全力争取己方在新合作模式中的应得利益。

（2）以租让形式给予乙方"宾馆十年经营权"，争取宾馆效益分成或租金。

（3）争取无息或低息融资贷款，以分享乙方发行债券的收益。

（4）争取大厦资产第一抵押权人为贷款银行，为甲方自己的资本运营留出空间，这是甲方此次融资合作的主要底线。

（5）考虑双方合作互惠，可以按融资金额占现行大厦资产评估值的比例，与投资方合理分享未来大厦资产增值的利益。

第三节 谈判程序的组织与管理

所有谈判，特别是重大谈判，都离不开事前的组织与全过程的管理。总的来说，与谈判程序有关的组织和管理工作要从以下五个方面着手：（1）设定谈判的目标；（2）对谈判所需的资源，包括情报、人员、资金等，进行合理的调配；（3）管理谈判团队，使团队成员统一目标，优势互补，将己方谈判力最大化；（4）确定谈判场地；（5）充分评估谈判中可能出现的各种风险，并制定应对措施。以下将就这五个方面展开深入分析。

一、谈判目标设定

谈判目标的设定包括两个组成部分：利益抉择和目标层次。

1. 利益抉择

在商务谈判中，谈判双方的利益诉求往往是多种多样的，但由于谈判双方的利益存在冲突，一方的商务谈判人员很难达成全部诉求，这就涉及一个取舍的问题。在具体操作中，商务谈判人员应通盘考虑己方的利益得失，明确哪些利益应当优先得到满足，在哪些问题上可以作出一定让步，来达到丢卒保车的目的。

以一次典型的销售谈判为例，己方希望在保证一定毛利率的前提下，尽可能卖出更多的产品；同时，己方希望双方通过这次合作，建立起长期的供销关系。在这个例子中，产品的售价、订单的规模、长期合作的前景，都是需要通盘考虑的因素。如果己方提高产品售价，则会导致对方的购买意愿下降，同时也会降低对方重复购买的可能性；但如果己方一味通过降价来讨好对方，则会降低自身的利润率，甚至会造成亏损，危及企业的长期生存。决策者需要根据具体情况来选择优先满足的目标。如果己方将"订单利润最大化"作为优先目标，则可以通过设定合理的数量鼓励折扣，来引导客户做出对己方有利的决定。如果己方的优先目标是"与客户建立长期关系"，则可以通过让出一部分利润，或者提供重复购买折扣，来提高客户的满足感。

需要说明的是，优先目标的选择不是一蹴而就的。随着谈判的进行，谈判双方对彼此有了更深入的了解之后，可以根据新搜集到的信息，灵活地调整优先目标，以更好地实现整体利益的最大化。在数量鼓励折扣的例子中，如果客户选择购买大量产品，则说明该客户具有较高的潜在购买力和长期合作价值，此时己方若将优先目标调整为

"建立长期关系",则有可能赢得更大的长远利益。

2. 目标层次

除了权衡利益的轻重缓急,商务谈判师还应当至少确定三个目标层次,按实现的可能性从上至下分为最高目标、期望目标和底线目标。

(1)最高目标

最高目标是商务谈判师设定的高于实际可能的目标,它更多的是一种愿望,是实际上难以达成的目标,除非处于行业垄断地位或拥有强势的谈判地位。制定这样一个目标有两重意义,一是指明商务谈判师应努力的上限;二是让这个目标成为双方谈判的出发点,从而限定谈判的空间和范围。第二个意义更加重要,因为研究表明,谈判出发点对于最终谈判结果具有重大影响。一般而言,谈判出发点越高,最终达成的谈判结果也会越好;谈判出发点越低,最终结果则可能越差。

以价格谈判为例,谈判一开始,卖方报出一个高价,买房则给出一个低价,接下来,双方通过谈判,不断缩小差距,最终敲定一个介于双方初始报价之间的成交价。由此可见,初始报价界定了成交价的可能范围。从卖方的角度看,如果初始报价越高,最终的成交价则越有可能偏高,谈判结果也就对卖方更有利;反之,如果卖方一开始就报出低价,则可能会在谈判中被买方所主导,一步步"丢城失地",最终结果可想而知。换句话说,设定较高的谈判出发点,能给后续的谈判留下充裕的回旋空间,有助于达成对己方有利的谈判结果。

(2)期望目标

期望目标是商务谈判师应全力争取的目标。如果商务谈判师能利用自己的长处,制定和实施有效的谈判策略,这一目标应该是可以达成的。可能达成的期望目标和希望达成的最高目标之间的空间,就相当于商务谈判师的奖励区间。最终的谈判结果越接近希望达成的目标,奖励的幅度就越大。以前面的价格谈判为例:如果卖方希望达成的价格是100元,可能达成的价格是50元,而最终成交价是75元,那么商务谈判师就获得了25元的额外利润。

(3)底线目标

底线目标是商务谈判师要尽一切努力捍卫的底线。如果这一目标无法达成,谈判只能以失败告终。在价格谈判中,卖方的底线目标可能是产品的成本再加上一定的最低利润边际。设定一个底线目标有双重意义,一是确定底线,即决定何时应该离开谈判桌;二是让商务谈判师有一个心理平衡点,假使前两个目标(最高目标和期望目标)都未能实现,但只要底线目标达成了,谈判结果仍然可能在综合其他有利因素后予以接受。

由于谈判过程充满不确定性，目标层次的设定就显得尤其重要。从心理层面来讲，目标层次的作用相当于"参考点"，它们能让商务谈判师知道应该从何处开始，又应该在何时离开，这对于要在巨大的压力下保持清醒和自信的商务谈判师来说，无疑是十分重要的。从策略层面来讲，设定三层目标能让商务谈判师知道要争取什么，力保什么，什么时候可以退让，什么时候必须强硬，这对于整个谈判过程都具有指导意义。

3. 应用目标

在进行商务谈判之前，买卖双方应当首先就谈判目标进行沟通，这一般从卖方提出建议、买方进行审查开始。买方应当认真审查卖方的建议，搞懂其中的每一个细节，如果建议中有含混不清之处，买方应该在谈判开始前就弄清楚。

以价格谈判为例，如果这是买卖双方第一次合作，那么买方有必要进行市场调研，了解竞争产品的价格水平，并据此形成一个大致的估价，与卖方的报价作对比。如果双方有过合作的先例，那么买方可以把卖方当前的报价与过去的报价作比较。如果卖方报价高于预期，买方应当向卖方问清楚原因，是因为产品质量优于竞品，还是因为原材料涨价导致成本上升等。如果卖方给出的原因与买方的调查结果不一致，买方应当要求卖方作出进一步的解释。

接下来，买方应从卖方的建议中找到自己不能接受的条件，将其纳入自己的秘密议程中，形成具体的问题和谈判要点，一些琐碎事项也可以包含进来。对于买方来说，最重要的是要记住：卖方的建议只是体现了他希望达成的目标，这与他可接受的目标与底线目标之间，存在很大的谈判余地。因此，当买方明确了双方存在异议的条件后，就可以向对方证明，达成协议的空间大于不同意见的空间，这无疑有助于双方达成协议。

二、谈判资源管理

在谈判中，有许多可利用的资源，商务谈判师可以通过充分有效地利用这些资源来获取谈判的成功。有些资源是有形的，如人员、资金等，有些资源是无形的，如商情、潜在的信任关系等。这里主要介绍商情资源、人员资源及信任资源在谈判中的运用。

1. 商情资源

（1）商情的概念

商情是商业情报的简称，是指通过各种渠道并借助科技手段将与本行业商务活动有关的各种商业资料、数据、图片、政策法律、标准等收集后，经过整理、加工、分析、研究等手段而形成的可参考、有价值的信息。谈判很大程度上利用的就是基于情报不对称的博弈理论,双方都不知道对方的底细,或对底细的掌握程度各不相同,必须在无法预先知道对手的行动时做出最优决策,因此商情的获取与处理在谈判前期准备和谈判过程中都显得尤为重要。

商情是一种有价值的商品。在复杂的谈判局势中,商务谈判师总是希望准确地预测未来,以降低制订谈判计划和谈判中做出决定时所冒的风险。商情的作用主要体现在问题的解决和战略的策划上。首先,对商情的准确查找和处理不仅能够为解决已出现的问题提供思路和方案,还能较为及时地发现被掩盖的问题,防止出现不可挽回的后果。其次,在战略策划上商情的应用也尤为重要,对市场信息的挖掘,如考察消费者的偏好、意愿和态度等,很大程度会上影响谈判计划的制订和对谈判成果的预期。最后,及时跟进最前沿的商情有助于商务谈判师适应和跟上形势的变化,如法律、政治等方面的变化也会影响谈判计划的制订。

为了减少不必要的损失,商务谈判师应获取尽可能多的商情,然而许多商务谈判师不愿意从事商情的准备工作。一方面,他们不愿意花时间和精力用于调研,认为时间成本过高而回报小,并且不懂得如何充分利用这些商情;另一方面,由于他们缺乏对文化环境的差异认识和对市场差异的敏感性,因此并不重视商情资源。对商情资源的缺失意味着谈判一方无法对谈判全局进行整体的把握,极可能置自己于被动的境地,从而遭受损失。

(2)商情的来源

以货物贸易为例,商务谈判师需要调研的商情主要涉及两方面:一是宏观信息,包括对方国的关税情况、非关税措施、贸易条件、贸易政策等;二是微观信息,包括市场规模、当地的标准和规格、竞争对手情况等。很多时候,商务谈判师可以直接获取二手情报,通常获取商情有以下渠道。

1)国际组织。贸易往来方面的商业信息,如国际贸易产品的数据、各国进出口的数据等可以通过《联合国统计年鉴》获取。此外,世界银行和国际货币基金组织都会集中发布经济方面的数据以及其工作人员对特定区域、国家或经济现象所做的评论,供读者参考。

2)政府。国家内外的经济数据一般都会由政府官方公布,许多国家驻外大使馆和领事馆会将本国政府官方公布的,包括宏观和微观两方面的经济信息对外公布。

3)服务组织。服务组织包括银行、会计师事务所、国际贸易咨询公司等。服务组织提供的商业信息都较为偏实践。

4)时事通讯、指南和在线服务。在当今信息化的时代,人们除了可以从传统的时事通讯和指南中获取国际商务事件的信息和背景外,还可以依赖电子信息系统,运用在线计算机数据库在很短的时间内完成商情的搜索工作。

5）实际谈判经验。来自谈判专家或者谈判组成员直接的谈判经验也是珍贵的资源。谈判时局复杂多变，只依靠理论知识而没有实践经验在谈判中很难占据优势，因此和谈判经验丰富的人员进行交流沟通，对一些著名的谈判案例进行学习也是谈判人员获取商情的重要渠道。

（3）商情调研的内容

1）谈判对手所在国家的政治法律制度与经济形势。一个国家的政治法律制度会影响经济活动的展开，因此在国际商务谈判活动中，商务谈判师必须对其谈判对手的国家情况有所了解，包括该国的政治经济形势、法律法规等，这样可以保证贸易的合法性，使谈判得以顺利进行。

2）谈判对手的财务信用状况信息。谈判对手的财务信用状况可以从银行等机构获取，对方企业的财务状况则可以通过对方提供的财务会计报表来了解。

3）市场信息。通过对市场的调研，可以确定消费者的消费动机、潜在需求、消费偏好、消费习惯等，同时还可以搜集市场销售方面的信息，如以往的销售状况和预计销售额、竞争对手的信息、替代品的质量和数量、不同市场之间的交通状况、仓储条件等。

4）谈判对手的文化习俗。当涉及跨国商务谈判时，商务谈判师不仅要在业务方面具有深厚的专业基础，还要熟悉本国及对方国家的文化习俗，充分了解并包容本国文化与他国文化的差异，防止因触犯文化禁忌而导致谈判失败。

5）谈判对手的团队构成。提前熟悉对手的团队构成、角色分工和关键人物的性格类型对谈判成功也能够提供巨大帮助，如对方团队里有曾与己方有过往来的谈判人员，己方也可以作出相应的人员配置，以此提高谈判的成功率。了解对方团队中关键人物的性格类型，对确保谈判的顺利进行具有重大意义。如第二章所述，谈判者的性格类型大致可分为竞争型、合作型、折中型、回避型和迎合型，不同性格类型的谈判者实现谈判目的、对待谈判问题的态度、当谈判出现分歧时表现出的行为方式都不相同。如果一个竞争型谈判的人遇到另一个竞争型谈判的人，很可能双方的谈判最终以激烈的争吵告终，而与迎合型的人谈判，谈判形势就可能偏向对他有利的方向发展。

2. 人员资源

谈判人员也是谈判中可以有效利用的主要资源之一，包括对谈判人数的控制、对谈判人员素质的要求等。人员资源的灵活运用很大程度上决定了谈判的成败。

（1）对谈判人数的控制

一般来说，两边谈判人数和级别相当最为适宜，人数过多会产生无形的压力。

（2）对谈判人员素质的要求

商务谈判是一场对商务谈判师智慧、耐心和精力的考验，商务谈判师要能应对紧张和压力以及谈判中突发的种种情况。因此，谈判人员的年龄和体力也应考虑在内。除此之外，如果涉及国际商务的谈判，还应当要求谈判人员对谈判对手的文化习俗有一定的了解。

3. 信任资源

诺贝尔经济学奖获得者萨金特在解说国际贸易的形成时，除了专业化和分工之外，还额外强调了信任在国际贸易往来中的重要作用。的确，不管是在谈判双方之间还是在一方内部，信任都起到十分关键的作用，彼此之间的关系与合作会随着信任程度的增加而增强，也会因不信任而受到损害。一味回避不信任的存在会适得其反，并不能使隐藏的信任问题得以解决，反而会使其更加难以被控制。

信任是决定人与人之间关系的重要因素，在相互信任的关系下，人们更愿意合作、接纳和包容，也能够更好地使情感得到合理释放，有利于人们思想的表达和交流。不管是在同辈或者上下级之间或者其他关系中，都需要建立相互信任。在谈判中，谈判各方和谈判组成员之间的信任对于谈判的顺利进行也十分重要。谈判组中成员彼此发出信任的信号，接收到信任信号的成员会更加信任同组成员，信任由此得以建立和加强，谈判各方之间也是如此，互相之间信任的表示将会使彼此的信任度提高，从而有助于谈判取得共赢。

反之，彼此之间不信任的信号会造成更多的不信任，导致双方对各自信息的封锁和隐藏，会增加双方决策的不准确性。对于一家企业，如果市场部门和生产部门彼此产生不信任，就会造成生产方案的不确定性，从而导致企业的效益与效率低下。在低信任水平的团队中，人们怀疑彼此的真实意图，无法集中精力做好自己分内的事，没有相互的诚意和信任，就会缺乏建设性的意见，谈判和合作的失败也自然在意料之中。

三、谈判团队管理

一场商务谈判究竟需要多少谈判人员并无定律，可以依据谈判实际需要和谈判人员素质来确定。对一般谈判来说，谈判组成员以3~4人为佳。当谈判是大型复合谈判时，谈判组成员的选择就很重要了。如果谈判人员的选择与任务分配合理得当，那么在团队协作下就会产生1+1>2的效果，谈判目标也就更容易达成；反之，错误的人员选择或不合理的分工会使谈判组内部出现分歧或者相互不信任，将直接影响谈判的成败。

1. 谈判组角色分工及安排

一般来说，谈判组成员包括以下几类：谈判组领导或首席谈判代表、专家和技术人员、翻译、记录员。

（1）谈判组领导或首席谈判代表

谈判组领导或首席谈判代表应当是公司的主要领导。主要领导能够掌控全局的信息，有责任和权力从公司整体利益出发代表公司做出即时决定，同时主要领导的出席也代表了公司对此次谈判的重视和对谈判对手的尊敬。

（2）专家和技术人员

专家和技术人员可以用自己的专业知识为谈判组领导做出正确决定提供建议，同时随时准备回答对方的问题。专家和技术人员应当在解答专门知识的时候发言，而在其他时间保持安静。

（3）翻译

翻译在国际商务谈判中发挥着重要的桥梁作用。翻译不仅要善于准确记忆和理解发言者的话语和观点，对发言人潜在的意思也要格外注意，遇到用意不准确的时候要及时向发言人澄清，避免误解。翻译应秉承客观公正的态度，选择中性词语进行翻译，以有利于双方谈判平稳进行，而不是根据自己的想法随意翻译。

（4）记录员

记录员负责谈判记录。记录员的重要性主要体现在：为谈判提供了一份单独的记录，当谈判出现误解时可作为参考的依据；从以往与对方的谈判记录中找出对方的行动规律，有利于己方做出更好的预测和决策；当谈判人员发生更换时，谈判记录还可以将谈判的相关内容保留在公司内部，为后来的谈判人员理解细节、了解各种关系和预测未来提供方便有效的依据。

2. 谈判组成员协作管理

谈判组里成员层级不同，分工不同，发挥的作用也不尽相同。正确的分工安排对激发谈判成员的内在潜力，促进谈判成功有着重要作用。正确的团队管理可以大幅提高商务谈判的团队管理效率，充分发挥团队的积极性和创造性，使每个成员在完成团队共同目标的同时能实现自我价值。谈判组成员之间的协作管理可以体现在以下几个方面。

（1）领导方面

谈判组领导或首席谈判代表的选择必须令成员信服，一般由公司的主要领导担任，有能力对谈判结果承担责任；如果随便给团队安排一个领导，其威望和能力无法得到成员信服，就会减弱团队的凝聚力，还会降低团队的效率，给谈判目标的实现带来很大的阻碍。同时，应当给予其他成员更大的自主权，给每一个成员足够的空间进行自主创造，激发成员的潜力和积极性，并且使成员认可团队的共同目标，在团队中拥有归属感。这种管理模式是扁平式管理模式的一种。团队成员在拥有一个共同的核心人物的同时拥有更大的自主权,能实现团队管理的精细化。但在实际工作中,当职能划分不当时,管理职能就会过多地被分解到基层,易出现基层组织职能范围过大,管理头绪过多,致使基层管理"粗糙化"的情形。因此,这种扁平式管理职能分解一定要清晰、适度;管理的范围大小要适当,不能过多过杂;在中心人物的选择上需要慎重,否则就会和精细化管理的初衷背道而驰。

(2) 目标方面

每个团队成员的目标都要与团队目标相同。每一个成员的个人工作目标和方向必将由团队的共同目标指引和确定,如同机器中的螺丝钉共同协作。团队核心价值通常在工作目标上体现,这个工作目标应该清晰具体,与最终希望达成的目标方向一致,否则整个团队会没有凝聚力,工作像一盘散沙,无法出色地完成谈判任务。

(3) 协作方面

仅仅靠团队中少数人的能力是远远不够的,团队还必须具备有效的协作措施。把拥有不同专业技能的人才组合在一起,可以保证团队成员的技能互补,从而使整个团队的能力得到更为全面的提升。在现代社会,仅凭一个人的经验和技术是不能很好地完成工作的,不断出现的新问题、新挑战只有靠团队的力量才能解决,这也就是团队存在的意义。组织协作很大程度上会影响团队决策,因为会出现团队决策权和信息不完全一致的情况,而在高效协作的团队中,核心人物决定全局的下一步走向,并将决策权下放给拥有信息的人员,这时信息和决策权就是一致的,就会极大程度地提高决策的科学性和合理性以及决策的效率。

(4) 责任方面

责任的承担不仅仅是团队领导的事情,团队的所有事情最终都要落实到每个成员身上。责任感是团队每个成员前进的永恒动力。工作绝对不仅仅是一种谋生的工具,每位成员都应当对自己的工作拥有一份使命感,即使是一份非常普通的工作,也是社会运转所不能缺少的一环。这种团队的责任感和使命感驱动着成员们更加努力地实现目标,使成员们拥有更出色的谈判表现。

四、谈判地点应对

在进行谈判前期准备时,谈判地点的选择和规划会对之后正式谈判的进程产生很大影响。有利的谈判地点将有助于己方把握整体谈判方向,同时向对方施加心理压力,扰乱对方谈判节奏,进而对谈判最终达成的结果产生实质性的影响。谈判地点的应对方案依照参与谈判的不同主体可以大致分为主场方案、客场方案、第三方场所方案和互相交换主客场地的主客场轮换方案。

1. 主场方案

主场是指谈判在己方主持的地点进行。主场方案可使己方拥有更多的相对优势，并能够将客观因素所带来的负面影响降到最低。己方应充分重视主场优势的运用，因为谈判的前期准备工作往往可以弥补正式谈判中可用资源的不足。主场方案所能带来的主要优势如下。

（1）环境熟悉

由于谈判场所的安排是由己方主导，故大多会选择己方谈判人员熟悉的工作环境进行谈判。己方谈判人员不会因为诸如不熟悉的饮食、不同的工作语言、相异的礼仪行为、陌生的工作场地等客观原因而影响在正式谈判场合的发挥。同时，熟悉的环境也会帮助己方谈判人员缓解紧张情绪，提高谈判临场表现等。

己方也可以通过谈判会场具体的布局和装饰，以及接待对方的行程安排等方面来消磨对方谈判斗志，并向其施加心理压力和工作阻力，从而达到加强己方优势的目的。

（2）利于安排

谈判场所的后勤人员均为己方工作人员，易于在谈判时进行灵活调动，如可以在现场谈判需要时及时准备、提供相关材料文件，通过实时的场外资源调动得到相关领域的专业咨询，或直接在必要时将有关实物样品移送至谈判现场进行实地展示等。

在议程安排上，为了推动协议的达成，可以将一些易于达成共识且具有建设性意义的议题先行讨论，这有益于创造较为和谐和友好的氛围，这种先易后难的谈判安排可以让双方在互相较为熟悉的基础上针对重点问题进行探讨，从而以之前谈判的内容作为筹码形成促进双方最后达成协议的向心力。同时，在接待上提前进行细致的安排会为对方带来宾至如归的舒适感。这种通过主场安排以促进双方成交的方案可以在使己方尽量减少退让的情况下较快地促成合作。

（3）时机选择灵活

己方工作人员可以通过对谈判会期设置、议程安排等谈判日程的管理策略来尽可能为己方创造有利的谈判时机，同时也可通过合适的时间调整节省己方谈判人员的时间和精力。

掌握并控制谈判节奏的一方往往能够在谈判中占据优势，从而获得更多的商业利益，而主场优势中安排议程的权力往往能够帮助主场谈判团队实现这一目标。如通过将谈判重点置于议程后期的拖延战术来延缓谈判节奏，在前期营造一种和谐氛围之后随着时间推移增加对方的心理压力，挤压对方的耐心以获得对己方更有利的局面；或在局势对自身不利时主动安排一些休闲娱乐的议程来赢得重整旗鼓的机会，如在谈判陷入僵局时，可以灵活安排日程，邀请对方谈判队赴宴进行款待，通过安排观光游览等娱乐活动以缓解气氛，联络感情，从而使双方在愉悦轻松的情境下寻求相互理解和共鸣，获得谈判桌上无法实现的突破，以迂回的手法促成协议的达成。

此外，当得知对方具体的回程日期时，还可以通过精细设计谈判日程，如前期安排大量游览娱乐项目从而尽力挤压正式谈判时间，在临近回程时布置大量重要谈判内容以增加对方心理压力，并利用其不愿兴师动众却无功而返的焦虑心情迫使其草率接受更有利于己方的成交协议。

2. 客场方案

客场是指谈判在对方主持的地点进行。此时对方的主场方案所产生的优势将成为己方谈判的劣势，故客场方案的重点在于如何通过一些策略来化解对方主场优势，减弱自身劣势。与此同时，由于己方谈判人员亲赴对方场地进行谈判，故亦可以此为契机创造出一些在主场方案中无法拥有的优势。

（1）减弱客场劣势

首先，面对对方因主场所带来的众多相对优势，己方人员要尽力加强在劣势环境下的忍耐力和意志力，从而减弱对方通过场所布置带来的诸多无形压力所造成的影响。其次，谈判前期的环境调研十分重要，通过详细的资料收集可以尽量缓解由于饮食、语言、行为等差异所带来的负面影响，保持己方人员在谈判场上的正常表现。

（2）创造客场优势

由于己方人员在对方指定的场所进行谈判，故可以在谈判陷入不利境遇或有意规避某些内容时通过目前所掌握信息不全、需等待上级指令或批示等方式延缓、拖延谈判或暂时跳过某一内容。同时，由于对方主场的选择往往临近其工作地点或厂房，故己方谈判团队可以通过实地考察来加强对对方的了解，掌握更多在己方主场所无法获取的信息。

当对方十分强势并坚持让己方作出退让时，以自身权限有限作为回应往往可以起到较为积极的作用，具体主要有两种应对方案。

1）表明自身被授予的权限范围，由此声明目前提出的条件已是力所能及的最大让步，并阐明若不得不继续退让则必须向上级进行请示并指出此举将不得不耗费大量时间等待批示逐步下达，从而说服对方不如尽早成交以节省时间成本。

2）当对方依然执意要求己方作出更大退让时，通过请求上级批示的契机赢得时间进行其他层面的努力，如广泛收集相关情报以作为回应对方的筹码，派出人员进行非正式的对话沟通以缓和气氛，同时和上级领导共同分析情况、调整谈判策略等。

由此可见，妥善利用好客场谈判权限有限这一特点可以在必要时刻赢取时间并作为进一步议价妥协的润滑剂。

3. 第三方场所方案

第三方场所是指谈判双方均不为主场的场所。选择在第三方场所进行谈判往往是因为双方处于对峙或敌对的状态而缺乏互信或无合适渠道进行有效对话，也可能是双方的谈判已然陷入僵局且无缓解迹象，或双方均强烈要求己方主场等原因导致。由于双方均非主场，故双方均无主场优势可利用。

4. 主客场轮换方案

主客场轮换是指谈判双方主场相互交替。选择主客场轮换方案常见于复杂大型谈判，例如中美入世谈判等，其所涉及的系列议题需要进行多轮谈判，故可通过轮换主场以示公平。而上述主客场优势分析将会在每一轮具体谈判中发挥相应的作用。

5. 案例分析

苏州某公司为促进其产品打入南非市场而组织谈判小组远赴南非进行实地考察并对产品合作协议进行初步谈判。谈判小组一行刚抵达南非便受到了对方企业高规格的接待欢迎，并立即得到安排与其总经理正式会面。双方的接触地点被安排在一座十分奢华的酒店内，总经理的房间富丽堂皇且设备极具现代化气息。在与对方总经理的洽谈中，其对企业未来的发展、商场开拓和双方合作的广阔图景进行了丰富的描述，言语间富有自信和朝气，使得谈判小组一行被此次热情的接待和会面所深深打动，继而十分确定对方是业务广泛、实力雄厚且值得信赖的合作伙伴。谈判小组回国以后，苏州公司立刻向该企业发出了价值百万元的货物以表诚意，但对方的汇款却在等待许久之后依然无法收到，在之后的联系中对方也杳无音信。最后在详细调查中才发现整个合作谈判完全是一个陷阱，奢华的房间只是对方租借的，侃侃而谈的总经理也只是聘请来的演员，对方整个企业已然破产故也无力支付货款。该轮客场谈判使得苏州公司蒙受了巨额损失并严重阻碍了海外业务拓展进程。

从苏州公司的方面来看，该谈判是远赴对方企业所在国的客场谈判，尽管苏州公司的谈判人员希望运用客场谈判的优势，即通过实地考察加强对对方的了解并掌握更多信息。但由于不充足的前期调研导致自身通过考察所了解的信息恰恰是对方通过主场优势所精心布置，希望展示出来的信息，从而使得苏州公司的客场谈判遭遇了信息不对称的劣势继而产生了错误的判断，最终导致公司蒙受了巨大损失。

从南非企业方面来看，从客观层面上说其已经是一个濒临破产的企业，基本没有实质性的谈判筹码，但由于其通过主场优势的精心布置，通过虚假热情接待和有意设计的场地安排，加之对方前期调研、情报信息掌握方面存在缺陷，使得自身的主场优势得到充分发挥，成功地赢取了对方的信任和诚意。

五、谈判风险管理

1. 识别风险来源

风险一般定义为一个将要发生的事件对获取目标产生负面影响或者偏离预期结果,因而风险包含了与不确定性打交道的意思。不确定性就是指潜在的、不可预知的和不可控的因素,而风险则是即使有不确定性仍然采取某一行动的结果。谈判风险是指在谈判过程中和谈判结果实施阶段由于不确定性的存在而使谈判者无法全部或部分实现目标。

一些常用的辨识风险来源的方法有:

(1)以目标为依据的风险识别

谈判团队的成员都有自己的谈判目标。任何可能全部或部分威胁某个目标实现的事件都可以视作风险。

(2)以方案为依据的风险识别

针对谈判目标建立替代方案,或者对各类势力相互作用进行分析,例如针对买卖双方市场,任何有可能引发不期望出现的替代方案产生的事件都可以确定为风险。

(3)以分类为依据的风险识别

以分类为依据的风险识别就是将风险来源进行分类,根据分类结果和实践经验拟定问卷调查,通过回答问卷找出风险因素。

(4)一般风险查询

有些产业具有人们共知的一般风险,将这些风险列成清单后根据相应的情况一一查找。

(5)风险总表

这种方法是将上述方法归总后制成图表,列出风险来源与威胁,修改或完善可能增加风险的因素,以此获得更好的辨识效果。

2. 谈判风险管理方向

谈判风险管理是指对与谈判相关的各类风险进行识别、分析和权衡,并通过各类资源来监测、减弱、控制谈判风险发生概率及其影响的程度和范围。

谈判风险的管理方向应着重关注如下四部分内容:市场风险、法律风险、政治风险和谈判人员职业素养风险。

(1)市场风险

市场风险是指在进行谈判期间及履行谈判合同时由于市场形势变化而引发的潜在经济利益损失,主要分为外汇风险和价格风险。

1）外汇风险。外汇风险是指由于货币市场波动而导致的外币结算汇率在合同签订和货款交付的时间差内发生改变而引起的风险,主要体现在国际贸易结算和转换后在进行会计核算时可能造成的损失。

2）价格风险。价格风险是指由于交易所涉及的货物在国际市场中价格波动幅度较大,而随着谈判的持续进行该货物的价格不断偏离原先预期水平的风险。若此时谈判对手通过消极拖延使得市场价格走势不断趋于对其有利的方向,则会对己方造成较大的价格变动损失。

（2）法律风险

法律风险是指在合同履行遭遇困难时依据法律体系进行解决时可能引起的相关风险,如对相关协议条款的解释和运用方式、法律仲裁体系和机构的选择、相关问题的法律定性等产生纠纷所导致的损失等。

1）货物运输风险。指货物在运输途中产生的质量问题,或因不可抗力如自然灾害等导致价值损失,所对应的不同解决方案和责任界定、赔偿方式等问题所导致的法律纠纷。

2）质量检测风险。指因货物质量检测时间、检测方式和标准、检测机构和原因判定等细节规定不完善所引发的法律纠纷。

3）索赔方案风险。指因责任界定、赔偿原因、赔偿方式、赔偿数额等细节规定不完善所引起的法律纠纷。

4）仲裁机制风险。指因原协议中无明确规定采用哪一方所在国法律体系进行仲裁而导致的纷争,往往可能导致需要赴他国等候法律裁决的结果,被迫承受诸如准备律师团队和大批文件材料等所引起的巨量时间、精力和资金损失等。

5）支付途径风险。由于不同的支付方式有不同的安全保障级别,故应依据对方的可信赖程度和相关法律制度完善水准确定支付方式,以避免涉及货款支付逾期等问题的法律纠纷。

6）合同履行风险。指因对方违约、伪造凭证、逾期拖延等情况所带来的经济损失赔偿等相关法律纠纷,以及因对方所在国政府加强知识产权出口监管等因素导致合同无法履行的法律纠纷。

（3）政治风险

与对方企业的谈判进程或合同履行可能会受到两国整体国际关系的影响,如突然加征的关税、从紧的进口配额限制政策、更加严厉的知识产权出口监管审查程序等所引发的损失都属于政治风险。

（4）谈判人员职业素养风险

谈判人员职业素养风险是由谈判人员职业素养引发的如谈判结果严重偏离预期、目标收益严重缩水等风险。针对该风险的分析评估应主要关注如下重点。

1）情报收集素养的风险。与情报信息收集素养相关的风险主要体现在若对方谈判人员对于情报信息的收集和掌握程度明显优于己方，则其可能在以下具体方面对己方谈判人员进行发难和打压，进而对己方最终谈判结果产生不利影响。

①质疑己方报价理由。对方谈判人员通过列举展示相关市场或技术资料，质疑己方支撑自身报价的理由。

②坚持对方价格筹码。对方谈判人员通过列举历史信息，即己方以往与其他企业的类似交易以坚持自身价格方案；或列举惯例信息，即国际通用原则、通用公约等惯例章程来坚持自身价格方案。

③判断己方虚实、底线。对方谈判人员通过搜集情报探查己方真实谈判力，如对本次交易的依赖程度等，从而寻找己方某些弱点进行发难；或由此判定己方询盘价格与接受成交的底线价格之间的差距，从而掌握对谈判的主导权。

2）对合同条款谨慎、敏感素养的风险。与对合同条款谨慎、敏感素养相关的风险主要体现在谈判人员对达成的具体合同中某些部分或条款的把控上出现失误而导致后期在合同执行时产生纠纷或利益损失，具体表现在如下两个方面。

①对整体契约内容缺乏全面的把控。如谈判人员急于成交或过度展现合作诚意而对契约中涉及纠纷仲裁、索赔方案等的部分采取轻视的态度而对后期协议执行时己方的利益保障造成巨大风险隐患。

②对具体条款细节缺乏谨慎推敲。如谈判人员对某些具体条款的措辞规范、内容限定缺乏严谨性未能敏锐察觉其中可能的漏洞，使得己方企业在后期协议执行时掉入对方设下的纠纷索赔程序性陷阱之中。

3）对谈判局势应变能力、技术素养的风险。对谈判局势应变能力、技术素养相关的风险主要体现在对方谈判人员在谈判技术上明显优于己方，从而使得双方原先的大体均势转变为对方占有优势地位或对方凭借谈判技术扭转了原先的弱势，使得谈判结果大幅背离预期，主要体现在如下方面。

①主动权无法把握。由于己方谈判人员面对对方的攻势（如揪住某一缺陷不放等）缺乏灵活应变的手段，使得己方在谈判气场上成为弱势低调的一方，进而难以掌握谈判进程的主动权而只得被动接受，导致最终谈判结果受到负面影响。

②外部因素干扰。己方谈判人员受到一些与谈判主体内容不太相关因素的负面影响，如考虑跨国谈判旅途成本等因素而过度退让或过早退让，受到谈判对手以拖延时

间、设定截止期限等方式施加的心理压力或佯装并行谈判等策略的负面影响，使谈判结果大幅背离预期设想。

3.谈判风险管理方式

风险管理的目标是为了避免不确定性使谈判人员的努力偏离目标。谈判风险管理方式主要分为如下四类：风险规避、风险降低、风险分担和风险自留。

（1）风险规避

风险规避最简单的方法就是不做有风险可能的活动。例如，不涉及购买房产的谈判，以避免随之而来的法律责任。规避风险看起来可以防范所有的风险，但是规避风险也意味着丧失接受风险可能带来的利益。为了避免谈判中被骗而放弃谈判，同时也就丢掉了获取利润的机会。

（2）风险降低

风险降低是指通过降低损失的影响或损失发生的概率来减小风险。一种方法是通过市场调研以获得更加详细的信息来尽力消除与该事件有关的不确定性，从而降低该事件的风险，但同时需注意权衡调研成本和风险减少之间的收益大小关系。另一种方法是通过将该事件外包给本领域内专业性更强的公司进行处理从而通过提高专业化水平增加成功概率以降低风险，但仍需对外包成本和风险减少之间的收益大小关系进行权衡。

（3）风险分担

风险分担是通过与其他方共同承担风险从而降低己方的可能损失，方式如对风险事件进行相应保险。一个重要的例子是将国际货物交易金额按比例以不同货币结算，从而分担单一货币汇率大幅波动的风险。当然如果在己方具有很强谈判力的情况下，也可以主动要求扩大自己国家货币占整体结算金额的比例或建议直接采用本国货币，以实现风险分担下的大幅度风险转移甚至整体的风险转嫁。

（4）风险自留

风险自留是指接受风险发生时的损失，如保险公司在签订保单时加入保险免赔项，或公司对项目预留风险准备资金等。例如，当评估认为某个项目具有较高风险时，常用的对策是依据风险评级程度先行预留一部分资金用来防范在相关谈判中及协议履行时的可能损失，通常需要权衡风险可能发生的概率及其程度和资金占用成本之间的比例。例如在农产品领域的贸易往往要考虑天气这一不确定因素，由于可能存在恶劣天气导致相关贸易受到负面影响，故往往会依据具体情况预留风险防范资金从而实现风险自留。

第五章

教学工作法

中国目前已成为世界第二大经济体、第一大工业国、第一大货物贸易国以及第一大外汇储备国，这与中国改革开放后国际、国内商务活动的蓬勃开展是分不开的。谈判与商务相伴相生，谈判的结果又受人的能力所影响，相较于几百年来西方国家发达的商务活动中涌现众多谈判人才，中国的状况不容乐观，商务谈判人才无论在素质上还是在数量上都与中国对外经济开放程度和参与全球治理的需求相距甚远。教育数据评估机构麦可思公司在针对中国高校毕业生的调查中发现，沟通与谈判能力仍是国际贸易等相关专业毕业生最应加强的技能之一。同时有相关调研发现，当前国内的大多数高校商务谈判课程仍然遵循以教师为中心、以讲授为主的传统教学思路，课程内容理论性强、可操作性差。由于教学中学员没有跨文化场景体验和商务谈判实践的机会，因此教师对于商务谈判的理论和技术往往只能纸上谈兵、脱离实际。这种传统的重理论轻技术的教学模式教育出来的学员很难满足社会对谈判人才，特别是商业机构对大量有真才实学谈判精英的需求。商务谈判师有义务和责任对本单位从事商务谈判工作的年轻员工进行理论与实践相结合的教育和培养。

本章主要根据专业教学的一般规律，对商务谈判教学的全部过程进行设计，并侧重于以案例分析为主的实践教学活动，以期帮助商务谈判师寻求合适的商务谈判教学工作法，同时要求商务谈判师根据所在行业的实际情况，结合本教材所阐述的基础知识和谈判技术，在教学和培训过程中因材施教，着重开展实际操作能力的教育和培养。

第一节 教学设计

一、教学目标

商务谈判师应理解商务谈判的基本概念和相关理论框架,掌握基础知识架构和必备的技术,正确树立职业道德观、利益观、伦理观,提升职业素养。在此基础上,将所学并掌握的知识和技术用到教书育人的重要事业方面,培养"德、智、技"三方面合格的商务谈判人才,使他们熟悉不同国家地区的商务文化和谈判习惯差异,学会分析谈判案例并能制订出利益交换和争端解决的多种谈判方案,能够独立自主地组织和开展商务谈判活动并恰当运用谈判策略和技巧。

二、指导原则

鉴于商务谈判具有国际性特征,商务谈判能力的培养与提升可以借鉴国外机构及著名院校的课程教学方法,以"体验式学习"(Experiential Learning)为理论基础,使用模拟谈判教学法,激发学员的学习积极性、主动性和创造性,提升学习效果。同时,通过在商务谈判能力培养中增加跨文化互动、跨文化情景体验,提高学员的跨文化协作和谈判能力。

体验式学习理论强调学员作为课堂的主角参与学习过程,通过实践来认识周围事物;而讲授师的作用是为学员做好体验开始前的准备工作,让学员产生学习渴望,全身心地投入学习过程,从而加深学员的记忆和理解。与传统教学方式相比,体验式学习强调学员的主动参与,并在参与中激发学员的学习乐趣,让学员在模拟情境中学以致用。

商务谈判活动必然涉及不同国家与文化,因此对学员能力的培养也必然包括跨文化沟通能力方面的内容。如果有条件,教学中可以让中国和外国学员同堂学习,并在课程中大量使用小组讨论、模拟谈判、课堂讨论等互动教学形式,使学员充分体验跨文化情景,了解生长于不同文化的外国学员对于同一事件的不同看法,并与不同文化背景的学员进行小组协作、模拟谈判。

具体来说,商务谈判能力课程建设的指导原则包括:

——在课程内容方面充分体现科学性、实践性和前沿性,建立完备的教学内容体系。

——在教学方式方面以"体验式"案例教学和跨文化互动为主要形式，强调课程国际化特色，提升教学效果。

　　——在教学资源方面，合理利用国内外商务谈判科研机构和院校资源，筛选并确定适合课程的一系列谈判案例和补充阅读资料。

　　——在考核方式方面，兼顾课程的知识型和实践性，建立科学的课程考核体系和试题库。

三、教学规划

　　商务谈判课程应介绍商务谈判的理论与实务，帮助学员理解商务谈判的性质和特点，了解商务谈判的基本流程，掌握商务谈判的实用技术，熟悉商务谈判的谈判策略和技巧，可以按照以下几个模块来进行教学。

1. 导入课程

　　课程主题包括课程介绍、谈判风格与格局。通过教学可以让学员大体了解什么是商务谈判、商务谈判的动因、商务谈判的基本类型、商务谈判的基础理论知识、谈判的结构、个人谈判力的构成等。

2. 谈判能力专题

　　这是本课程中最重要的模块，其中一项内容为对学员个人谈判技能如谈判思维、语言与沟通技巧（语言能力）、国别与文化对谈判的影响（文化能力）、谈判中的情绪控制（情绪能力）和谈判行为艺术（行为能力）等的指导和提升，另一项内容是教授商务谈判技术，包括组织和管理方面的内容，如商务谈判的流程、组织运作、技术手段和实用工具等。讲授师可以按照能力培养的主次程度自由安排每一讲的课程跨度，对较为重要的能力提升内容，可以多安排几个学时详细讲解。

3. 案例分析

　　课程主题包括但不限于商品贸易谈判、投资谈判、技术贸易谈判、各类商务合作项目合同条款谈判。在这个模块中讲授师应结合之前两个模块的理论知识，通过分析具体商务谈判案例，让学员对谈判过程和争端解决有更深入的认知，了解不同的解决方案。

4. 实操

　　课程主题是模拟谈判，讲授师通过模拟谈判发现学员存在的瑕疵和不足并予以点评和纠正。这个模块可以嵌入之前的案例分析模块，也可单独进行。

四、讲授师的资质

讲授师应具有正确的伦理道德观和职业素养，热爱教学工作，勇担培养商务谈判人才的重任，具有扎实的商务谈判专业知识，熟练掌握国际商务谈判技术，拥有适合国际商务谈判的跨文化能力、谈判认知能力、语言能力和情绪控制能力。为此讲授师应通过业界实践、同行学习及科学研究，系统地提升教学水平和教学能力。例如，积极参加国际商务谈判领域的课程研讨和培训；加强与高校、商务研究院、企业的同行和商务谈判人员的互相交流，讨论切磋提升教学效果的方法；积极做好科研工作，将自己的学术研究成果与课堂教学有机结合起来。

第二节　教学指导

一、教学方案

讲授师在课堂教学方式上可借鉴美国等教育发达国家一流大学的教学方法，遵循"体验式学习"的"体验—反思—归纳—实践"四步循环学习模型，使用模拟谈判的教学方法设计组织互动式课堂活动，强调模拟案例后的讨论和反思，培养学员理论联系实际的能力。

具体来说，课程教学可包含"模拟谈判""反思与讨论""归纳总结""实践应用"四个环节。在"模拟谈判"环节，讲授师应引导学员对模拟谈判情景进行个体或者小组准备，随后学员分组进行模拟谈判。在"反思与讨论"环节，讲授师组织学员对模拟谈判的过程和结果进行汇报和反思，对影响该谈判的核心元素进行深入讨论。在"归纳总结"环节，讲授师应引导学员归纳谈判理念、策略和技术，形成本节课程的核心知识点。最后在"实践应用"环节，讲授师为学员提供课程主题的课后阅读材料（可包含国际商务谈判实例以及谈判者遇到的实际问题），学员通过阅读和讨论，思考在未来的谈判实践中如何对所学知识和技术进行应用。通过以上四个环节，学员能够获得商务谈判的实际经历和体验并能从多角度进行观察和思考，通过课堂讨论与思考提炼出合乎逻辑的谈判概念和理论，最终学会运用这些理论知识在实际的谈判案例中分析和解决问题。

课程除了在教学中大量采用小组讨论、模拟谈判、课堂问答等互动式教学方式外，还可考虑选择全英文的授课方式，中外学员同堂授课，这对学员的跨文化沟通能力会有很大的助益。

1. 教学资料

为培养和提升商务谈判能力，讲授师们除认真学习和研究本教材的内容外，还可以阅读商务谈判领域的经典书籍。例如哈佛大学和麻省理工学院的商务谈判课程所使用的莱维基、巴里和桑德斯的 *Essentials of Negotiation*（《谈判学精要》），罗杰·菲舍尔和威廉·尤里的 *Getting to Yes*（《达成协议》）等经典谈判书籍。教学内容的整体思路还可以参考利·汤普森的 *The Mind and Heart of a Negotiator*（《汤普森谈判学》）。这些谈判著作既体现了国际商务谈判的主流理论体系，也反映了当前本领域学术研究上的重大突破和理论前沿。

在教学中还可以选择和使用国内外经典商务谈判案例，比如哈佛大学谈判项目组（Program on Negotiation，PON）的模拟谈判案例。讲授师根据教学进度安排，对模拟谈判案例进行筛选，确定适合教学目标且教学效果较好的谈判模拟案例。同时，讲授师通过教学实践，不断提升课堂互动活动的设计，对于课堂模拟谈判及讨论的把握也会更加得心应手。

提升商务谈判能力的一个重要途径是学习真实的谈判案例，了解成功谈判者的视角以及他们处理复杂谈判的方法。这些谈判案例课程可以从一些谈判教材中找到，如本教材最后一章即第七章——"案例学习指导与能力提升"中所提供的案例，中国管理现代化研究会国际商务谈判专业委员会编制的案例，以及其他一些专业谈判研究机构提供的案例等。

此外，讲授师还可以收集其他著名院校各类谈判教材中的案例、课堂游戏、阅读材料等，对教学资料进行不断补充，并设计相应的课堂活动。

2. 教学内容

从事商务谈判教学的讲授师，可以通过收集当前国内外著名高校的同类课程教学方案，学习和研究本教材各章内容与案例，经过不断总结和课堂实践，设计教学方案，确定教学内容体系。

表5-1～表5-3是国外几所著名高校的谈判课程大纲。

表5-1　　　　　　　　　　麻省理工学院谈判课程大纲

序号	课程内容
第1讲	课程介绍
第2讲	个人谈判风格
第3讲	分配式谈判

续表

序号	课程内容
第4讲	整合式谈判
第5讲	性别与文化对谈判的影响
第6讲	团队谈判
第7讲	冲突解决
第8讲	调节与调停
第9讲	与困难的人谈判

表5-2　　哈佛大学继续教育学院谈判课程大纲

序号	课程内容
第1讲	课程介绍：什么是谈判、个人谈判风格
第2讲	分配式谈判
第3讲	整合式谈判
第4讲	谈判策略
第5讲	视角、认知与情绪
第6讲	沟通与影响力
第7讲	谈判中的权力
第8讲	关系、性别与文化
第9讲	多方谈判
第10讲	国际谈判
第11讲	小组模拟谈判与课程总结

表5-3　　伦敦政治经济学院（LSE）谈判课程大纲

序号	课程内容
第1讲	谈判的核心概念
第2讲	谈判策略
第3讲	原则式谈判
第4讲	谈判中的创造力与情绪
第5讲	谈判中的文化、权力与影响力
第6讲	谈判的未来

将以上三张表格内容进行分析和比较后会发现，这些课程内容设置都有一个共同点，就是都侧重于谈判的概念、谈判力因素和策略技巧等外部表现的内容，而缺失了与真实世界经贸合作活动开展有关的商务知识和谈判技术核心内容，这也从另一面反映出国内外学院派教育工作者缺少商务谈判经历和背景，很难将教学内容与商务谈判所要求的综合性、专业性、技术性的内容融合在一起，还是以传统的学科单一性和传授型的教学方式为主。

表 5-4 可以作为商务谈判技术教学课程内容的参考。

表 5-4　　　　　　　　商务谈判技术教学课程内容参考

序号	课程内容
第 1 讲	认知商务谈判
第 2 讲	商务基础理论和谈判力
第 3 讲	谈判技能要素
第 4 讲	谈判语言与沟通
第 5 讲	个人素养与商务礼仪
第 6 讲	谈判运作及技术应用
第 7 讲	谈判管理
第 8 讲	实践教学工作法
第 9 讲	商务谈判实务和知识点
第 10 讲	案例学习和方案策划引导
第 11 讲	小组模拟谈判
第 12 讲	课程总结与考核

讲授师也可以依据学员背景和能力状况，以本教材中的知识体系、技能要素、技术工具、案例教学、模拟谈判等为基础，编制适合不同教育对象的课程大纲。

3. 考核方式

通过参考国内外著名院校谈判课程的考核方式，并依照"体验式学习"理论模型中对于"体验"与"反思"的要求，课程在考查学员对知识点和理论框架掌握程度的同时，应重点考核学员课堂参与度和对模拟谈判实践的反思情况，让考核方式体现学员对课程的吸收程度和实践能力的提升程度。

例如，课程考核可以包括三个部分：课堂参与度（30%），要求学员对模拟案例进行阅读与准备，并在模拟谈判和课堂讨论中积极参与；反思日志（20%），要求学员针

对模拟谈判或曾经历的真实谈判撰写谈判反思日志,反思总结如何在实践中应用谈判的理论、技能与技术;期末闭卷考试(50%),通过问答题和案例题,考查学员对课程内容的理解吸收程度以及应用实践能力。

二、实践教学方法

实践教学方法旨在教育和培养学员的实操技能和理论应用能力,提高洞察问题、分析问题的思维能力,掌握商务谈判过程中解决问题的技术手段和方法。实践教学方法主要有:案例教学法、实验室模拟谈判实训法和线上线下混合教学法。

1. 案例教学法

案例教学法是目前国外很多高校商学院比较常用的教学方法,即把真实的商务谈判典型案例拿到课堂上让学员开放讨论,培养学员的分析能力、判断能力和解决问题及运作业务的能力。

案例教学法有以下特点:(1)以学员为中心;(2)学员之间相互合作;(3)对典型的实战案例进行具体探讨;(4)案例不存在标准答案,学员可以对多种方案进行对比,选择最佳方案。

案例教学法中讲授师与学员的角色与传统课堂中相比也有区别:学员是课堂的主要参与者,而讲授师则是协调者、组织者、引导者和鼓励者。对作为课堂主角的学员来说,需要:(1)把自己设想为案例中的角色;(2)发现问题,确定问题;(3)将案例背景与自己生活环境联系;(4)应用自身的知识和理论;(5)提出观点,明确立场;(6)分析数据,制定策略,提出可能的解决方案(不一定达成一致,可以折中)。

在有的示范案例中,学员可能对相关内容如货物进出口交易磋商不太熟悉,因此讲授师需要提前进行布置,提出与案例相关的具体问题,让学员自己寻求答案,然后在课堂上以小组的形式进行讲解。讲授师可以设置以下问题。

(1)交易磋商的主要内容包括什么?

(2)一般交易条件和主要交易条件的差别在哪里?

(3)货物验收时接货方以何种理由可以拒收?

(4)信用证付款的具体内容和条款是什么?

(5)……

带着以上问题,讲授师指导学员进行案例预习和资料收集准备。课前案例预习讨论以小组形式进行,课堂上也以小组为单位进行发言,对讲授师提出的问题进行解答,并分析案例。讲授师对每个小组的发言进行点评,并指出其中存在的问题,也可以鼓励小组间互相打分和评论。

2. 实验室模拟谈判实训法

实验室模拟谈判实训法需要一个专门的会议室或教学场所，并配置必要的设备、设施，营造真实谈判场景，让学员小组两两结对，以经典实战商务谈判案例为素材，要求学员小组分别扮演买方（甲方）与卖方（乙方），在设定的时间段内，让双方或多方（根据案情需要）进行现场模拟商务谈判。这种实训方法使学员能生动地学习和演练商务谈判方法，培养学员运用商务谈判技术的能力，发挥思维能力和交流沟通能力，培养和锻炼实战能力。

案例分析可以在教室里进行，但模拟现场商务谈判的时候，学员最好进入模拟谈判实验室中，让学员真正感受"谈判"的气氛，让"谈判"变得严肃、认真，学员也可以更好地融入到自己的角色中。

3. 线上线下混合教学法

线上线下混合教学法是将在线教学和传统教学的优势结合起来的一种"线上"+"线下"的教学方法。通过两种教学组织形式的有机结合，可以把学员由浅到深地引向深度学习，这也是目前国家大力倡导的新型教学模式。讲授师可以通过建设数字化的教学资源，有效提升绝大部分学员学习的深度。谈判课程的混合教学法主要涵盖以下三个方面。

（1）线上资源

讲授师可以通过提前录课、编辑知识点、设定每节课的学习目标并开发一些配套练习题来作为每一讲的线上资源。另外一类线上资源就是案例库。谈判课程中很重要的一部分是案例的分析与讲解，单纯线下对复杂案例的讲解过于浪费时间，因此可以让学员提前对案例进行充分的了解，然后再配合线下课堂进行讨论和分析，这样既节省了时间，又提高了效率。可给予学员充分的线上学习时间，尽可能让每个学员都带着较好的知识基础走进教室，从而保障课堂教学的质量。在课堂上讲授师的讲授仅仅针对重点、难点，或者是学员在线学习过程中反馈的共性问题。

（2）线下活动

线下活动要能够检验、巩固、转化线上学习的知识。如前所述，通过在线学习让学员基本掌握相关知识和读懂需要分析的案例。在线下，经过讲授师的查漏补缺、重点突破之后，剩下的就是以精心设计的课堂教学活动为载体，组织学员把在线所学的基础知识进行巩固与灵活应用。课堂教学活动形式具体有小组讨论、角色扮演、师生角色转换、头脑风暴（谈判方案思辨）等。

（3）过程评估

线上线下混合教学法的一个重要特征是重点关注学员的学习效果。线上可以通过在线教学平台或其他小程序来定期测试学员的学习效果（需要避免单纯的线上刷课模式），可将线上测试和学员在线时长以及参与度等指标作为过程评价的重要依据。线下的评估模式可以参考传统的测验、论文、口试等评估方法，与线上评估相结合来考查学员的接受程度和学习效果。

三、案例教学示范

1. 案例：侧面起重叉车合同文本谈判

（1）买卖双方介绍

大连德富港口仓储公司（以下简称德富公司）是大连港口一家专门从事仓库管理的公司，除了自有的露天与盖顶房屋仓库之外，也租用别人的仓库，为此公司备有各种运输及起重设备，其规模在港区算是大型的企业，实力也较雄厚。为了提高运输及仓储效率，该公司计划再采购部分起重叉车。

香港宏达机械设备公司（以下简称宏达公司）是专门销售机械设备的公司。公司规模不大，但在国际市场上有较广泛的销售网络，经营的产品比较专业，除了机械加工设备外，起重设备也是宏达公司的主营专销产品之一。宏达公司作为英国起重设备公司在亚洲的总经销商，多年来做了大量的市场开拓工作。对于中国大陆市场，宏达公司调动了其所有关系，终于在大连地区接洽到了侧面起重叉车的第一单生意，公司对该项业务极为重视。

德富公司与宏达公司关系不错，过去有过多次业务往来。本次交易的商品系宏达公司向德富公司推荐的英国起重设备公司的新产品，样机已送德富公司试用，双方对结果均感满意。通过前期的洽谈，双方均希望这笔业务可以作为该类设备在中国市场销售的起点，发挥一定的广告效应，因此双方在谈判中较为合作。

（2）商品介绍

侧面叉车系库场用于搬运用托盘包装运输的货物的设备。该车轻巧、灵便，且可以将货物堆放三层，由于起重叉置于车子的侧面，在驾驶操控方面又增加了机动性，使其应用范围更大。

货场搬运用的起重设备品种较多，在小吨位的库场和工厂内转运用的叉车式起重设备，国内外的生产厂很多。而本项业务涉及的侧面起重叉车由于结构改变，使用更加灵活，可以使工厂原料仓库、车间之间的搬运效率大大提高，与直向叉车相比有一定的优势。该类型的叉车由于其结构特殊、制作复杂，价格也相应高一些，生产同类设备的厂家相对少一些，进入大陆市场的制造商也就为数不多的日本、欧洲的两三家，而且用户一般为效益高、生产规模或港口仓储规模较大的企业，因此买家与卖家需要经过反复挑选比较、多次洽谈，才能相互认可，进入下一步商谈阶段。

（3）谈判背景

双方已就购买数量、价格、交货期达成协议，即10台叉车，每台8 500美元，英国工厂交货，买方开出信用证后45天交货，随车将提供价值7 500元人民币的备品备件。此外，卖方承诺在设备到达买方场所后负责安装调试，并对买方人员进行操作培训。设备的保修期为6个月或1 000工时。双方同意将上述已经达成一致的事项写入合同，并在谈判合同条款的过程中完善检验与赔偿的规定。

双方商定在上述基础上进行合同文本谈判。由于双方经过多次交易已经形成了标准交易合同，只需要将谈判确定的内容写进相关条款即可完成合同文本。

2. 案例教学原则

商务谈判对实践者的要求比较高，其中涉及的知识和能力结构比较复杂，教学过程中应着重培养学员不同层面的能力和素质。在教学过程中可以遵循以下几个原则。

（1）培养学员的跨文化能力

国际商务谈判从根本上来说是一种跨文化的沟通方式，这里的跨文化能力主要是指谈判中谈判人员对陌生文化的适应能力。

本案例是大连德富公司与香港宏达公司之间的谈判，由于香港受英国殖民多年，香港的商业文化价值与大陆相比还是有一些差别的，比如学员应认识到：香港公司更多偏向于生意导向型，而国内公司大多是关系导向型。生意导向型的他们在谈判中更强调多理性，少人情；相比之下，关系导向型文化的商务谈判准备周期比生意导向型要长，因为要花费时间来进行间接接触，再建立信任和发展人际关系。另外就是谈判桌上的权力距离，相比国内公司的高权力距离，香港公司更加开放，权力等级也没大陆严格，很多参与谈判的代表就有直接的决定权，不需要在谈判后再另做决策。

（2）培养学员的认知能力

这里的认知能力指的是通过书本或者经验积累商务谈判方面的知识和策略的能力，主要由两个层面构成：专业知识和谈判方案策划。专业知识指的是商务谈判方面的专业及行业知识结构，如经济法、国际商法、联合国国际货物销售合同公约、国际贸易、WTO组织规则与实务、营销与管理等。谈判方案策划则要求谈判人员充分掌握和运用谈判的理论、技术和方法，制订与谈判目标相一致的交易方案。商务谈判中的谈判策划则更加具体化，谈判人员既要掌握通用的谈判流程，又要根据对手的文化背景有针对性地选用谈判方案。

（3）提高学员的语言运用能力

国际商务谈判中所使用的工作语言大多数为国际通用语：英语或者其他语种（法

语、德语等），至少对谈判一方来说不是母语，这就要求谈判人员对所使用的工作语种的掌握程度要相当高，听、说、读、写四个方面要基本达到交流无障碍的水平，尤其是谈判中所涉及的一些行业术语和专用词汇等。对中国的商务谈判人员来说，外语的沟通能力虽然是一个基本能力，但在掌握程度上要达到一定高度还需要付出相应的努力。

这个案例虽然是国内公司和香港公司之间的谈判，但工作语言是英语，因此在模拟谈判中对学员的语言要求也比较高，一些专用术语的表达也需要特别注意，讲授师需要把专业术语、交易磋商的固定句型和一些沟通技巧传授给学员，尤其是合同条款的逐条磋商，对学员的书面英语能力也有较高的要求。

1）词汇举例。forklift, cargo, installation, inspection, trade prospect, EXW price。

2）句型举例

——You must compare our price with that of other export houses, I'm sure our offer is in line with the prevailing market price level.

——I'm afraid that there is no room for any reduction in price.

——We've already cut down our price to cost level.

——As an integral part of the contract, the inspection of goods has its special importance.

——The exporters have the right to inspect the export goods before delivery to the shipping line.

用英语进行模拟谈判对学员来说难度较大，在开始的几场模拟谈判中，可以让口语比较好的学员全程英语交流，口语相对较差的学员可以扮演口译的角色，循序渐进，逐渐达到全程英语谈判的状态。

（4）增强学员的情绪控制能力

商务谈判中，谈判人员应该学会有效控制和管理自己的情绪，如愤怒、失望、喜悦等，尽量不让这些情绪影响正常的谈判行为，保持自己在谈判格局中清醒、明智的状态，特别是商务礼仪和个人素养，这会对谈判结果产生正面的影响。同样，理解和控制谈判对手的情绪也是商务谈判师一个很重要的能力，例如利用对方的积极情绪来加速谈判的进程，或者控制对手焦躁的情绪，以免让谈判陷入僵局。

学员在模拟谈判中容易陷入两种状态：沉默或者激动。在实际教学过程中，应提醒学员注意控制自己的情绪，碰到争议不要过分激动，以免使自己情绪失控而做出错误的决定，也不要长时间沉默，这会让对方的气势上涨，占据谈判的主动权。就本案例中的谈判来说，双方情绪都不需要有太大的波动起伏，因此学员只要做到严肃、认真、谨慎，仔细探讨合同中的每一个条款，用尽量平和的情绪进行谈判，就会在谈判中做出正确的决策。

3. 案例教学设计

（1）课堂教学安排

本案例教学可以分 3~4 节课来完成，上文中提到，课前学员通过在线平台已经对案例有了基本了解，因此前两节课可以进行学员的"翻转课堂"环节，即讲授师和学员进行角色互换，学员将课前在线预习的内容在课上进行讲解，讲授师的角色是做出指导性评价，对这一案例进行深度剖析。讲授师可以就学员的分析提一些相关的问题，来检查学员对案例的了解程度，比如：你认为在这场谈判中谈判的核心问题是哪些？EXW（工厂交货）的交货责任怎么划分？验收不合格，买方拒收，怎么处理？翻转课堂环节可以通过 2~3 个小组的讲解对案例进行深度分析，使学员完全理解案例中所涉及的商务知识、国际贸易管理条款、贸易术语以及双方各自的谈判优劣势等。

第 3 节课是模拟谈判，通过实验室环境下的模拟谈判发现学员在实际谈判过程中出现的问题，比如：是否就某个争议浪费太多时间？学员在这场谈判中的语言能力是否过关？哪一方更好地按照计划有条不紊地进行谈判，严守了自己的谈判底线？

最后一节课可以针对这个交易磋商案例进行小结，讲授师可以在这节课上重复讲解一下交易磋商谈判的环节和内容，需要特别注意的是验收、索赔这些容易被忽视的部分。讲授师也可以强调一下学员在实操过程中出现的问题：如语言沟通、技术使用、情绪控制等。这样通过案例预习、翻转课堂、模拟谈判和课堂小结四个部分，学员对国际贸易中的交易磋商谈判应该能有比较全面的了解。

（2）课堂环节设计

主要针对两个课堂环节，一是翻转课堂，二是模拟谈判。

讲授师需要在翻转课堂环节实施前 1~2 周布置好在线课程（视频、相关幻灯片演示文稿以及老师的录屏课件），并把学员分组（每组承担部分学习内容），要求学员仔细学习，做好笔记。翻转课堂环节以小组的形式进行，每个小组选择 1~2 名代表对所学内容进行讲解。

讲授师也需要在模拟谈判环节实施前 1 周把模拟案例分发下去，并把谈判小组划分好。双方谈判小组需要弄清楚谈判的主要问题并在模拟谈判环节就案例中的争端问题展开模拟谈判。谈判前双方需分别上交一份谈判方案策划书，其中应包括己方的谈判目标、谈判底线、解决方案等内容。

（3）教学环境设计

谈判课程教学一般采用课堂教学和实验室模拟谈判实训的教学环境。商务模拟谈判是借助典型的实战商务谈判案例，通过谈判情景模拟、谈判角色扮演、谈判利益固有冲突和对抗的演示，使学员在"角色扮演""资料收集""方案制订"的仿真实践过程中掌握商务谈判的基本程序、基本方法和谈判技能，以提高学员实际商务谈判应对技术和商务活动组织能力。

通过商务谈判实训，学员可以真实地感受到谈判的气氛，从各自的角度参与到模拟谈判中去，学习并应用各种谈判技能，心理素质也将得到一定的提高。实训将帮助学员了解现代商务谈判的流程，学习先进的现代商务策划理念和策划能力。通过实践教学，使学员熟悉商务谈判的业务角色如主谈人、主管、技术人员和法务人员等，进而有针对性地培养学员职业素养和技术运用能力。此外，还可通过仪容、姿态、表情、语言、礼仪的实训，让学员充分地了解自我、展示自我，培养学员的自信心与沟通能力。

在本案例中，学员可以分成一对或多对对抗小组，分别扮演大连德富公司的谈判代表和香港宏达公司的谈判代表，具体角色可以依据本案例所涉及的谈判议题，由学员自由决定上场队员（4~5人）。情景模拟谈判可以提高学员参与的积极性，激发学员自主学习的兴趣，使学员更深入地了解谈判的步骤及环节，掌握谈判的技术要领，提高谈判能力。但学员们普遍存在对谈判案例的理解把握不到位的问题，特别是大型商务谈判案例，需要谈判人员具备丰富的专业知识及职场经验时，尤其如此。比如本案例中，由于学员之前没有接触过国际贸易，部分学员可能只从影视作品中有一些对这方面谈判片面或浅显的理解，在情景模拟谈判中往往会表现出生硬的刻意模仿，在谈判技术、沟通上，表演成分过重，加之有限的知识面、沟通能力及对谈判案例认知方面的不足等，在谈判中容易表现出脱离实际、毫无意义的纯理论对抗和辩论。其次由于学员缺乏实战经验，所以制订的谈判方案也往往拘泥于教材上的理论框架，对模拟谈判中可能遇到的种种问题及突发事件估计不足，谈判方案策划书会出现较多漏洞和不足。因此需要讲授师认真记录他们的问题并在指导点评环节指出，使他们能够在不断学习和模拟中快速成长。而模拟谈判实验室与普通教室的环境、座位安排和气氛都有所差别，也可以帮助学员在气氛、环境感受和心理状态上增加真实感，较容易进入既定角色。

在情景模拟谈判实施过程中，每个成员都要事先明确主谈人的谈判思路，辅谈人员所谈观点及立场应与主谈人之间有紧密衔接关系，成员之间要体现团队合作的精神，在谈判桌上根据既定方案伺机而动，彼此呼应。学员可能会出现如下问题：谈判目标不清晰、组员之间分工合作不明确，有的学员在谈判过程中表现过于自负，大包大揽，我行我素，没有整体团队意识，而有些性格内向的或学习热情不高的学员，常常因插不上话出现置身事外的状态。从总体上看，学员主观上可能很积极、热情高涨，但由于没有相关的实战工作经验,或者准备不充分、能力不足,小组成员之间缺乏必要的组织协作和沟通,实际表现往往并不尽如人意,无论在谈判进展的控制或是谈判任务的安排上,谈判小组都容易出现混乱无序状态。

因此在这场模拟真实环境的谈判中,讲授师可以把握好三个环节:谈判前的设计与指导、谈判过程中的适度介入及谈判结束后的点评。

第一个环节是谈判前的设计与指导。首先讲授师应确定谈判小组。这个案例的模拟谈判涉及两个谈判方,大连德富和香港宏达,讲授师应在考虑每个学员的性格特征、语言能力和团队协作意识的基础上,鼓励学员自由组合,成立谈判小组。每个小组包含4~5人,这样既有利于谈判小组的内部分工,又有利于提高模拟教学的效率。组长负责带领成员做好内部分工,集思广益,制订本组的谈判方案。其次讲授师要督促学员做好充分的准备工作,在充分理解案例的基础上,做好背景信息和相关资料的搜集,必要的话可以组织学员进行市场调研,比如香港宏达公司的经营背景和业内信誉,叉车市场的需求和价格情况,以及运输途中容易出现的问题等。最后讲授师需对各组学员提出的初步谈判方案给予必要的指导,指出方案中存在的问题,同时讲授师要强调合作意识的重要性,指导学员掌握协同工作方式,学会相互理解和沟通,培养学员乐于与人合作的素质。

第二个环节,讲授师要密切关注谈判进行的全过程,必要的时候适度介入,给予引导。例如当谈判出现僵局,学员不知所措的时候,或者当谈判陷入"烂泥潭",谈判双方混乱无序时,比如双方就价格问题争论不休,耗时太长,这与实际谈判中的情况完全不符,此时讲授师要适时打断,继续推动谈判进程。

第三个环节是谈判后的讲授师点评。这有助于学员认识到自身在谈判中出现的问题,避免日后再犯类似的错误,比如讲授师可以指出模拟谈判中在价格问题上过于拖沓,案例中已经提到双方对价格没有太多的异议,因此在实际谈判中的核心议题并不是价格,而是产品验收和质量问题索赔等条款。

4. 案例教学评价

课程考核总共包括四个部分:线上评估(10%),主要评估学员在线学习的有效程度;课堂参与度(10%),要求学员对模拟案例进行阅读与准备,并在模拟谈判和课堂讨论中积极参与;模拟谈判(40%),考查学员对案例的理解、谈判沟通能力和谈判方案策划的专业性;期末闭卷考试(40%),通过问答题和案例分析题,考查学员对课程内容的理解吸收程度、对谈判案例中问题的分析能力和交易方案的可行性。

5. 案例分析与引导

（1）案例分析及要求

这是一场货物贸易中合同文本的谈判，需要谈判人员具备国际贸易知识并了解相关操作流程。对于合同条款的制定与谈判，有一些规律可循，"标的、数量、价格以及支付与交货等重要条款既要分别完整准确描述又要互为条件，条款的公平性，责任与对价的平衡"等也是本案重要的谈判议题。此外，检验与赔偿的条款还将涉及验收的地点、方法、次数、结果的处理、费用的承担以及验收不合格的赔偿等内容。谈判难免有分歧，化解分歧需要双方进行有效的交流沟通，找到彼此都能接受的共同点，这是谈判人员必备的基本技能。

1）本案例谈判的核心点

①主要交易条件的"完整准确描述"。

②一般交易条件的磋商，即检验与赔偿的具体条款的内容。

2）对买方的提示

①将卖方的承诺写入合同，并完成合同文本的谈判。鉴于该类叉车较复杂，应在合同条款中严格把住检验关。为防万一，对于索赔的条件也要明确约定。不过，仍要确保及时签订合同，以免影响交货时间。

②为了捍卫己方的利益，打算在谈判开局时如何陈述己方要求，依据什么来说服对方？对方可能提出什么方案，如何应对？如何逐步让步和妥协？谈判的底线是什么？并据此制订谈判方案。

③要准备必要的条款文本，以及支持己方谈判立场的相关信息。

3）对卖方的提示

①将双方已达成协议的交易条件写入合同并完成合同文本的谈判。鉴于卖方在价格条件上已做了重大让步，在谈判合同文本时，不要再让买方增加进一步的要求，尤其不能增加卖方在费用方面的让步以及卖方在合同执行中的风险。不过，在尽可能限制费用及减小执行风险的前提下，还要确保及时签约，以免失去交易。

②为了捍卫己方的利益，打算在谈判开局时如何陈述己方要求，依据什么来说服对方？如何逐步让步和妥协？谈判的底线是什么？并据此制订谈判方案。

③要准备必要的条款文本，以及支持己方谈判立场的相关信息。方案策划要考虑到跨国文化的差异。

（2）构思与引导

讲授师应该提前给学员一些提示和谈判流程操作指导，比如案例中涉及的具体国际商务知识，对双方进行SWOT分析，以及具体谈判方案的设计。这需要讲授师对案例进行充分研究后,对学员做出正确引导。

1)商务知识。本案例本质上是一个交易磋商(negotiation),其内容包括货物品名、品质、数量、包装、价格、运输、保险、货款结算以及商品检验、索赔、不可抗力和仲裁等条款。从理论上说这些条款需要逐一磋商确定,但实际业务谈判中,对带有变动性的条款(主要交易条件)需要逐条协商;而对于相对固定的条款(一般交易条件)可事先商定好。

2)主要交易条件(major terms and conditions)。主要交易条件包括货物的品名、品质、数量、包装、价格、运输和货款结算方式等内容(这是合同的七大主要交易条件),买卖双方欲达成交易、订立合同,必须至少就这7项交易条件进行磋商并取得一致意见(特殊情况可以例外)。

从案例来看,数量(10台)、价格(USD 8 500/台,EXW)和交货期(买方开出 L/C 后 45 天交货)都已经谈妥,而且货款结算方式实际上也已确定,即使用信用证(L/C)付款,所以主要交易条件应该基本没有分歧。谈的时候只需要注意"完整准确描述又要互为条件",就是这些交易条件在写入合同文本的时候,要表述准确,比如价格条款要完整准确(USD 8 500/台,EXW 英国工厂),交货期要写清楚,交易条件之间不要相互矛盾等。

3)一般交易条件(general terms and conditions)。一般交易条件是指交易双方拟订的对每笔交易都适用的一套共性的交易条件,通常包括:①有关预防和处理争议的条件(如检验、索赔、不可抗力和仲裁);②有关主要交易条件的补充说明(如品质或数量机动幅度、保险险别等);③个别的主要交易条件(如通常采用的包装方法、凭不可撤销即期信用证支付的规定等)。一般交易条件大都印在由进口商设计的购货合同或出口商设计的销售合同格式条款的背面或格式条款正面的下部,也有的会将一般交易条件单独印制成文。因此,一般交易条件也被称为格式条款。

案例中提到,"在谈判合同条款的过程中完善检验与赔偿的规定",检验与索赔条款属于一般交易条件,因此这属于对一般交易条件的谈判。

对于一些技术复杂的科技类产品,即使卖方货物完全符合标准,而由于消费者使用能力限制,有时也很难达到说明书中的品质要求。因此,为保证交货品质符合说明书所规定的各项指标,在合同品质条款中可以考虑加列"品质保证条款和技术服务条款"。比如:"卖方须在一定期限内保证其商品的质量符合说明书所规定的指标,如在保证期内发现品质低于规定,或部件的工艺质量不良,或因材料内部隐患而产生缺陷时,买方有权提出索赔,卖方有义务消除缺陷或更换有缺陷的商品和材料,并承担由此引起的各项费用。"

第六章

商务谈判的类型

不少人一直认为商务谈判成功的关键是依靠策略和技巧，这种认识的偏差反映了大众对无时无处不在的商务活动和商务谈判认知的缺乏，也导致了一些人不愿意坐下来潜心学习跟商务谈判有关的理论知识。谈判过程中的策略和技巧只是推动谈判进程的外因，而赢得谈判成功的内因则主要在那些具有真才实学并掌握了先进谈判技术的优秀商务谈判师身上，他们的综合素质在谈判过程中发挥着决定性的作用。要正确认知商务谈判就要从认识商务谈判的类型开始。有多少种类的商务活动，就有多少种类的谈判类型。

第一节 新兴商务谈判类型

一、数字经济下的电子商务谈判

在当今经济一体化的时代，随着跨境电子商务迅速发展，从 WTO 到 e-WTP（电子世界贸易平台），传统的国际贸易模式已发生了深刻变化，国际贸易参与门槛的降低使中小企业通过跨境电商平台也逐渐获得了平等参与国际贸易的权利。但跨境电商规则在时间、空间和价格等方面从根本上不同于传统国际贸易规则，需要建立新的贸易合作机制并推动新的贸易规则的形成。

互联网的应用改变了人们的生活方式，也改变了经济发展的模式。互联网为寻求新市场的企业特别是中小企业提供了广阔的商业机会。由于互联网具有低成本、方便和快捷等优点，进口商、出口商、供货商、销售商以及代理机构也都越来越多地使用互联网来完成交易，同时互联网也成了跨国公司的领导们进行商务谈判的有力工具。然而，尽管利用互联网进行谈判有诸多优点，但是如果使用不当也会带来重大的经济损失。事实上，大多数利用互联网谈判失败的情形都是由于在交流过程中没有搞清楚双方的真实意图，产生了误解而导致的。谈判是一个交往和沟通的过程，利用互联网谈判时必须了解它的特点，才能使谈判人员从中获得最大的利益。

1. 互联网谈判的优势

（1）消除时间差异，缩短区域距离，降低交易成本

通过互联网通信可以消除时间差异，缩短区域的距离，同时也可以克服文化、组织和种族不同的障碍。对于一些知名度不高的企业的经理人来说，要获得与一些著名公司的 CEO（首席执行官）或主要领导的会面机会常常很难，然而通过互联网方式，这些问题都可以轻易地得到解决。

在电子商务时代，任何商业上的伙伴，无论其居住地、所处时区和职位相差多大，都可以轻易地通过互联网取得联系，这是一个了不起的发展。特别是在当今公司的 CEO 都十分繁忙的情况下，互联网更是一个不可多得的便利工具。互联网架起的"桥梁"极大地节省了沟通成本。如今供货商和销售商在建立商业往来时，时间与空间距离都已经可以忽略不计，只要使用互联网即可。

对于寻求交易伙伴的买卖双方来说，谈判人员无须四处奔走，就可向国内外许多企业发送电子邮件，分析比较不同客户的回函，从中选出对自己最有利的协议条件，从而使企业减少人员开销、差旅费、招待费以及管理费等，极大地降低了谈判成本。

（2）减少社会地位障碍

通过互联网还可以为处于中低职位的经理人提供与高级管理者接触的机会。从某种意义上说，互联网可以作为一个平衡地位、职位和年龄的调节器。在传统文化和传统习俗氛围十分浓厚的地区，这种方式所起的作用更为重要。

（3）消除性别歧视

互联网谈判可以克服商务谈判中对性别的歧视。在有些国家、地区和组织内，女性经理人可能很难获得与谈判对方见面的机会，或被邀请参与某项商务谈判。互联网在很大程度上中和了这种性别差异，使女性经理人也能在平等的基础上与对方相互沟通。此外，由于互联网减少了出行的次数，因此女性经理人能够更好地将家庭职责与工作职责结合起来。

（4）提高个人的谈判力

互联网谈判为一些不适应面对面谈判的人员提供了一个新的增加谈判力的方式，它还可以大大减少由于谈判者的性格冲突导致的谈判失败。一些自信心不足的经理人在互联网中可以找到一个平等的与对方交流的机会，可以较大程度地提高个人的谈判力。

互联网谈判提供的另外一个好处是，谈判双方可以在自己的办公室内进行谈判，他们可以便捷地利用己方的资料，或获得同事和专家的帮助；此外，选择谈判地点也不再是一个敏感的问题。

（5）可同时举行多方会谈

互联网谈判的另一大优势就是可以同时举行多方会谈，同时完成多项任务。例如，谈判一方的经理发出电子邮件后，不必坐等回答，而是可以去完成其他紧要的工作。为了增加成功的机会，一个公司还可以同时与几个有意进行商业往来的公司谈判。

（6）新技术使网上交往更方便，加强了信息交流

过去商务谈判函件要几天后才能收到，并且还有可能会迟到、遗失；现在通过互联网只需几分钟甚至几秒钟就能收到，而且准确无误。随着新技术的不断应用，无线上网技术、数字交流技术等也创造了更多的商业机会。

（7）可轻易在慎重与快捷之间获得平衡

网上谈判既能以书面形式提供议事日程和谈判内容，又能快速发送与接收，使谈判双方既能仔细考虑对方所提出的要点（那些谈判双方可能不清楚的条件可以通过书面传递事先说明），又能有时间同自己的助手或企业领导及决策机构进行充分讨论和分析，甚至可以在必要时向那些不参加谈判的专家请教。通过互联网进行谈判既可以保证决策慎重，又可以快速传达信息。

2. 互联网谈判的劣势

使用互联网谈判时可能出现的问题有：

（1）容易产生冲突

使用互联网谈判的一个风险在于它可能容易使双方产生敌意，因为缺乏面对面的交流，会使谈判者双方显得冷漠而缺少人情味。互联网谈判者的谈判条件只有两种选择，或者接受，或者终止。因此，如果希望与对方建立长期合作关系，最好避免采用互联网谈判方式。

（2）更重视价格

通过网络，卖方可以进行多方谈判，而买方也可以同时与几家卖方谈判来使自己的利益最大化，这样做的结果就是谈判会紧紧围绕着价格进行，而忽视彼此间的合作。虽然通过此种方式一方获得了最大的利益，但交易只能是一次性的。多方谈判有时会被用来测试市场，确定对方的出价是否在可接受的范围内，这种初步的谈判无法深入发展成为全面的谈判。

（3）谈判资料易受侵害

互联网容易受病毒甚至是黑客的破坏，一旦网络发生故障或遭遇病毒、黑客的攻

击,往往就会影响谈判双方的联系,甚至会丧失谈判的机会。因此,商务谈判过程中的发盘、还盘、确认等资料要及时下载,打印成文字,以备存查。

(4) 泄密风险增加

互联网是公开的大众媒体,使用互联网谈判也就意味着你与客户、合作伙伴之间的关系与信息易被公开。竞争对手可以通过互联网了解到你的报价、技术指标以及你的客户、合作伙伴的需求,甚至你与客户、合作伙伴之间存在的分歧等。通过对这些资料的分析,竞争对手有可能会抢去你的客户。

3. 互联网谈判策略

互联网谈判虽然给谈判人员带来许多便捷以及快速获利的途径,然而互联网谈判又由于它的高度非人性化而使谈判人员为追求最大利益变得越来越具有冒险性,倾向于采用对抗性很强的方式和手段,而且谈判人员常常会忽略短期利益与长期利益的平衡,凡此种种都是造成互联网谈判失败率很高的原因。因此,何时使用网络工具、如何使用互联网谈判工具是选择谈判方式时应当考虑的首要问题。

(1) 适合使用互联网谈判的情况

使用互联网进行谈判应当局限于交换信息、澄清主要问题和完善协议中的最后条款等方面。互联网还可以成为为面对面谈判进行准备的最有效方式,例如确定谈判程序、选择谈判地点、确认参与谈判的人员等。互联网还适用于重复性的订货谈判,或者不需要投入大量时间、人力和财力的小规模谈判。互联网还能为经理们提供最新的有关客户的技术要求、竞争对手的情况,以及许多及时的市场情报。企业必须清楚地了解自己的竞争对手、客户的意图,之后才有可能很好地回答客户的询问。

(2) 为互联网谈判做准备

谈判人员在通过互联网进行谈判前应认真考虑使用互联网谈判的目的和作用,因为未经认真准备的信件常常会带来误解,导致双方可能放弃寻求共同的利益,转而坚持自己的立场和观点。

谈判一方最普遍的想法就是尽快答复对方。在双方邮件往来方面,许多电子商务手册都建议在48小时内答复对方。许多经理也都将快速答复对方视为管理能力强的表现。但对于谈判人员来说,更为重要的是对往来电子邮件的认真考虑,包括评估这些邮件是否会产生长期风险和对他本人职位的影响。为避免被埋没在蜂拥而至的电子邮件中,应当由专人对邮件进行筛选,排出主次,使谈判人员知道哪些邮件需要优先考虑回答,同时谈判人员还应花一定的时间为后续谈判做好准备。

(3) 使用电子邮件宜短不宜长

使用电子邮件进行谈判时要注意内容的简洁和清晰。国外对电子邮件的研究发现,人们很少能容忍冗长的邮件。因此，谈判人员应该遵守的简单规则是：尽量把长度控制在一屏之内。

（4）将互联网谈判与面对面谈判相结合

为最大限度地从电子商务方式中获益，谈判人员应当将面对面谈判与互联网谈判两种方式相结合，因为无论电子商务有什么样的优势，一旦涉及谈判，谈判人员还是会更多地选择面对面的交流。在十分注重关系的国家，互联网谈判应当局限于交换信息，而主要的议题则通过线下谈判方式完成。由于这一原因，谈判各方都应当花时间准备完善的谈判建议和条件，以获得与对方的长期合作。

（5）互联网谈判的合作与竞争策略

从本质上讲，竞争是互联网谈判的特性。此外，互联网谈判见字不见人，因此谈判人员无法从对方的肢体语言中获取一些重要的信息。互联网谈判说到底是谈判双方或多方不断交换信息直到各方感觉满意的过程，因此电子邮件成为谈判的主要交往工具。如果在谈判中一有不愉快发生就针锋相对或者向对方下最后通牒，这些行为都不可能使双方建立长久的商业关系，只能有损于这种关系的建立。而在面对面的商务谈判中，谈判人员可以综合使用竞争与合作相结合的策略来推进谈判，良好的谈判氛围对谈判也有推动作用。

在进行互联网谈判时，在谈判开始阶段谈判各方应当避免表现的随意性，因为这样会容易导致交往中断。在谈判开始阶段，谈判人员应当尽可能地鼓励彼此分享信息，使双方通过寻求共同的解决方法来使谈判取得成功。

二、技术贸易谈判

1. 技术贸易谈判的特点

技术贸易是指技术拥有方把生产所需要的技术和有关权利通过贸易方式提供给技术需求方加以使用。它把技术按照商品一样，按商业交易的条件和方式进行有偿的转让，这是商品经济条件下技术转让的最主要方式。技术作为特殊的商品进行买卖，有以下四个特点。

（1）技术贸易多数是技术使用权的转让

由于同一技术同时可以供给众多生产企业使用，所以国际上绝大多数的技术贸易都是技术使用权的转让，技术拥有方并不会因为把技术使用权转让给他人而失去所有权。

（2）技术贸易是一个双方较长期的密切合作过程

技术贸易是知识和经验的传授，其目的是使技术受让方消化和掌握这项技术并用于生产，因此签订技术贸易合同后，履行合同一般要经过提供技术资料、技术人员培训、现场指导、技术考核、验收和继续提供改进技术等过程，这就需要技术贸易双方建立较长期的密切合作关系。

（3）技术贸易双方既是合作伙伴，又往往是竞争对手

技术出让方既想靠出售技术赚钱，又担心对方成为自己的竞争对手，因此通常不愿意把最先进的技术转让出去，或者会在转让时附加某些不合理的限制性条款。

（4）技术贸易的价格较难确定

决定技术价格的主要因素是受让方使用这项技术后所能获得的经济效益，而受让方所获得的经济效益在谈判和签订合同时往往难于准确预测，这就使确定技术转让的价格变得复杂和困难。

2. 技术贸易谈判的主要内容

在进行技术贸易谈判时应注意以下内容。

（1）确定转让技术

技术贸易谈判中首先要解决的问题就是转让的是什么技术，转让双方对转让技术内容的磋商和规定应明确具体。如果转让的是专利技术或商标使用权，应当明确转让的是哪些专利技术或商标使用权，专利技术或商标使用权的有效期有多长等。如果转让的是专有技术，则应说明是解决哪些问题的专有技术，共有多少项专有技术等。

在根据谈判双方自身的状况确定了可转让的技术或希望获得的技术后，谈判者特别是技术受让方的谈判者还应该努力与对方商谈能够反映转让技术水准的指标，并将其体现在合同中。当转让的是专有技术时更应如此，否则就难以避免合同履行过程中的纠纷。为了保障合约双方的利益，特别是技术受让方的利益，技术转让双方应当就转让该项技术所生产的产品的技术性能作出明确具体的规定，如使用寿命的长短等。

（2）技术出让方对技术受让方的许可程度

技术贸易实质上是技术出让方向技术受让方出让其技术使用权的交易，交易谈判的主要内容之一就是技术受让方将来可以如何使用获得的技术。这一问题不仅涉及技术转让费用的高低，也关系到交易双方在技术转让后的利益。在谈判过程中，应注意解决技术的使用权、制造权和销售权问题。技术的使用权指的是技术使用的产品范围，技术所能使用的产品范围越多，转让的费用就会越高；制造权指的是技术使用的组织范围，即哪一家或哪几家工厂或机构拥有使用该技术制造合同产品的权利，技术使用的厂家越多，技术转让费用就应当越多；销售权指的是利用该技术所生产的产品或服务销售的地区范围，显然，产品销售范围越广，技术转让费用也会越高。

除了上述所说的技术许可的范围外，技术许可的性质也是需要注意的方面。这里

所说的技术许可的性质指的是普通许可、独占许可、排他许可、可转让许可、交叉许可等。

（3）技术出让方传授技术的方式与途径

确保技术出让方以适当方式和途径将技术传授给受让方，是保证技术贸易顺利进行的重要条件。技术是无形的，有时双方的交易是单纯的技术转让，更多的时候则是技术转让与货物买卖，如与机器设备交易一同进行。出让方向受让方传授技术的方法主要有向对方提供有关的技术资料，向对方提供技术指导、服务及帮助对方进行人员培训等。

（4）技术贸易价格

价格也是技术贸易谈判中的重要内容，它直接影响交易双方的经济利益，并与技术贸易中的其他交易条件有着十分密切的联系。但是，由于技术贸易价格很难以成本为基础加以计算，因此技术贸易价格的谈判比货物买卖价格的谈判更为困难。谈判人员必须了解技术贸易价格的特殊性，在了解影响技术贸易价格各因素的基础上，考虑价格的构成要素，选择合适的计价方法。

1）影响技术贸易价格的因素。包括：技术的有效价值（指受让方引进某项技术并在一定环境和条件下使用后能获得的经济效益和其他效益的大小）、技术本身的水平及其受保护的程度、技术市场的竞争状况、许可的类型、计价方式、合同条件等。

2）技术贸易价格的构成。明确价格构成是进行讨价还价的前提条件。一般商品的价格通常由生产成本、流通费用、利润和税金四部分组成，而技术贸易的价格则通常由基本费用、项目设计费、技术资料费、技术服务费、技术培训费等部分组成；这些内容往往是技术贸易价格谈判的中心议题。

3）技术贸易价格的计价方法。技术贸易价格的计价方法基本可分为三种。

①统包价格。统包价格是出让方一般都希望采取的计价方法。采用这种计价方法时，一般是在合同中会规定一个明确的费用总额。在谈判过程中，出让方通常在估算技术价格各组成要素的基础上报出总价格。

②提成价格。采用提成计价方法，意味着交易双方在合同中并不明确规定受让方应向出让方支付的数额，受让方应当支付的技术转让费用根据受让方引进并使用技术后所得收益的一定比例计算。采用提成价格时，应注意提成的比例，以什么金额为基数进行提成，以及提成时间的长短。

③固定价格与提成价格相结合。采用固定价格与提成价格相结合的计价方法，即受让方应该支付的费用分两部分计算，一部分是固定的，在合同中明确具体数额且在合同生效后就要支付，也称入门费或初付费；另一部分则采用提成的办法计算。这种

计价方法是前两种计价方法的结合,既通过规定固定价格,使出让方肯定能从技术转让中获得一笔稳定的收入,又同时采用提成计价,出让方能获得的全部收益的多少要看受让方技术使用后的情况。采用这种计价方法,双方共担风险,比较合理,有助于促进交易双方在技术转让过程中密切配合。

3. 技术贸易中的支付方式谈判

支付方式的商定与技术贸易价格的计价方法密切相关。

在双方决定采用统包价格时,在支付问题上所要讨论的是:采用一次性付清方式还是分期付款方式及支付的具体时间要求等。采用一次性付清方式,付款通常安排在受让方对出让方所提供的技术资料经验收合格后。这一方式虽然手续简便,但对受让方而言风险很大,在全部技术引进费支付给出让方后,也就失去了一个督促出让方严格履约的手段,而由于在技术资料验收后即需付款,技术引进尚未产生任何收益,受让方一次性支付的经济负担也较重。若双方考虑采用分期付款方式,则需讨论整个费用分几期支付,分别必须在什么时间支付,如在协议生效后支付、技术资料交付后支付、转让的技术投入实际运用后支付、在合同产品性能保证期结束后支付等。

4. 侵权和保密谈判

专有技术是没有公开的技术秘密,一旦被公开,技术的拥有者和使用者都可能蒙受重大损失。因此,在专有技术转让谈判中,双方应对技术转让过程中保密的范围、措施及期限等达成明确的协议,包括对接触保密文件的人员的规定、双方各自对对方的保密责任及造成泄密的处罚办法等。

第二节 传统商务谈判类型

一、贸易谈判

1. 贸易谈判概述

贸易谈判作为谈判的分支,内容仅限于贸易领域,谈判目的是经济利益,但是政府间的官方谈判有时会将政治利益、意识形态或人权等问题嵌入贸易谈判中去。

贸易谈判受到外部多种因素的影响:政治环境中,保持友好关系的两国由于沟通顺畅、冲突少,贸易谈判相对会比较顺利,而与持歧视政策的国家谈判需要研究歧视政策会从哪些方面影响谈判;经济环境中,经济形势会直接影响谈判的未来效益,市场供求关系会影响双方的谈判地位;人际关系环境中,随着谈判双方不断熟悉,谈判节奏会加快,谈判氛围会更加放松;时间环境中,不同时间会让市场形势发生变化进而引起谈判价格变化,使双方利益发生变化;空间环境中,谈判分为主场和客场谈判,对环境的熟悉程度、己方的受支持程度等对谈判者的心态、战略都有影响。

贸易谈判有多种分类方法。根据主体隶属关系,可分为政府谈判、政企结合谈判和企业谈判;根据主体数量,可分为双边谈判和多边谈判;根据双方交锋方式,可分为以第一个谈判者的陈述为中心展开交锋的"以我为准式"谈判和双方清楚对方意图后再谈各自观点的"各抒己见式"谈判;根据双方利用时间的方式,可分为速决式谈判和拉锯式谈判。

谈判人员应充分利用自己的三个资源来赢得谈判:谈判力、时间和信息。谈判力是在谈判过程中掌控谈判局势和谈判对手的能力,利用己方的专业知识以及对对方需求的精确掌握来获得谈判成功。双方截止日期不同,在谈判后期面对的压力也不尽相同,时间紧迫时,谈判者容易做出让步,所以应该主动把握节奏,避免透露己方截止日期。信息是谈判人员做出决策的依据,掌握越多的信息,越有谈判力,就越可能取得成功。

谈判后对贸易谈判的效益评价有助于总结谈判经验,发现并纠正偏差,以利于后续谈判。目标实现情况、进程效率和伙伴关系是三个评价标准。

在政府谈判中,各国不一定会秉承互惠互利的原则。因为在固定汇率下的贸易谈判中,双边政府互惠互利是为了将减少进口壁垒对国际支出和就业的不利影响通过在国外实行贸易自由化来抵消;而在浮动汇率下,因为政府可以单方面自由化,通过由此产生的贬值平衡支付,刺激资源重新分配,所以没有必要互惠互利。但是在这种谈判中,互惠有助于降低贸易自由化的政治成本,因为特殊利益集团将由此获利,从而降低了通过补贴来获得支持的需要。

2. 贸易谈判特点

(1)大宗商品贸易谈判特点

大宗商品是指大批量在非零售环节交易的商品。期货交易客户主要为投资者,长期来看大宗商品价格受经济基本面影响而波动,短期而言价格受投机因素影响而波动。所以期货市场的价格可以作为现货价格的参考。现货交易客户主要进行实际生产销售。

中国在有些大宗商品谈判中有时会遇到谈判力不足的问题,虽然己方采购量大,具有谈判力基础,但由于行业集中度不高,谈判力量分散,导致采购成本过高,影响行业发展。

(2)零售品贸易谈判特点

零售品是指直接销售给终端消费者的商品,可经供应链逐级传递,也可由生产企业直接面对消费者。在生产企业和零售商的谈判过程中，具有定价领导权的一方利润较高。

直接面向消费者（DTC）模式剔除了中间商，这减少了零售品贸易谈判，成为现在的新趋势。这种模式目前在服装业和鞋业领域运用较多，制造商通过自有品牌直接与客户取得联系，可以实现利润最大化。

（3）线上交易谈判特点

线上交易指通过互联网进行的交易，通过计算机等终端沟通，而不是面对面进行贸易谈判。线上交易，尤其是在国际谈判环境中因为缺少环境因素和多采用文字沟通，共情和情绪沟通变得困难，不利于共赢战略的实现。男性在线下谈判相对会更倾向合作，线上则倾向竞争；女性在两种情况中均倾向合作。

信用评估体系的建立可以减少线上交易风险，提高交易效率，促进跨境谈判的可持续发展。

（4）补偿贸易谈判特点

补偿贸易是指买方通过信贷，进口外方的生产设备和原材料，进行加工生产返销。补偿贸易具有内容复杂、持续时间长的特点，在贸易谈判中应注意：

1）引进符合中长期市场需求，同时匹配己方操作人员实际操作水平的先进实用技术。

2）返销产品需明确责任，防止因市场变化对方不愿购买返销产品。

3）灵活使用支付方式，降低风险，同时明确双方责任，制定违约处罚条款。

（5）知识产权贸易谈判特点

知识产权贸易包括许可和转让等。知识产权保护问题因为涉及利益广泛，在国际贸易谈判中常常作为重要议题。发达国家希望增加发展中国家对知识产权保护的力度，以此来深化发展中国家私有化进程。同时，加强知识产权保护可以降低政府控制的程度，使市场向更加纯粹的市场经济迈进，但是这可能会造成社会福利的损失。各国在国际知识产权法律体系建设中的谈判力悬殊，发达国家会利用优势使法律倾向于保护他们的利益，但发展中国家可以通过结成联盟获得一些议价能力。

（6）服务外包贸易谈判特点

对于跨国企业而言，在不完全合同下，其与接包方的贸易谈判成本及合同执行成本会对企业的生产价值链匹配方式产生影响。当服务提供商希望承包外包生产时，应通过透明企业信息来降低谈判成本，从而使跨国公司生产转移。

3. 货物贸易谈判要点

货物贸易谈判是商务谈判中最常见的类型，它不仅大量出现在传统的贸易形式中，也出现在工程承包、国际租赁、国际直接投资等商务活动的谈判中。货物贸易特别是大宗买卖和买卖双方之间的初次合作通常都需要通过面谈来明确各自在贸易中应当承担的义务、责任和可以享受的权利。与其他一些商务谈判相比，货物贸易谈判相对较为简单，而且大多数货物贸易都有规范通行的技术标准，大量交易均是重复性交易。货物贸易的交易条件一般包括商品的品质、数量、包装、价格以及支付、装运、保险、索赔、仲裁及不可抗力等，货物贸易谈判中有关购销双方权利和义务的划分即围绕这些内容（谈判议题）而展开。

（1）商品（货物）品质谈判

商品的品质是指商品的内在质量及外观形态。品质优劣关系到买方需求能否得到满足，关系到卖方为提供一定数量商品所花费的成本多少，进而关系到买方的出价和卖方的要价。品质谈判的任务是买卖双方就交易商品的品质作出约定。具体地说，有关的品质谈判主要是解决以何种品质的标的物成交及选用何种方式表示标的物的品质等问题。一般情况下，在有关品质问题的谈判中，商务谈判师应注意以下两方面问题。

1）商品的品质通常与价格成正比。买方参与谈判时不应片面追求高品质，卖方参与谈判时则不应片面追求降低品质标准。买卖双方应分别从各自的支付能力、实际需要及生产能力出发，商定合适的品质指标。

2）根据商品特点及交易惯例，选择合适的品质表示方法，如"凭样品""凭规格、等级标准""凭牌名或商标""凭说明书和图样"等。在表示商品品质时，还应就表示方法本身作出说明，如"凭标准买卖"中的标准类型及其版本年份，"凭样品"中的样品编号及寄送日期等，避免因理解差异而带来纠纷。对某些商品品质的规定应有一定的灵活性，应确保品质说明的科学性和严密性，避免因品质规定不当而引起合同履行时的纠纷。规定品质机动幅度，允许卖方所提供商品的品质指标有一定幅度的机动空间，是灵活制定品质指标的一种常用办法。

（2）商品数量谈判

交易数量的多少直接关系到谈判各方的购销任务能否完成。由于成交量的大小关系到买卖双方的风险负担、买方所要承受的利息负担和卖方所要支出的生产经营费用，因此交易数量的大小还直接关系到成交价格的高低。在有关数量问题的谈判中，应当注意以下几点。

1）应根据商品特性和行业习惯，正确选用计量单位和度量衡制度。

2）除少数商品的重量是按公量或理论重量计算外，按重量成交的商品一般应注意是按毛重还是按净重计算。

3）在出口合同中一般都应订立溢短装条款，以免在交货时发生困难。溢短装条款中应包含溢短装的幅度、溢短装部分应如何计算等内容。

（3）商品包装谈判

包装有助于实现商品的价值和使用价值，它也是实现商品价值增值的重要手段。在贸易过程中，除少数商品如散装货、裸装货的运输、装卸及销售不需要包装外，绝大多数商品均需要包装。

根据作用的不同，包装可分为运输包装和销售包装两大类，也称外包装与内包装。针对包装问题，在谈判过程中，谈判人员应在熟悉包装知识、了解有关国家或地区对包装的偏好及规定的基础上，综合考虑包装效用和包装费用，注意解决以下几个问题。

1）包装材料。即使用何种材料作为包装物。在包装材料方面，各国都有很多具体规定。有些国家会对使用玻璃、陶瓷等材料制作的包装容器严格限制进口或课以重税；中国出口商品包装不准用旧报纸之类物品作为衬垫物；美国、日本、加拿大等国家则禁用稻草、干草做包装衬垫。所以作为卖方，包装材料的选择应考虑买方的要求、商品的保护和价值增值等方面，但在谈判的过程中，对买方提出的一时还不能办到的包装要求，则不应轻易接受，以免因为包装达不到要求而引起对方拒收货物。作为买方，在提出对包装材料的要求时，应当考虑对商品的保护，考虑使用或销售的方便以及包装成本等。

2）包装形式。即采用单位包装还是集合包装，便于识别类包装、便于陈列展销类包装还是便于使用的包装，中性包装还是定牌包装等。关于这方面，买卖双方可视己方需要而向对方提出要求。

3）包装标志和标签内容。包装标志一般是指在包装外部书写、压印、刷制的图形、文字和数字，按其用途可分为运输标志和指示性、警告性标志两种。一般而言，各国均颁布了有关规定，明确有关的指示性、警告性标志，如中国政府颁布了《包装储运图示标志》和《危险货物包装标志》；国际海事组织对危险货物也特别规定了《国际海运危险货物规则》等。按照国际惯例，运输标志一般由卖方设计确定，但若买方有特定要求，也可通过谈判解决。

标签内容及内包装的图案、色彩等也是谈判时需要解决的问题之一。作为卖方，除了要熟知买方当地市场的包装行情外，还需了解买方所在地消费者对包装的偏好状况以及当地政府对标签内容的有关规定。在国际商务谈判中尤其要注意这一点。举例来说，近年来，大多数国家对药物、食品等商品均制定了标签管理条款，有关国家还以此类严格的条款作为其限制国外产品进口的手段。如瑞士纺织协会规定，衬衣的衣领上必须有关于洗涤、熨烫的图示，否则就不许进入市场。

和有关交易数量、品质等问题的谈判一样，除非交易双方对具体内容事先已获得一致看法或通过长期交往已取得了共识，否则不应使用含义模糊的包装条款，如"习惯包装""适合海运包装"等。

（4）商品价格谈判

价格谈判一般是商业谈判中最关键的一环。在商务谈判中，买卖双方的利益冲突在于，买方总是希望以最低的价格买到最好的商品，而卖方则希望以最高的价格将自己的商品卖出。因此，谈判者在报价时不仅要考虑按此报价所能获得的利益，还要考虑该报价能否被接受，即报价成功的概率。报价决策的基本原则是，通过反复比较和权衡设法找出报价者所得利益与该报价被接受的成功率之间的最佳结合点。

一般来说，商品的价格随着几种因素上下波动，其中包括供求关系、商品的平均成本和平均利润。商品的市场行情可以通过市场调研、官方公布的消费价格指数和其他途径获得。谈判一方可以根据对某种商品的市场了解提出自己的报价，同时也可以预测对方的报价。

1）成本分析。如果买方在购入设备时（如购入固定设备）是一次性付清全部货款，或者买方正在订购大批货物并在今后很长的一段时期内分期交货，或者打算订购大宗货物时，买方应认真分析卖方的成本结构，然后再与卖方进行价格谈判。如果买方能够对成本会计工作略知一二，在同卖方讨价还价时便可以获得额外的优势，因为会计工作解释了卖方所供商品的成本结构是怎样构成的。

卖方为产品定价时，会考虑两种成本，即可变成本和固定成本。可变成本一般包括原材料价格和劳动力价格，此外还有其他的一些可变成本项目。固定成本是指那些卖方即使不生产产品也必须支出的成本。

买方应该更多地关注固定成本，因为固定成本又细分为两类：第一类是计划设定费用和生产费用，包括建厂和引进设备的费用、工资、保险费、折旧、为透支支付的利息等。第二类是营销费用和分销费用，主要包括销售人员的工资，还有支付零售商的费用。为了在和卖方讨价还价时获得更多优势，买方应仔细研究第二类固定成本，即营销费用和分销费用。在这类费用中，很大一部分是卖方为了获得零售商的支持而支付的。对于买方，很重要的一点就是要认识到支持零售商的这笔支出是生产成本结构中的一部分。从会计学的角度来看，这笔费用属于沉默成本，也就是说，这笔费用在决定预算时就已经根据预测的销售额计入了成本中，这是很重要的一点。获取零售商支持的资金计入成本结构中，目的是用于资助零售商进行促销活动。这笔资金计入成本是为了支持所有的零售商而不是单独某一个零售商。这笔资金不是出自卖方的利润，而是在计算利润之前便计入了商品的成本结构中。需要注意的是，支持零售商的资金是按百分比拨付的，并包括在批发价之中。

2）成本比较。如果买方不得不在较短的时间内对金额较小的多笔交易进行谈判，那么成本比较法是很实用的。因为在这样的情况下，如果每一种商品的交易金额在总体的费用中都占很小的比例，那么对于买方来说对每种商品交易均进行广泛的调查分析就没必要了。成本分析的目的不在于对卖方的成本进行精确的分析，而在于分析构成卖方报价成本的主要组成部分，对这些部分的了解能使买方对卖方的报价作出更明智的判断。

尽管可以直接获得一些成本比较所必需的信息，但总的来说搜集这些信息还是需要花费相当的时间。每个国家都对建立和使用资料信息库作出了不同的规定，在一些情况下，可以通过政府渠道如政府公布的统计数据或政府报告等进行收集，获得相关产品的信息。如果这些信息来自公布的统计数据，那么必须对这些信息进行一定的处理后才可以使用。如果信息来自政府报告，则可以直接使用。

根据信息进行成本比较的目的，就是为了更深入地理解成本项目间的相互关系。在此基础上从行业渠道搜集的信息可以起到补充作用。一个寻找买方的卖方必须回答的一个基本的问题就是：成本是怎样确定的，或者构成全部成本的主要成本项目是什么？当很多卖方都被问到这类问题时，成本的构成格局便形成了。

（5）收付货款的谈判

货款的收付是货物贸易中的重要问题。在不同支付条件下，尽管表面支付的价格总额不变，但买方的实际支出及卖方的实际收入却可能有很大的差异。因此，谈判各方均应结合其他各项交易条件，争取对自身有利的支付条件。收付货款的谈判主要涉及以下内容。

1）支付工具。货物贸易中货款收付分为现金结算和非现金结算两种，大多数货物贸易会采用非现金结算，使用票据是在采用非现金结算时的通行方法。票据是一种信贷工具，交易双方应就使用何种票据如汇票、本票或支票等达成协议。

2）支付方式。国际贸易中的支付方式主要有汇付、托收和信用证三种。每种方式又可分为多种具体形式，如汇付可分为信汇、电汇、票汇；信用证可分为可撤销信用证与不可撤销信用证、跟单信用证与光票信用证、即期信用证与远期信用证、保兑信用证与不保兑信用证等。不同支付方式给买卖双方带来的收益和风险也都不同。采用信用证的方式，卖方的利益会得到银行信用的保护；采用托收方式，托收货款能否足额、及时地收到，则主要取决于买方的商业信用。在不同支付方式下，交易双方的实际利益也会有一定的差异，所以谈判人员应根据谈判过程中双方的实力对比，根据贸易惯例及对方的资信状况等，选择合适的支付方式。

3）支付时间。支付时间的早晚影响到买卖双方的实际利益和风险分担状况。付款时间提前，对卖方而言，风险消除，资金周转速度加快，实际利益增加；对买方而言，筹措资金的难度增加，对卖方的制约能力削弱，利益上也会受到一定的损失。鉴于支付时间的重要性，交易各方的谈判人员应根据各自企业的资金周转状况，商定明确具体的支付时间，以免因支付时间不明确而留下后患。

（6）货币使用谈判

在国际商务谈判中，一个与价格谈判最直接相关的问题就是货币选择问题。采用哪个国家的货币，以什么汇率定价，这些对于谈判双方都是至关重要的问题。从事国际商务谈判的人员有必要了解货币市场如何影响谈判底线，并在谈判之前熟悉所面临的各种选择。

在与国外商业合作伙伴谈判时，凡是涉及外币的国际交易协议一般都面临两个问题：一是浮动汇率风险，二是不易兑换的外国货币。

1）浮动汇率风险。与本币相比，浮动的可兑换外币相对于其价值来说会呈现出特殊的风险。货币价值会由于各种各样的原因产生波动。在谈判双方的协议签订和最终支付的这段时间内，一方很可能因汇率波动导致回收的资金少于协议规定，或者支付比预期更多的资金。

2）不易兑换的外国货币。另一个需要谈判人员思考的货币问题就是遇到不易兑换的外国货币时要如何处理。出现这个问题的原因，一是这个国家的政局不稳定；二是这个国家的政府采取了从紧的外汇政策，即国家限制企业和居民利用外汇市场的能力。政府通过一系列"外汇管制"政策，控制本币和外币流入或流出本国市场；另外一些国家准许他们的货币部分可兑换，因此这些货币只能在特定的交易中实现兑换；还有些国家的居民即使拥有很少的外汇也会被视作一种犯罪行为。

（7）商品装运和交接的谈判

根据合同交付货物是卖方的基本义务，但只有在合同中就商品的装运和交接问题做出明确规定时，在这个问题上双方的利益才能得到切实的保护。

1）运输方式。商品的交接必须借助空间的转移来实现。不同运输方式在运输速度、灵活程度、运输容量、运输费用等方面都有很大的差异。双方应根据时间要求及运输成本等，选择合适的运输方式，如采用海洋运输、铁路运输、公路运输、航空运输或联合运输等。

在实际经济活动中，许多合同纠纷均起因于装运和交接货物的时间规定得比较模糊。为了尽可能避免纠纷，谈判人员应在切实可行的基础上，力求把装运时间订得明确合理，不使用"立即装运""尽速装运"等容易引起纠纷的笼统措辞。

2）装运地和目的地。装运地和目的地的选择关系到运费及结算价格的高低，同时也与交易各方所承担的责任有关。一般情况下,为便于卖方安排装运,装运地通常由卖方在谈判中提出,经买方同意后确定;为了满足买方接受或转售货物的需要,目的地则一般由买方提出,经卖方同意后确定。装运地和目的地的商定既应考虑谈判各方的实际需要,又要考虑各方面的条件。地点规定必须明确具体,谨防不同地区同名引起合同履行时的麻烦。

除了以上几方面外,货物贸易谈判还包括商品的检验、某些自然力量或社会力量引起的突发事件造成的损失(不可抗力)、索赔与仲裁等议题。

二、企业并购谈判

改革开放以来,特别是20世纪90年代后,我国经济高速发展,人们生活的消费需求大幅提升,投资贸易蓬勃发展,企业不再以制造商品和着力营销作为发展之道,而是通过并购实现优质资源整合、占领市场份额、扩大品牌影响力等目标,在这一过程中资本贸易发挥了重要作用。近年来,无论对于国内还是国际市场,并购交易都在扮演越来越重要的角色,其重要性在资本市场上尤其凸显。

1. 企业并购的含义和特点

企业并购一般是指兼并(merger)和收购(acquisition)。兼并又称吸收合并,指两家或者更多的独立企业合并组成一家企业,通常由一家占优势的企业吸收一家或者多家企业。收购指一家企业用现金或者有价证券购买另一家企业的股票或者资产,以获得对该企业全部资产或者某项资产的所有权,或获得对该企业的控制权。

(1)兼并与收购的共同点

1)交易对象相同,都是以企业产权为交易对象。

2)交易行为相同,本质上都是企业产权的有偿转让。

3)基本动因相似,都是为了扩大经营规模或提高市场占有率。

(2)兼并与收购的不同点

1)被兼并的企业法人实体不复存在,但被收购的企业法人实体仍然存在。

2)兼并后的企业股东成为新企业的所有者和债权债务承担者;收购企业的原股东以收购出资额为限,成为被收购企业的新股东。

3)被兼并企业一般财务状况不佳、生产停滞,被收购企业一般经营稳定。

2. 企业并购的本质

企业并购的本质是一种权利让渡行为。并购活动是在一定财产权利制度和企业制度条件下进行的。在并购过程中,某一部分权利主体通过出让所拥有的对企业的控制权而获得相应的收益,另一部分权利主体则通过付出一定代价而获取这部分控制权。

3. 企业并购的动因

（1）扩大生产经营规模，降低成本费用

通过并购，企业规模得到扩大，能够形成有效的规模效应。规模效应能够带来资源的充分利用，资源的充分整合，降低管理、原料采购、生产等各个环节的成本，从而降低总成本。

（2）提高市场份额，提升行业战略地位

规模大的企业，伴随生产力的提高、销售网络的完善，市场份额将会有比较大的提高，从而确立企业在行业中的领导地位。

（3）取得充足廉价的生产原料和劳动力，增强企业的竞争力

通过并购实现企业的规模扩大，成为原料的主要客户，能够大大增强企业的谈判能力，从而为企业获得廉价的生产原料提供可能。同时，高效的管理、人力资源的充分利用和企业的知名度都有助于企业降低劳动力成本，从而提高企业的整体竞争力。

（4）实施品牌经营战略，提高企业的知名度，以获取超额利润

品牌是价值的动力，同样的产品，甚至是同样的质量，名牌产品的价值远远高于普通产品。并购能够有效提高品牌知名度，提高企业产品的附加值，获得更多的利润。

并购活动并购的不仅是企业的资产，同时也获得了被并购企业的人力资源、管理资源、技术资源、销售资源等。这些都有助于企业整体竞争力的提高，对企业发展战略的实现有很大帮助。

（5）通过并购跨入新的行业，实施多元化战略，分散投资风险

这种情况出现在混合并购模式中。随着行业竞争的加剧，企业通过对其他行业的投资，不但能有效扩充企业的经营范围，获取更广泛的市场和利润，而且能够分散本行业竞争带来的风险。

4. 企业并购的类型

企业并购类型主要分三种，见表6-1。

表6-1　　　　　　　　　　　　三种企业并购类型

类型	特点	各主体之间关系	并购目的
横向并购	企业在同一行业内的并购	同行业内企业与企业之间的关系	扩大产业规模，提高市场份额
纵向并购	发生在同一产业的上下游之间的并购	供应商和需求商之间的关系	减少交易费用，市场内部化
混合并购	发生在不同行业的企业之间的并购	分属不同行业	分散风险，寻求范围经济

（1）横向并购

横向并购的基本特征就是企业在国际范围内的横向一体化。近年来，受全球性的行业重组浪潮影响，结合我国各行业实际发展需要，加上我国国家政策及法律对横向重组的支持，行业横向并购的发展十分迅速。

（2）纵向并购

纵向并购是发生在同一产业的上下游之间的并购。纵向并购的企业之间不是直接的竞争关系，而是供应商和需求商之间的关系。因此，纵向并购的基本特征是企业在市场整体范围内的纵向一体化。

（3）混合并购

混合并购是发生在不同行业的企业之间的并购。从理论上看，混合并购的基本目的在于分散风险，寻求范围经济。在面临激烈竞争的情况下，我国各行各业的企业都不同程度地想到多元化经营。混合并购就是多元化经营的一个重要方法，为企业进入其他行业提供了便捷、低风险的途径。

上述三种并购活动在我国的发展情况各不相同。目前，我国企业基本摆脱了盲目多元化的思想，更多的发展是横向并购。数据显示，横向并购在我国并购活动中的占比始终在50%左右。横向并购毫无疑问是对行业发展影响最直接的。混合并购在一定程度上也有所发展，主要发生在实力较强的企业中，相当一部分混合并购情况较多的行业都有着比较好的效益，但发展前景并不明朗。纵向并购在我国比较不成熟，基本都在钢铁、石油等能源与基础工业行业。这些行业的原料成本对行业效益有很大影响，因此纵向并购已成为企业强化业务的有效途径。

5. 企业并购的战略与原则

（1）并购战略

并购战略指并购的目的及该目的的实现途径，内容包括确定并购目的、选择并购对象等。

并购战略应当放在并购方的中长期商业、投资计划中来考量。有的并购（特别是大型的并购）本身就是并购方中长期商业、投资计划的一部分；有的并购（如小型的并购）并不一定见诸于某个商业、投资计划，只是计划实施过程中的一个偶发交易而已。但是它们都是为了充分实施、完成企业的中长期发展计划，进而完成企业的终极目标：盈利。一个好的并购战略能够让企业尽可能快、尽可能多地盈利，而一个差的并购战略起到的效果将适得其反。

（2）并购原则

1）并购方必须能为被并购方做贡献。并购方只有彻底考虑了能够为被并购方做出什么贡献,而不是被并购方能为并购方做出什么贡献时,并购才可能会成功。并购方对被并购方的贡献可以是多种多样的,包括提高被并购方的技术、管理和销售能力等,而不仅是资金贡献。

2)企业要想通过并购来开展多种经营,并购方与被并购方在文化上要能够整合,要有共同的文化基础,至少要有一定的联系。

3)并购必须是情投意合的,并购方必须尊重被并购方的员工、产品、市场和消费者。

4)并购方必须能够为被并购方提供高层管理人员,帮助被并购方改善管理。

5)在并购完成的第一年之内,要让双方的管理人员大部分都得到晋升,使双方的管理人员都相信,并购能给企业带来机会。

6. 企业并购的一般程序

(1)前期准备阶段

企业根据发展战略的要求制定并购策略,初步勾画出拟并购的目标企业的轮廓,如所属行业、资产规模、生产能力、技术水平、市场占有率等,据此进行目标企业的市场搜寻,捕捉并购对象,并对目标企业进行初步的比较。

(2)方案设计阶段

方案设计阶段就是根据评价结果,限定条件(最高支付成本、支付方式等)及目标企业意图,对各种资料进行深入分析,统筹考虑,设计数种并购方案,包括并购范围(如资产、债务、契约、客户等),并购程序,支付成本,支付方式,融资方式,税务安排,会计处理等。通过分析、甄选、修改并购方案,最后确定具体可行的并购方案。

(3)谈判签约阶段

并购方案确定后应以此为核心内容制成并购建议书或意向书,作为与对方谈判的基础。若并购方案设计将买卖双方利益拉得很近,则双方可能进入谈判签约阶段;若并购方案设计远离对方要求,则会被拒绝,并购活动又重新回到起点。

(4)接管整合阶段

双方签约后,进行接管并在业务、人员、技术等方面进行整合。并购后的整合是并购程序的最后环节,也是决定并购是否成功的重要环节。

7. 企业并购谈判要点

(1)资产并购谈判要点

资产并购的谈判要点包括转让资产的范围、资产的质量标准、单价、计价方法、总价格,资产的盘点移交,资产转让价款的支付,员工安置,权属证书及其他相关文

件的移交，董事会和股东会的批准程序、法律要求的其他批准程序（如有），税款清结，保密条款等。

（2）股权并购谈判要点

股权并购的谈判要点包括资产业务是否需要剥离，转让股权占公司注册资本的比例，转让股权价格、计价方法、支付方式，债务的赔偿责任，公司董事会、监事会、管理团队的设置、职权、产生办法和议事规则，公司董事长、总经理、监事会主席、财务总监、法定代表人的产生办法，公司产品的品牌及主要技术来源，董事会和股东会的批准程序、法律要求的其他批准程序（如有），税款清结，保密条款等。

8. 企业并购谈判的战术

谈判的战术目标是用最小的代价获取最大的利益。谈判的战术因谈判的目的、人员、战况的不同而不同，没有严格的规定。

一般来说，当双方都想用最小的代价来获取其最大的利益时，双方就会产生利益冲突，而解决利益冲突的方法之一就是妥协，通过共同的妥协来达成一个共赢的解决方案。当然，绝对的共赢是不存在的，为了通过谈判达成一个对己方更有利的解决方案，谈判双方必须做到以下几点。

（1）组成谈判团队

谈判团队不管人数多少应当满足三个功能：

1）团队中应当有人熟悉己方的业务和经营状况，了解己方的谈判目标和底线，并有权在底线之上拍板。

2）团队中应当有人熟悉财务并对财务问题能够及时做出判断。

3）团队中应当有人了解法律并能就法律问题提出建议和解决方案，原则上做尽责调查的法律团队应当参加谈判。

一个好的谈判团队成员，尤其是团队领导应当具备四种素质：好的道德品格修养、必要的知识结构、充分的谈判能力和技术、让他人感到信赖的气质性格。

团队领导应当做好内部分工，制订谈判计划，作为主谈人员引导谈判的进程和步骤，对让步的幅度做出决策，做好与本方上级的请示与汇报。其他谈判人员应做好自己的分内工作，及时发现问题并以合适的方式告诉己方的主谈人员。

（2）协商和沟通

无论谈判人员的谈判风格是强势的还是温和的，协商和沟通都是谈判的核心过程。换言之，在谈判中应当注意商业礼仪，倾听和耐心是关键，切忌把谈判变成一场辩论会。

有的谈判耗时会非常长，导致谈判人员的体力消耗很大，容易劳累、出错，有时甚至会导致情绪失控。因此，参加谈判的人员一方面应当有坚韧的性格，另一方面也要注意谈判的节奏，做到劳逸结合。

（3）注意文化差异

协商和沟通还要考虑文化差异，以减少不必要的摩擦和误解。及时协商和沟通是打破僵局的好办法。只要是谈判，就可能出现僵局。出现僵局后，谈判各方在内部要进行协商和沟通，必要时要与自己的上级及时协商与沟通。当然不是所有的僵局都能解决，就如不是所有的谈判都能圆满完成，如果在充分协商和沟通后，还存在不能解决的僵局，那么双方都能从情感上充分地理解对方的立场和彼此的分歧所在，这时即使双方不能通过谈判达成一致意见也不存在因为误解而不能合作的遗憾。

9. 增资并购谈判

增资并购谈判的要点包括投资公司的持股比例，投资公司的出资和目标公司股东原始出资的比价，公司的或然负债问题，修改目标公司章程，公司董事会、监事会、管理团队的设置、职权、产生办法和议事规则，公司董事长、总经理、监事会主席、财务总监、法定代表人的产生办法，投资公司的品牌权利，公司产品的品牌及主要技术来源，董事会和股东会的批准程序、法律要求的其他批准程序，税款清结，保密条款，员工安置等。

（1）投资公司的持股比例

投资公司对目标公司的持股比例是增资并购谈判的一项重要内容，因为投资公司对目标公司的增资不仅是满足目标公司对资金的需求，更重要的是通过增资实现对目标公司的控制。如果增资后投资公司不能控制目标公司，只是目标公司的一个小股东，那么从原则上来说就不是企业并购，而是一般意义上的投资。投资公司应当在谈判中与目标公司的股东或股东代表就增资后投资公司持有目标公司的股份比例协商一致，并将其载入增资协议中。

（2）投资公司的投资额

在投资公司的持股比例确定之后，需要确定投资公司的投资额。这个问题不仅是增资并购谈判的重要内容，也是增资并购谈判的难点问题。从理论上说，目标公司已经成立并开展经营，无论是经营得好，还是经营得不好，由于资本的价值积累功能，投资公司的增资出资都不可能与目标公司股东的出资等值对价，也就是说投资公司对目标公司出资1元钱所获得的对目标公司的股权与目标公司其他股东原始出资的1元钱所获得的对目标公司的股权不可能相等。投资公司要想获得与目标公司原股东相同的股份，其出资额可能高于目标公司原股东的原始出资额，也可能等于目标公司原股东的原始出资额，但不能低于目标公司原股东的原始出资额。

那么，如何确定投资公司的出资与目标公司股东原始出资的比价呢？（或者说在确定了投资公司在增资后持有目标公司的股权比例后，如何计算投资公司的出资额呢？）可以参考以下步骤：

1）在披露调查的基础上，协商确定目标公司全体股东对目标公司拥有的权益额，或者说通过协商拟制一个目标公司原全体股东全部股权的转让价格。

2）用上述确定的价格除以目标公司的注册资本额，求出目标公司股东原始出资的溢价率。

3）计算投资公司增加的实收资本额。

4）计算投资公司的出资额（增加的实收资本额 × 溢价率）。

（3）对亏损的公司的增资并购

上述讨论假定了交易双方协商拟定的目标公司全体股东股权转让价格大于目标公司的注册资本总额，但在实务中还可能会遇到相反的情况，在目标公司有亏损未弥补的情况下，就会出现目标公司全部股权的作价额小于目标公司注册资本额的情况，在这种情况下就要考虑能否对这样的目标公司进行增资并购，或者如何进行增资并购。

根据上市公司增发股份的有关规定，目标公司不盈利是不能增发股票的，股票可以平价发售或溢价发售，但不可以折价发售。显然，如果目标公司是上市公司，在公司股东权益小于公司实收资本的情况下，是无法对其进行增资并购的。但是如果目标公司不是上市公司，而是有限责任公司，在其股东权益小于实收资本的情况下，能否对其进行增资并购，法律尚没有相关规定。

（4）增资后目标公司的注册资本

从上述分析中可以知道，在目标公司全体股东股权作价额大于其注册资本的情况下，投资公司对目标公司的投入不能全部确认为实收资本，因为这样就会打破双方事先约定的持股比例。只有在目标公司全部股权的作价额等于其注册资本的情况下，投资公司对目标公司的投入才能全部进入实收资本。比如，目标公司注册资本500万元，经双方协商全部股权作价1 000万元，投资公司持有增资后目标公司50%的股权，那么投资公司对目标公司的全部投资就必须是1 000万元。在这种情况下，投资公司投入的1 000万元应当有500万元计入实收资本，500万元计入公司的资本公积。这样增资后的目标公司注册资本总额1 000万元，增资前公司的股东和投资公司各占50%。在增资并购的情况下，一方持有的是资本，另一方投入的是货币，货币必须与资本按照约定的比例进行配伍，而不能像合并并购那样，将参加合并的各公司注册资本合并后按照事先商定的比例重新分配。

（5）投资公司的出资期限

增资并购需要投资公司与目标公司股东商定增资后，根据各方在公司中所持股份的比例，以及目标公司股东股权的作价额确定投资公司的增资出资额。而针对投资公司的增资出资额，双方需要商定出资期限和出资方式。从股权并购的实践看，在增资并购的情况下，由于部分股东（目标公司的存续股东）的出资早已经到位，且目标公司的经营正缺少现金，所以虽然法律允许投资公司在2年内完成增资出资，但绝大多数增资并购中投资公司都一次出资到位或者在较短时间内出资全部到位，很少会像公司设立时那样把出资时间拖得较长。

（6）投资公司的出资方式

投资公司的出资方式也是双方谈判的要点之一。从增资并购实践来看，除目标公司有特别需要外，投资公司非货币出资的比较少。目标公司的特别需要包括土地使用权、专利技术等，在目标公司有特殊需要的情况下，目标公司同意投资公司对本公司进行增资，就是看中了投资公司手中的特殊资源。

（7）投资公司的非货币资产出资作价

如果投资公司是用非货币资产出资，还会涉及出资资产的作价问题。虽然法律规定非货币资产出资必须经评估后才能验资，但是投资公司和目标公司的股东必须都同意评估的结果，或者说需要双方对投资公司出资资产的作价达成一致。投资公司的非货币资产出资如果作价高了，不仅违反《公司法》的规定，侵害债权人的利益，也会直接侵害目标公司股东的利益。

（8）目标公司章程的修改

在投资公司对目标公司进行增资并购的情况下，需要对目标公司的章程进行修改，修改的内容不仅包括公司股东人数、注册资本额，还包括公司董事会、监事会、总经理以及其他高级管理人员的产生办法以及其他内容。对目标公司章程的修改关系到投资公司对目标公司的控制权以及能否顺利实现对目标公司的整合，因此，这个内容必须是双方谈判要解决的要点问题。

10. 跨国并购谈判

（1）影响跨国并购谈判的因素

1）沟通差异。沟通是影响谈判过程的因素中极其重要的一个，沟通媒介选择、员工间沟通渠道建立与否、是否发布并购预告等决策都会对谈判结果产生一定影响。瑞典的Telia公司和挪威的Telenor公司同为电信运营巨头，尽管二者在国家文化和语言上十分相像，但其并购活动仍然由于沟通策略制定不当而失败。

面对面谈判相较于电话会议更能够促进谈判人员拉近关系，实现情感共鸣，但是，当谈判压力较大时，只通过声音沟通可以减少谈判过程中的不稳定因素。信息交换量的大小对并购方和被并购方的影响不同，并购方对被并购方的了解越充分，从谈判中获取最大利益的概率也就越大，而对于被并购方而言，过多地暴露信息会导致企业价值下降，如何协商使双方利益实现最优也是在沟通中十分关键的一个问题。在知识密集型产业中，谈判过程的延长可以减缓谈判阶段的发展，从而使谈判双方可以在没有时间压力的情况下更好、更全面地共享信息，但在矿产企业中这一因素的影响截然不同，谈判过程的延长会增加矿产资源价格变动的可能，这将会大大增加谈判进行的难度。

2）国家文化差异。国家文化差异的影响在商业学和心理学上都有大量的实证研究。学者们认为，文化机构为谈判提供了语境，而文化本身则决定了谈判的模式，这也就意味着不同文化下的谈判具有不同的谈判风格。大体上来说，不同的文化除了对谈判过程和阶段有所影响外，还会影响谈判见解、谈判行为、冲突解决策略、共同利益选择等多个方面。

近期一项在 33 个国家内开展的研究解释了"紧密文化"与"松散文化"之间的差异。受"紧密文化"（即所谓的"人情味不浓"）影响的国家十分重视社会规范，难以容忍越轨行为，而"松散文化"的社会规范性较弱，对某些不痛不痒的越轨行为并不太在意，这样的差异会使双方对于彼此在企业合并后未来操作上的尺度都不甚满意（此处无意于比较两种文化间的优劣，仅为了展示一种文化差异对谈判结果的影响）。因此，在跨国并购的背景下进行谈判，要求被并购方不仅要积极融入并购方的当地传统和礼仪中，更需要了解由国家文化所塑造的深层次、微妙的治理和决策过程。而对于并购方来说，国家文化差异同样重要，研究表明，国家文化差异在影响并购方对被并购方的认知方面发挥着重要作用，对交易谈判意义重大。

3）企业文化差异。上文中提及瑞典的 Telia 公司和挪威的 Telenor 公司的并购活动失败，不仅体现了沟通差异对于谈判的影响，还反映出即使在国家文化差异较小的企业间，仍然存在阻碍谈判进行的因素，这一因素便是企业文化差异。企业文化差异（也叫组织文化差异）和包含在其中的人为因素对并购过程的影响是复杂的，而且在不同的行业部门其效果不同。2010 年由 Sarala 带队指导的一项研究实证检验了组织文化留存、多元文化主义和合作伙伴吸引力对并购后冲突的影响。结果表明，组织文化差异和组织文化留存会增加冲突，也就是说组织文化差异同样对谈判过程产生负面影响。所以在跨境并购中，企业需要严密制定前期策略，在与潜在合作伙伴共享信息的同时，获取被并购方企业文化的相关信息，从而增加双方达成共识的机会。这就要求并购方积极倾听被并购方的担忧和其企业限制，然后根据其企业文化特征提出具有说服力的论据，构建出一个令对方信服的框架。

4）员工保留计划差异。组织整合在并购交易发生后扮演着重要的角色。组织整合，即参与并购的公司之间的互动和协调。尽管培训、沟通等人力资源操作对组织整合有积极作用，但目前仍然没有明确的最佳办法来应对跨国并购中的跨文化冲突情况，所以这势必会牵扯到员工保留计划的调整。韦伯和塔巴认为，并购方必须在并购后的组织整合阶段合理调整人力资源，这关系到未来合并公司能否顺利发展。

在谈判过程中建立信任关系是至关重要的，这关系到谈判后的整合阶段能否顺利进行。当并购方所认为的价值是通过利用被并购方的人力资本产生时，整个并购活动的核心就是避免关键员工的流失。除此之外，合理的员工保留计划不仅可以降低被并购方的高层决策人员对于并购的抵触情绪，还可以缓解普通员工对工作环境改变和对谈判结果的不安感，而这些都会影响到合并的效果。一项关于合资企业谈判的研究发现，对合作伙伴之间关系的满意度是衡量谈判结果最合适的指标。这指出了情感在跨文化谈判中具有影响谈判过程的性质，可以塑造跨文化并购谈判过程的动态性，这一点支撑了员工保留计划的关键性，因为多数情况下员工保留计划是通过达成情感共鸣影响跨国并购谈判的进程，从而提高协商过程并行阶段的效率的。

（2）谈判小组的合理组成

当面对跨国并购这种内容与信息十分复杂的并购活动时，无论是并购方还是被并购方，都要合理地选择人员组成谈判小组，并且在谈判的不同阶段，可以有针对性地选用不同的谈判人员。以价格协商、机构管理以及员工保留计划的谈判为例，以上三者是并购谈判中十分敏感的议题，根据艾洛和沃特金斯的研究，成功的并购方会将其团队分成两三个不同的谈判小组，分别处理这些十分敏感且重要的谈判事宜。这些小组包括：

1）经理人。经理人熟悉企业内部人员结构，可以在协商人事及战略事宜中发挥重要作用，包括人员保留计划的协商制订。

2）律师和投资银行。律师和投资银行都可以帮助企业协商财务条款及结构，以免出现协议不符合本国法律或违背行业规则的情形。通过律师和银行家来传达强硬信息，可以避免损害与合作公司的关系。

3）高层管理人员。高层管理人员可以在一些超出事前准备的谈判议题或者变动上直接做决定，避免了谈判小组事事都要去请示上级领导。放权给谈判小组使其有权做决策，会对谈判起到非常积极的作用。

三、组建合资企业的谈判

跨国公司为了获得进入新市场的通道、降低企业生产成本、获得廉价资源等，往往会组建合资企业。随着各个国家内部经济及整个全球经济一体化进程的不断加快，国内企业与不同国家企业之间组建合资企业的情况越来越普遍。然而，要成功地组建合资企业，实现合作双方的共同目标，并非易事。要能使组建合资企业的活动取得良好的效果，就必须处理好整个组建过程的第一个环节，即组建合资企业的谈判。

1. 合资企业的战略合作安排及谈判的特点

要了解组建合资企业的谈判，首先应当了解合资企业的一些基本性质，特别是跨国公司建立合资企业的战略目标和为实现此目标作出的战略合作安排。合资企业在实际操作中可以分为股权式合资企业（Equity Joint Venture）和契约式合资企业（Contractual Joint Venture）。这两种企业都是国外投资方与东道国投资方共同投资设立的企业，但是在具体的权利与义务的划分、管理方式、风险承担、组织形式等方面还有许多的不同点。股权式合资企业是双方在企业股权分配的基础上建立的国际合资企业；契约式合资企业又称合作经营企业，是在双方签订的合同基础之上建立的一种形式灵活的合资企业。

合资企业是由国外投资方与东道国投资方为一个共同的投资项目联合出资，依照东道国法律在其境内设立的独立企业。合资企业的资产由几个现存的企业共同拥有，这意味着合资企业是现存企业战略合作安排的一部分。图6-1总结了合资企业合作的形式，根据合作形式的不同，组建合资企业谈判的内容和重点也会不同。从图中可以看出，合资企业的合作形式多样。契约式合资企业一般涉及某一个方面的合作，如在产品研发上的合作，或在销售上的合作等，而股权式合资企业则涉及企业的全面经营与发展。因此谈判时谈判人员应根据企业未来发展战略选择自己的股权战略，例如是少数控股、对等控股还是多数控股，是采用新建企业的方式进入东道国还是采用兼并收购的方式。组建合资企业的谈判由于全面涉及企业未来的发展模式、生产、销售等，因此关系到合作方各自的权利、义务、纠纷的解决等重要问题，是完全不同于前面所述谈判类型的一种综合的、复杂的谈判。

组建合资企业的谈判具有以下特点。

（1）谈判涉及多方面内容，持续时间较长

组建合资企业的谈判涉及面广，内容繁杂，比一般的谈判需要更多的时间。涉及面广是指谈判要涉及从寻找合作伙伴到商谈双方的出资比例、出资方式、合资经营收益分配和风险分担。如果是建立生产实体，还涉及建厂的选择、原材料的采购、人员雇用、产品销售等。此外，由于是不同国家间的合作项目，因此还要协调双方不同的国家文化背景、企业文化背景及不同的管理方式等。另外，较高的政府介入程度也会使组建合资企业的谈判远比其他谈判复杂。

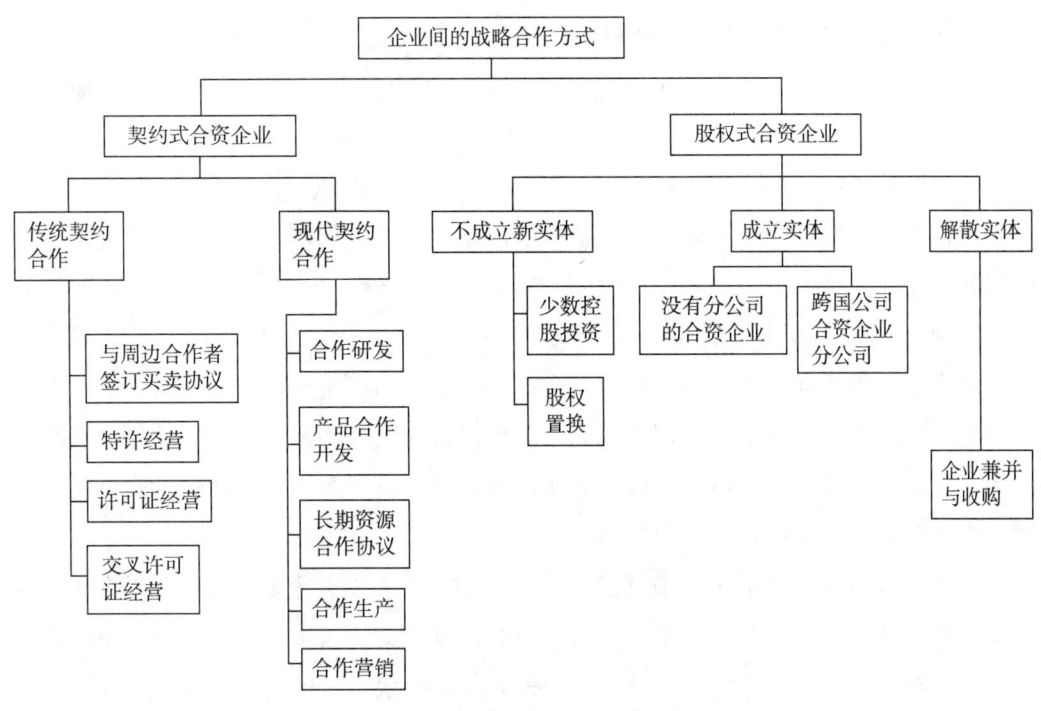

图 6-1　合资企业战略合作形式

由于谈判成功的结果是在某一国家或地区设立一个新的企业，因此谈判还将涉及资金在国家或地区间的转移，影响政府产业政策实施的效果。投资双方之间不仅要相互协调，而且要与政府有关部门进行协调。此外，合资谈判双方不仅要达成合资的意向，规定合资过程中双方权利和义务，还要商定合资企业管理的章程，以保证合资企业的正常运转，这些也都加大了合资谈判的工作量和复杂程度。鉴于以上原因，组建合资企业的谈判需要的时间短则几个月，长则一两年，甚至更长，因此参与谈判的人员必须要具有足够的耐心。

（2）对谈判人员素质要求高

组建合资企业的谈判由于涉及各方的重大利益，因此对谈判人员的素质有很高的要求，尤其要求谈判人员应具有较长远的战略眼光，具有更为广泛的知识面，具有综合解决各种各样问题的能力。

（3）文化碰撞是合资谈判中谈判人员必须面对的一个问题

不仅跨国组建合资企业谈判中存在国际文化差异问题，即便是在国内企业间组建合资企业的谈判中，也存在不同企业文化碰撞的问题，因此谈判人员应当熟悉对方的文化习惯，有能力协调谈判中出现的文化差异冲突。

2. 组建合资企业谈判的主要内容

组建合资企业的谈判涉及许多方面，这里主要介绍与合作各方有关的几个重大问题。

（1）投资双方的股权比例

投资双方的股权比例是谈判双方要考虑的第一个关键议题，它涉及以下三个方面的问题。

1）投资双方在企业中的股权比例。投资方在合资企业中持有的股权不同，对企业的控制程度也不相同。从图6-1可以看出，合资企业的控制权可分为多数控股、对等控股和少数控股。企业中股权比例的大小是按出资比例来确定的。出资比例是指在拟建的合资企业注册资本总额中投资双方所占的份额。投资双方出资比例的高低决定了双方所享受的收益和所承担的风险。

2）合资企业的效益前景。在考虑出资比例时，一个十分重要的方面就是合资企业未来的效益状况。合资企业未来经营的效益好，自然就应当多投资，己方应争取在总资本中占据较大的份额；反之，合资企业未来效益一般，投资的机会成本较高，如果做较大规模的投资，在总资本中占据较大份额的价值就较小。鉴于此，谈判人员在合资谈判开始之前，就应对合资企业未来运营的市场和经济、技术、政治、文化、法律环境等进行仔细的研究，对合资经营的收益前景进行科学的分析预测，作为确定己方出资比例的依据。

3）风险评估。在考虑出资比例时，合资经营风险也是应当考虑的因素。合资企业通常采取有限责任公司的形式，因此投资方可能遇到的风险是有限的，最大的损失额即所投入的本金。但在很多情况下，对许多企业来说，这种损失仍然是难以承受的。不仅如此，还必须考虑合资企业失败对投资方形象产生的不利影响。以商标出资为例，如果合资企业经营失败，以商标出资的一方就可能面临着其商标无形资产的价值在某一区域市场贬值的风险。因此，在谈判阶段，企业就应当仔细评估拟组建的合资企业可能面临的各种风险，包括商业风险、政治风险、文化风险等。当评估风险较大时，较低的出资比例是明智的选择。

（2）合资企业的规模

规模决定效益，同时也与双方在合作过程中所应投入的多少有直接的关系。投资双方在决定拟组建的合资企业的投资规模时，应考虑两大因素。

1）考虑自身的投资能力。双方共同出资建立一个新的企业，这种投资必须是投资方能够承受的。从自身的能力来考虑，不仅要考虑目前本企业所拥有的能力，还要考虑在组建合资企业过程中的各种资源需求。因为在组建合资企业的过程中投资可能会不断增加，如果投资方在项目中后期发现自己无法承受追加投入时，就会处于骑虎难下的境地。

2）考虑生产规模。在投资规模有限从而生产规模也较有限时，就难以以较低的成本从事生产，合资企业也就很难取得理想的效益，也就会缺乏与竞争者进行竞争的能力。同样，如果生产规模有限，则必然导致合资企业的销售规模也只能局限在较低水平上，而有限的销售很难使合资企业获得理想的市场份额和竞争力。

（3）投资双方的出资方式

出资方式即合资企业的投资方投入其所承诺资金的形式。国外投资方多数会提供机器设备和零配件、工业产权、专有技术和现金，国内投资方则主要提供场地使用权、厂房、配套设备、原材料和现金。在有关出资方式的谈判中，投资双方需要达成一致的主要包括：双方各以哪些方式出资，以不同方式所提供的投资在总投资中的比例，以及在采用非货币方式出资时怎样合理确定实物、土地及工业产权的价格等。

1）现金投入是一种普遍的投资形式，由双方协商确定，但原则上要求所投入的现金能保证合资企业正常生产和经营的现金周转需求。

2）实物投资是指投资方以有形资产作为投资形式。投资方以实物投资时，对实物作价是一个十分重要的问题。实物作价时应当根据公平合理的原则，对投入的实物逐项报价，并提供作价清单，对实物价值的评估应当准确，由投资双方协商同意后予以确认。投资方以建筑物、厂房、机器设备或其他物料作价出资时，应对所投入实物拥有完全所有权，并要求该实物具备继续使用的价值。如果一方以旧机器设备投资，另一方必须认真做好调查研究，以防对方是在变相抛售折旧设备。

3）一方以工业产权和专有技术投资时，应当提供有关的详尽资料，包括：专利证书或商标注册的复印件，工业产权的有效时间及区域，所提供技术的特性、实用价值、作价的计算依据。工业产权和专有技术的作价是一个复杂且困难的问题。以技术投资为例，所折算的股本比例越大，合营期限越长，经营的利润越高，其分得的利益也越多。因此，对于投资方以技术入股投资时，应当注意以下问题：第一，注意掌握技术情报。通过调查，证实对方拥有的专利、专有技术确实具有先进性和实用价值，并且要注意专利是否为对方合法所有，以及该项目专利有效时间与范围。第二，要注意技术作价是否合理。第三，注意技术引进是否附带限制性条款，对于限制性条款要本着平等互利的原则加以分析，如属不合理要求应予以拒绝。第四，明确技术投资方所负的责任。在合资企业建成后，技术投资方应当继续提供改进技术等。第五，要说明技术使用协议期满后技术所有权的归属及相应处理办法。

4）以场地投资是我国针对国外投资方使用技术出资时提出的对等条件。在使用场地作为投资时,场地使用费的高低关系到是否对国外投资方具有吸引力,关系到是否有利于节约使用土地。如果场地使用费过低,可能造成合资企业多占土地,浪费土地;场地使用费过高,则对国外投资方缺乏吸引力。

(4)合资企业的年限

合资年限决定了投资双方需要作出各种投入的时间和享受合资收益时间的长短。谈判人员通常应根据投资回收期的长短和投资的主要目的等来确定在合资年限问题上应当坚持的条件。例如,寻求较长的合资年限的原因一般是合资企业的投资规模很大、投资回收期很长,或需要较长的时间掌握某种先进技术,或为了达到一定的生产规模等。当合资企业存在的不确定性因素较多且不确定程度较高时,可寻求较短的合资年限。

(5)合资企业的组织机构

1)董事会是合资企业的最高权力机构,决定合资企业的一切重大问题。董事会的组成人员在谈判时就要确定。董事会成员不得少于三人,董事会设董事长一人,副董事长一至两人,由投资双方协商确定或由董事会选举产生。一般投资双方委派的董事人数应照顾到各方的出资比例。董事的任期一般为四年,任期届满,经投资方继续委派可以连任。董事长是合资企业的法人代表。为避免合资企业运转过程中的纠纷,在谈判阶段,必须明确哪些问题需要由董事会决策,哪些问题的决策需要得到全体董事一致同意才能通过(如修改合资企业章程、合资企业与其他企业合并等),哪些问题的决策只需要多数出席董事会的董事(如三分之二或简单多数)同意即可等。

2)总经理是董事会领导下合资企业日常事务的最高领导人。董事会的决策意图主要靠总经理组织贯彻和实施。在谈判过程中,双方必须商定由谁担任总经理,是由投资双方中的某一方担任还是招聘第三方担任。通常情况下,由某一方派出的人员担任总经理很容易偏向其所代表的投资方的利益,而从外界聘请的独立于投资双方利益的第三方则能较公正地从合资企业的利益而不是某一个投资方的利益出发处理问题。但是,不论是由什么人出任合资企业总经理,为使其在工作中较好地贯彻董事会的意图,同时也为便于经理人员工作的开展,在谈判阶段即应基本明确董事会与总经理之间的决策权限分工,明确经理人员在哪些问题上拥有决策权,哪些问题必须征得董事会的同意,明确在合资企业运转过程中应当怎样对总经理进行考核评价和调换。

除以上五方面问题外,投资双方在谈判时,还应就合资企业的解散,特别是面临特别情形时合资关系的终结,以及合资中的某一方退出合资的程序及相应问题的解决等达成一致。

四、合作经营谈判

合作经营亦称"契约式合营",是东道国资本与外国资本在合同基础上建立合作经营关系,合作双方按合同承担权利与义务的一种经营方式。合作经营的具体形式有两种:一种是合作双方组成合作经营企业,按合同共同经营,实行全面的经营管理合作;另一种是合作双方不组成企业,而是各自以独立的经济实体的身份,按合同在经营管理的某一方面或某些方面实行合作。

1. 合作经营与合资经营的区别

合作经营与合资经营的主要区别在于,合资经营是股权式的经营,按投资双方股权的多少来分配利润和分担亏损与风险,而合作经营是一种契约式的经营,合作双方按合同中约定的比例来分配利润和承担亏损与风险,这个比例的确定不受双方投资多少的限制。目前,在中国企业同外国企业间的合作经营中,外方多以资金、先进技术、先进设备投资,中方多以场地使用权、厂房、设备等作为合作条件,合作经营的方式主要包括补偿贸易、产品返销、技术交换、来料加工、来料装配等。

2. 合作经营企业的特点

(1)合作经营企业投资双方签订的合作合同规定了双方的权利和义务,成为双方处理各项事务的主要法律依据。合同经主管部门批准后生效,具有法律效力。

(2)合作经营企业双方的投资,除现金外,其他投入均可不作价,不以货币形式表示,而且也不折成投资比例。因此双方在收益分配、风险承担、资产处理等方面,也不受投资比例的约束,而由双方协商决定处理办法,载入合作合同。

(3)合作经营企业双方的投资,被视为合作条件,所以外方投入的现金一般不计利息,中方提供的场地和厂房一般也不计使用费。

(4)合作经营企业外方投入的资金,在合作经营期间允许提前收回,而不影响企业的正常经营。关于外资回收的办法,经合作双方协商同意后,载入合作合同。

(5)合作经营企业的收益分配有两种方式,一种是产品分成,双方分到产品后自行处理;另一种是利润分成,既可采取固定比例,也可采用变动比例。

(6)合作经营企业的经营期满后,由于外方投资者已先期回收其投资,并且有利润分成,故企业的固定资产一般归中方合作者所有,不需要再进行资产的分配,或者也可以按合同规定清算分配。

(7)合作经营企业的经营管理一般由双方共同参与,若经双方同意,也可由一方或委托第三方代为经营管理。

(8)合作经营企业的经营风险和债务的承担在合同中要有明确的规定,双方根据其所提供的合作条件和意愿协商确定。

3. 合作经营企业的注册资本与合作条件

(1) 合作经营企业的注册资本

合作经营企业的注册资本是指为设立合作经营企业,在工商行政管理机关登记的合作双方认缴的出资额之和。

(2) 合作经营企业的投资和合作条件

1) 合作双方的出资方式。合作双方向合作经营企业投资或者提供合作条件的方式可以是货币,也可以是实物或者工业产权、专有技术、土地使用权等财产权利。

2) 合作双方的出资期限。合作双方应当根据合作经营企业的生产经营需要,依照有关法律、行政法规的规定,在合作经营企业合同中约定向合作经营企业投资或者提供合作条件的期限。

3) 合作双方的出资转让。合作双方之间相互转让或者合作一方向合作他方以外的他人转让属于其在合作经营企业合同中全部或者部分权利的,须经合作他方同意,并报审查机关批准。

4. 合作经营企业的组织形式和组织机构

(1) 合作经营企业的组织形式

合作经营企业可以申请为具有法人资格的合作经营企业,也可以申请为不具有法人资格的合作经营企业。具有法人资格的合作经营企业,其组织形式为有限责任公司;不具有法人资格的合作经营企业,合作双方的关系是一种合伙关系。

(2) 合作经营企业的组织机构

具备法人资格的合作经营企业,一般设立董事会;不具备法人资格的合作经营企业,一般设立联合管理委员会。

5. 合作经营谈判的类型

(1) "三来一补"谈判

"三来一补"的含义指来料加工、来样加工、来件装配和补偿贸易。其中补偿贸易又称产品返销,指合作一方提供技术设备器材等,等项目竣工投产后合作的另一方以该项目的产品或双方商定的其他方式来偿还的合作方式。"三来一补"谈判还包括购买技术设备谈判、设备货款的补偿谈判等。

(2) 技术贸易谈判

技术贸易指技术拥有方把技术和相关权利,通过贸易方式提供给技术需求方使用。

技术贸易谈判分工业产权的技术贸易谈判和无工业产权的技术贸易谈判。

技术贸易谈判的主要内容有:技术贸易方式谈判、技术部分谈判、商务部分谈判、法律部分谈判。

（3）劳务合作谈判

劳务合作谈判主要以招投标方式进行。谈判主要内容包括材料、设备品种和规格、数量与价格、技术、劳务价格、工程条件、工期工程质量和验收。

劳务合作谈判的特点：程序复杂、金额大、时间长、有风险、市场竞争激烈。

五、招投标谈判

1. 招投标的概念

招投标是一种在国内外项目实施中被广泛采用的交易方式。这种方式主要是在货物、工程和服务的公共采购行为中，由唯一招标人通过事先公布的需求和采购要求，招请多个投标人按照同等条件秘密报价，进行平等竞争；按照规定程序组织技术、经济和法律等方面专家，对众多投标人的报价和投标附加条件进行综合评审，从中择优选定中标人并与之达成交易的行为过程。其实质是通过竞卖方式以较低的价格获得最优的货物、工程和服务。

传统的招投标定义是：招投标是一种特殊的交易方式和订立合同的特殊程序。它指的是采购实体在建设所需的工程或者采购大量或重要货物、服务时，以公开的方式提出需求和交易条件，以及选定方法，邀请供应方响应，参加投标；招标方按照事先规定的标准和方法，评选出最优者中标，并与之签订合同的交易行为。目前国内外与招投标相关的法律和贸易惯例规定也与这一定义一致，其所调整的法律关系仅限于贸易领域的这种"标买"活动。

在中国，招投标的适用范围主要包括：

（1）对工业、水利、交通、民航、铁路、信息网络、房屋建筑和市政基础设施等各种工程项目的建设招投标、施工安装招投标、项目承包商招投标等工程类招投标。

（2）工程项目货物采购招投标、国家投资项目采购招投标、重大机电设备项目采购国际招投标、政府采购招投标、医疗机构药品集中采购招投标、外资贷款项目采购招投标等货物类招投标。

（3）工程项目勘察设计监理招投标、科技项目和科研课题招投标、政府定点维修服务招投标、物业管埋招投标等服务类招投标。

2. 招投标的特点

招投标有四大特点。

（1）"公共采购"的特点

从招投标的应用领域来看，目前主要用于社会公共采购活动，是"公共采购"所特有的竞争性采购方式之一。

正如许多专家指出的，发达国家的采购市场分为"私人采购市场和公共采购市场"两大块：

1）私人采购市场。对这部分市场，国家只制定法律，不具体干涉，让其自由竞争。

2）公共采购市场。对这部分市场，由于其资金源于对公众（纳税人）的税收，所以必须使用得当，必须透明，国家往往会制定相关法律，加以限制和规范，强调必须通过公开竞争的方式完成，而主要的竞争方式，就是通过公开招投标。一些国际组织，如联合国、世界银行等，由于其资金源于各个会员单位，也借鉴了各国政府采购招投标的办法，制定了自己的规定，如联合国的《货物、工程和服务采购示范法》、世界银行的《采购指南》等。

（2）"竞争性"的特点

在市场经济下，充分竞争才可能达到质量和效益的兼顾。

有效招投标必须有三个以上的投标人参与投标，以平等身份、同等条件竞争中标人。通过多家投标人的竞争，取得对招标人比较好的经济效果。

（3）"透明性"的特点

在招投标活动中贯彻"公开、公平、公正"的透明交易原则，通过招投标实行"阳光采购"，才可能使其全过程都处于社会和纳税人的监督之下，以防止各种商业贿赂和腐败现象。

（4）"一次性决定"的特点

招投标交易方式，具有一次性报价即决定结果的特点。投标报价与成交签约的过程是"一锤子买卖"，评标和确定中标方后，应及时签订合同，不允许反复讨价还价。

3. 招投标的类型

招投标的类型是由招标的方式决定的。目前，国际上根据对招标竞争性的要求，将招投标分为无限竞争性招标、有限竞争性招标、非竞争性招标和其他招标四大类。下列4种招标方式是其主要的代表性交易方式。

（1）公开招标（open bidding）

公开招标在世界上也称国际竞争性招标（international competitive bidding，ICB），它是一种无限竞争性招标。

这种方式采用公开招标（招标人通过公开的媒体或相关国家的大使馆发布招标公告，使世界各地所有合格的承包商都有均等的机会参加投标）、秘密投标、当众开标、规范评标、公平决标的方式，形成典型的买方市场，最大限度地挑起投标人之间的竞争，使招标人有充分的挑选余地，取得最有利的成交条件。国际竞争性招标的合同条件是由招标人决定的,故可以订立最有利于招标人,甚至有时是苛刻的交易条件。

(2)邀请招标(selected bidding)

邀请招标也称选择性招标,它是一种有限竞争性招标(restricted bidding),也是国际有限招标(limited international bidding,LIB)的一种主要方式。

邀请招标是由招标人根据供应商或承包商的资信和业绩,选择一定数目的法人或其他组织,向其发出投标邀请书,邀请他们参加投标竞争,从中选定中标人的一种采购方式。

(3)议标(negotiated bidding)

议标也称谈判招标,属于非竞争性招标,即通过谈判来确定中标人。

通常招标人不是在评标后就与投标人签约,而是要与投标人进行进一步的商议,就标价、投标书的条件、合同条件等问题进行讨价还价的谈判。在决标方式上,招标人同时与多个投标人进行谈判比较后,可以无约束地将合同授给其中一家。

(4)两段招标(two stage bidding)

两段招标又称两步招标,是一种无限竞争性招标和有限竞争性招标相结合的招标方式,先用公开招标,再用选择招标,分两段进行。即第一阶段按公开招标方式进行,经过开标、评标之后,再邀请其中报价较低的或最有资格的3~4家公司进行第二次报价。

除了上述主要招标方式外,在国际招投标中还有下列竞争性招标的变化方式。

——保留性招标,即发包国为了保护本国承包商的利益,将原来适于ICB方式招标的工程留下一部分专门给本国承包商。

——地区性公开招标,即由于资金来源属于某一地区组织,例如阿拉伯基金会、地区性开发银行贷款等,只有属于该组织的成员国或者该地区的公司才能参加投标。

——排他性招标,即在出口信贷或双边贷款条件下,贷款国要求借款国在其贷款工程发包时排除第三国的承包商。

招标人选择招标方式是招标工作的首要环节,确定招标方式时要对项目的资金来源、项目自身特点做综合分析,在不违背招标法规要求的前提下,选择对自己最有利的招标方式,为确定最理想的承包商创造条件。

需要注意的是,我国的《招标投标法》明确规定,招标适用的方式分为公开招标和邀请招标两种,不包括议标这种招标方式。

4. 招投标的交易流程

招投标经过国际、国内多年的贸易实践和立法规范,已经形成一套标准的交易流程。规范的竞争性招投标交易流程包括:

（1）招标

招标是指招标人通过招标公告或投标邀请书等形式，招请有资格、有能力的投标人参与投标竞争的过程。

（2）投标

投标是指经资格审查合格的投标人，按招标文件的要求编制投标文件和报价，按招标文件规定的时间送达招标人的过程。

（3）开标

开标是指招标人依据招标文件规定的时间和地点，在所有投标人和监督机构代表前，当众开启各投标人提交的投标文件，公开宣布投标人的名称、投标价格及投标有关内容的过程。

（4）评标

评标是指招标人依法组建的评标委员会按照招标文件规定的评标标准和方法，对投标文件进行审核、比较和评定，形成书面评标报告，并向招标人推荐合格的1~3名中标候选人的过程。

（5）中标

中标是指招标人根据评标委员会提供的书面评标报告，在推荐的中标候选人中确定中标人的决策过程。

（6）授标

授标是指招标人对经公示无异议的中标人发出中标通知书，接受其投标文件和投标报价的行为。

（7）签约

签约是指中标通知书发出后30天之内，招标人与中标人就招标文件和投标文件中存在的问题进行磋商，并签订书面合同的过程。

招投标的交易至此完成。

5. 招投标谈判的特点

通过谈判签约达成交易是所有商务交易方式的共性，用法律语言来描述这种行为过程就是在交易双方为订立合同而进行的谈判中，一方对合同要素内容提出明确具体的成交条件（发出要约），另一方表示接受（承诺），完成了要约、承诺程序，合同即成立。从法律属性上来看，招投标谈判与一般贸易谈判在本质上是一致的，但在实施方式上却各有特点，作为一种订立合同的特殊方式，招投标谈判与一般贸易谈判的区别表现在以下几个方面。

（1）在谈判程序上，招投标谈判是通过投标、中标的一次要约完成；一般贸易谈判通常需要通过出价、还价、再还价等多次要约才能完成。

（2）在谈判对手上，招投标谈判是一对多的谈判，众多投标人同时报价，招标人一次选定；一般贸易谈判是一对一的谈判，即使是多家参与的竞争性谈判，每次谈判也只是面对一家。

（3）在谈判形式上，招投标谈判以书面谈判为主，口头谈判为辅；一般贸易谈判可根据需要自由选择，在重大项目谈判中一般都选择面对面口头谈判方式。

（4）在谈判内容上，招投标谈判是由招标人确定合同条件，投标人进行响应和报价，限定了可以谈判的内容；一般贸易谈判可以对所有合同条件进行谈判。

6. 招投标谈判的过程

招投标的谈判签约过程，在招标人以"招标公告"或"投标邀请书"的形式发出"要约邀请"时开始，投标人以投标书发出"要约"，以中标通知书发出"承诺"达成交易，在双方签订合同时结束。

在此过程中，招标人须在发售的"招标文件"中载明采购方的全部商务和技术要求，其中构成合同条件的有关内容对双方均有约束力；投标人须在"投标文件"中载明有约束力的报价和技术、商务响应等内容。如投标文件未就实质性内容进行响应，应作为废标来处理。如招标文件有未表述清楚的内容，应当进行沟通补充，但双方不得就合同实质性内容进行谈判。

在实践中，招投标实施过程的许多环节需通过沟通性补充谈判完成。从谈判发生的时间顺序来分，补充谈判分为投标前谈判、决标前谈判、签约前谈判。

7. 招投标谈判的内容

招投标谈判是以招标方提交"招标文件"和投标方提交"投标文件"的形式进行的，在中标后订立合同也须以招标文件和投标文件为依据，并且合同中不能有"背离实质性内容的其他协议"。因此，双方的谈判从双方分别编制"招标文件"和"投标文件"时即已开始，谈判的内容以及双方采用的方法和策略也都体现在这两个文件中。

（1）招标文件内容

招标文件的内容从功能上分为三大类。

1）描述招投标程序和要求的程序条款，内容包括投标人须知（含项目背景说明、招标文件说明、投标文件的编制要求、投标文件的递交、开标、评标、授予合同等条款）和投标文件格式。

2）描述拟签订合同主要条件的商务条款，内容包括合同通用条款、合同专用条款和合同格式。

3）描述招标标的（业主需求和技术要求）的技术条款。在货物和服务类招标中，

条款内容包括需求一览表、技术规格书或用户需求书;在工程类招标中,条款内容包括对工程任务、技术要求、工程规范、工程量等的详细描述。

(2)投标文件的内容

投标文件一般包含商务、技术、资信三部分内容,须按照招标文件要求的格式编制出下列文件:投标书,开标一览表,投标分项报价表或工程量清单报价表,货物说明一览表或施工方案和施工计划进度表,商务条款、技术规格响应或商务、技术偏离表,资质证明文件等。

(3)招投标合同的实质性内容

按照学界通说,所谓合同实质性内容,是指"影响或者决定当事人基本权利、义务的条款"。招标领域不同,其合同实质性内容不同。

1)货物和服务采购招标领域对合同实质性内容的理解一般指招投标文件约定的"标的、数量、质量、价格和履行期限"等。

2)工程招标领域对合同实质性内容的理解一般指招投标文件约定的"工程价款、工程质量和工程期限"等。

(4)补充谈判的内容

补充谈判是指双方就招标文件和投标文件中一些未表述清楚的内容进行澄清答疑、明确补充的辅助性谈判。但在实践中,招投标双方均会利用这种谈判机会进行联络感情、展示实力、采集信息、改善条件的努力以提高招标或投标成功的可能性。

1)投标前谈判。投标前谈判主要是对招标文件中表述不清楚或有歧义的内容进行沟通与会谈。

投标前谈判的方式一般以函件沟通开始,即投标人以函件提出质疑,招标人以答复函进行澄清说明;在需要时举行标前会安排面对面会谈,对于确需加以明确或变更的内容,在会谈结束后招标人以招标文件澄清书的形式予以明确,并通知所有投标人。在实际操作中,双方均会利用这个机会相互做工作,并趁机摸底。

2)决标前谈判。决标前谈判一般是指投标人应招标人要求,对投标文件澄清、对技术商务方案答辩的沟通会谈。

在评标过程中,招标人发现投标文件中有表述不清楚的问题或对有关技术商务方案存在疑问时,一般会要求投标人进行澄清答辩。在澄清答辩过程中,评标机构可以要求投标人回答任何问题,并可提出补充要求,例如要求报送报价单中某些价目的单价分析,要求投标人提交某些关键设备的技术数据或说明书,或其他商务方面的问题。有时,招标人会把这种答辩和合同谈判结合起来。

投标人在与招标人进行书面或当面澄清答辩时,对问题的答复应持慎重态度,因为这种答复将被记录在案,并构成投标人对投标文件的补充和合同内容的一部分。为此,投标人应当慎重考虑所答复问题对自己投标的影响。在答复过程中,还应针对评标机构的质疑进行充分解释,努力宣传自己的能力和投标报价的合理性,建立良好形象,促使招标人在下一步的评标过程中倾向自己。

3)签约前谈判。在招标人确定中标人并发出中标通知书后,招标人和中标人还要进行签约前谈判,即将前面双方达成的协议具体化,形成合同文件,对价格及所有条款加以确认。

决标后,中标的投标人地位有所改善,可以利用这一点,有理有节地同招标人进行签约前谈判,争取使合同条款公正合理。

在实际操作中,合同谈判内容主要包括以下两方面:

①确定合同结构和组成文件及其优先顺序。

②对下列合同条款进行协商调整:投标文件中商务和技术偏离表提出的偏离条款、不明确或不可操作的条款、法律上"显失公平"的条款、双方同意协商的其他条款。

第七章

案例学习指导与能力提升

商务谈判是一门比较难学的应用科学技术，具有复杂性、综合性、实战性的特点。复杂性体现在它不能独立存在，是与各色各样的商务活动密不可分的；综合性是指商务谈判能力基于跨学科知识，信息量大，同时对商务谈判师的素质要求也是全方位的；实战性体现在这门技术是应人类经济发展的需要，用于公平、公正地解决利益交换和由此产生的各类纠纷问题，是直接与社会经济活动和人们生活幸福指数有关的科学工具。

第一节　案例学习和研究总体要求

本章所选案例大部分是以中国管理现代化研究会国际商务谈判专业委员会专家亲身经历的经贸谈判项目为原始素材精心挑选而来，应商业保密要求对于案例涉及的谈判当事方和部分数据进行处理和虚构。这些案例经过10多年的教学实践，与其他同类案例相较，具有实战化、综合化、示范化的独特学习和研究效果。在经贸领域工作并立志将自己培养成为职业商务谈判师的学员，建议结合本教材前面所教授的各类理论和技能知识，特别要结合第六章内容进行学习，在日后的经贸工作中要不断积累这类知识，完善专业知识储备，夯实商务谈判师的理论功底；在谈判技能方面，要通过不断学习和实践，着力提升实际谈判能力和真本领。在下面各个案例的学习和研究过程中，要求学员达到"三通"的效果，在学习方法上要做好"三个步骤"。

一、"三通"的概念和要求

1. "三通"的概念

从商务谈判表面词组顺序来说，商务在先，所以系统学习各类商务知识，打好谈判理论基础，是开展商务谈判的必要条件。现代社会不断发展进步，理念不断更新，没有现代理论指导的商务谈判师会不可避免地在重大商务项目谈判中出现轻率允诺或盲目决策的情况，结果必将给所在组织、机构、企业等带来潜在高风险和不可预见的重大损失。商务理论的学习不只是学概念，被动吸收知识信息，在理论圈内的思维固化，还要求在案例学习和未来谈判实践中，能够将学过和掌握的各类知识有机地、系统地、灵活地运用起来。学习的目的是提升认知水平、提高思维能力，这就要求在接下来的案例学习和练习过程中能做到融会贯通、触类旁通、思睿观通。

2."三通"的要求

（1）融会贯通

高楼大厦平地起，要想砌得高，需要使用各类建筑材料，搭建不同种类的支撑构架，建筑工程师的任务就是设计图样、指导工程施工。商务谈判师的任务就如同大楼建筑工程师，需要将谈判项目所涉及的各类商务知识和本行业专业知识（建筑材料）与信息点有机结合在一起，设计谈判方案构架和具体谈判程序（施工），在谈判过程中将各类知识和谈判要素融会贯通、综合运用，推动谈判向着本方最佳利益点的目标前进。

比如一家公司正准备出售一栋商业大楼，如果另一家公司想购买这栋商业大楼，除了受让价格外，买方更应搞清楚此商业大楼的产权性质，包括大楼产权是否属于卖方，大楼是否属于违建，政府是否在此地段有新的规划等问题，这就会涉及经济法律和政府政策范畴。如果买方提出可以购买这栋大楼，但不能一次付清楼款，需要分几次付，并主动提出部分款项可以开具公司支票，转账日期为合同签署6个月后的某具体确定日，那么在谈判中你是否同意接受，其中会有什么风险，这些就涉及了金融方面的知识。

（2）触类旁通

任何事物都有其运行、发展的特定规律，商务谈判也不例外。我们常听到"谈判套路"这个词，它其实是指谈判规律性的东西。有规律就可以沿着以往的轨迹进行分析并预立未来的应对之道。商务谈判师需要通过学习研究不同类型的商务谈判案例，掌握该类谈判的内在规律，从分析借鉴既往发生过的类似事件入手，研究未来或正在发生的商务谈判情景，预测谈判趋势走向，制定本方的谈判策略。

（3）思睿观通

谈判是一门艺术，大多数人对这门艺术知之甚少，更不要说把谈判当成艺术来创作。商务谈判师必须具备思维细密、智慧洞朗、眼界宽广的秉性。商场如战场，谈判过程常常跌宕起伏、瞬息万变，有时会和风细雨，有时会波涛汹涌，只有具有高超智慧的谈判手才能驾驭谈判的风帆顺利驶向胜利的彼岸。缜密思维和高超智慧不是天生的，需要谈判师在实践中练就。

二、"三个步骤"的基本内容和要求

1. "三个步骤"的基本内容

案例学习和研究是商务谈判实践和能力提升不可缺的组成部分，案例中不但包含行业领域里的专业知识，更重要的是包含商务知识以及跨学科知识。行业专业知识是从业人员必须具备的知识，对于绝大多数人来说通过几年或多年工作实践，都可以很好地胜任所在的工作岗位；但对于商务知识层面，如果不能持续学习并运用到实际工作中去，即使是行业专家也可能在商务谈判中陷于无法解决新问题的困境，甚至有可能被时代所淘汰。所以，商务谈判师在学习案例方式上要摒弃被动吸收、教条学习、死记硬背的传统学习方法。商务谈判是实践性、应用型很强的一门学科，在训练思维和提升谈判技能方面，应做到勤动笔、勤动嘴、勤动脑筋，具体要做调查分析、方案策划、现场模拟三个步骤的工作。

2. "三个步骤"的要求

（1）调查分析

商务活动涉及很多领域，如贸易、投资并购、工程项目、合资合作、资本运营、市场营销等，每个领域的谈判主题或标的都不一样，谈判主题又涉及很多议题。高端谈判人才与常人的区别是能够明白即将面临的谈判中包含了多少个议题，并对每个议题都谋划对己方有利的方案以及妥协让步策略。商务谈判师无论在学习研究案例还是在商务实践过程中，都需要对谈判对手、谈判议题、知识体系等进行调查分析、资料整理，准备好谈判知识清单。

比如需要调查谈判对手是否来自合格的谈判组织，以公司为例，社会上的公司形形色色，有虚假注册的，也有资不抵债的高风险公司。另外需要调查清楚的是谈判对手是否经过了其所在公司的授权或对手有无签约权，能不能真实有效地代表对方公司签订商务契约。

（2）方案策划

战场上将军在发动战役前，一定会事先谋划布局、制订作战计划，商务谈判也是双方或多方的智慧博弈，也需要事先谋划并根据谈判议题的需要预先制订谈判方案。不经过深思熟虑，在谈判桌上就很容易出现思绪混乱、束手无策的状态，甚至会盲目签下"城下之盟"，酿成大错。

因此职业商务谈判师必须具备在谈判目标、交易条件、妥协退让、谈判策略等方面的独立构思能力，知道如何调配上场谈判人员，同时能够组织相关人员进行讨论，

制订谈判方案，还需要取得上级机构或领导的授权。

（3）现场模拟（或 workshop）

正式商务谈判涉及很多环节，包括几个重要步骤和程序，其中就包括双方或多方面对面的现场谈判。无论电子商务多么发达，现场谈判现在不会将来也不会消失，这是整个谈判过程中的重要环节，不但是谈判各方博弈的场地，也是各方就谈判结果签订合约过程中必不可少的步骤。讲授师在讲授案例时和在实际开展谈判前，应该组织学员参与这项模拟过程。具体要求是组织双方谈判小组，设定时间和双方人员配置，要求双方就谈判目标和任务展开模拟谈判，考查学员的商务知识和行业专业知识的运用程度；考查学员的谈判能力，包括解释评价、讨价还价、让步妥协能力上是否有理、有利、有节；考查学员的整体表现，包括交流沟通、思维应变、成员配合、主谈调控、谈判主线明晰等方面的要求。

workshop 是指讲授师在本单位内部先发放商务谈判案例，要求学员阅读案例并对案例进行研究分析，然后召集学员举办小型商务谈判方案研习会，围绕案例中各方交易方案、博弈筹码、出牌和要价等进行讨论和分析，学员以小组为单位陈述谈判方案，讲授师进行引导和点评。

第二节　案例解析和实操练习

一、案例解析和谈判构思技术示范

1."水泥交易谈判"的案例

北京信诚国际商贸公司（以下简称信诚公司）是一家主要从事矿产、纺织、机电、粮油、化工等产品进出口业务的综合性贸易公司，年进出口额在2亿美元左右，在中国外贸行业中名列前200名，在国内外具有一定的知名度。该公司曾经做过水泥业务，但不是一项长期业务，由于近年南亚经济发展，对水泥需求渐旺，信诚公司计划利用这个机会开拓一项大宗的长期业务，以扩大出口量，增加收益。由于其本身系外贸公司，货物需从生产工厂采购或与生产工厂合作，代理其出口。

香港旭阳贸易公司（以下简称旭阳公司）是从事综合贸易的私人公司，规模不大，但做事灵活，对市场的反应较敏锐，对内地情况较熟悉，过去经营机电产品、矿产品较多，对水泥业务也有所了解，但与内地尚未做过交易。经过调查，该公司发现南亚市场水泥紧缺，故市场价较高，可达70多美元／吨，所以认为从内地进口水泥再转手有大利可图，于是意欲开展该项业务。

交易标的：建筑水泥标号通常有 425 号、525 号和 625 号，标号越高，质量越好。若需要高标号水泥的建筑工程用了低标号的水泥，就会变成"豆腐渣"工程，不坚固、不耐久。通常 50 公斤重的水泥用多层的牛皮纸袋包装，托盘运输，也可用专用水泥运输船、车散装。仓储和运输过程中，水泥需要绝对防潮、防水。本次交易量为 525 号水泥 3 000 吨，以后可达每月 1 万吨，年 12 万吨。

买卖关系：信诚公司系一家综合性的贸易公司。旭阳公司系一家私人注册的规模不大的公司，该公司与巴基斯坦某公司有联系，得知对方有水泥的需求，于是找到信诚公司。旭阳公司很看重信诚公司的能力，过去在其他业务上双方也有过成功合作，对于其第一次水泥出口业务的尝试，旭阳公司认为与信诚公司合作最合适。双方有些业务人员之前已有过多次接触，算是朋友了。

市场背景：建筑用的水泥在中国生产的工厂很多。从运输成本角度看，靠近口岸的工厂成本竞争力更强些；从质量角度看一般都可保证。由于水泥出口系大宗货物出口，受世界航运市场的影响较大，故卖方多半愿报离岸价（FOB），而让买方去租船订仓。出于各出口商和进口商的自身能力，报离岸价、到岸价（CFR 或 CIF）的商家均有。不过同样规格的水泥报离岸价之间的差距一般在 1～2 美元，而到岸价的报价差距一般在 1～5 美元。为了减少水泥出口的恶性竞争，中国有关商会对水泥出口价有"协调价"的规定，像 525 号水泥最低出口离岸价为 40 美元/吨（50 公斤重的多层牛皮纸包装）。

谈判阶段：技术交流已完成，双方已达成一致。价格解释与评论也已做完，进入讨价还价阶段。

卖方谈判目标：由于从供货厂拿到口岸交货价 36 美元/吨或船上交货价 39 美元/吨，争取与港商以不低于 40.5 美元/吨的 FOB 价成交，以实现对巴基斯坦市场出口水泥的突破。

买方谈判目标：争取与信诚公司以不高于 41 美元/吨 FOB 价成交，以争取第一笔交易成功，为其后更大量的订货打基础。

谈判地点、时间：中国北京，7 月。

模拟要求：完成团队组织（人员配置与分工安排）、谈判方案的准备、谈判的组织与展开。

注：在准备组织模拟现场谈判时，买方和卖方的目标（提示）应相互保密，可以摘离出来，分别对各自对应的谈判小组发放。

（1）案例学习要求

1）商务知识。本案例涉及对外贸易行业中的一般货物出口业务流程，需要对国际商会所制定的价格术语方面的知识进行充分学习和理解。只有深刻领会到岸价和离岸价背后的含义，明了买卖双方在交货时应该履行的义务和对交货前后承担风险的责任划分等相关知识和流程后，才能对具体价格进行讨价还价，这些内容对展开谈判的任何一方都是不可短缺的商务知识基础。

2）谈判知识。案例给定的主题是价格谈判，价格谈判有其规律可循。谈判的条款不只是具体的数字条款，还包含了多条文字条款，如采用的价格术语等。在报价和还价策略方面，卖方和买方都各有一定的套路，即卖方要从哪些点支撑和捍卫自己的报价，买方应考虑如何对卖方实施压价策略。价格方面的谈判还要关联其他方面的因素，如经济环境、市场竞争、航运费用的涨跌因素等。商务谈判师还应该明白，本案例在价格议题外，有其他议题必须要谈，如质量、运输、包装等，还可以拓展思维去谈未来订货数量与定价机制等。

在知识结构上，本案例除了包含货物出口流程的商务知识和价格谈判的一般套路，还涉及水泥行业的专业知识，例如水泥的生产工艺、生产标准、产品仓储、运输和包装要求，以及违背这些要求可能会产生的质量交易风险等。

3）情节和关键词语。本案例在谈判背景介绍过程中，有不少情节和对关键词语的描述，大部分都是对真实谈判背景的描述，例如有关商会对水泥出口价有"协调价"的规定，对于卖方来说就是一条底线。在真实的谈判之前，商务谈判师要做好充足的准备，在充分阅读的基础上，找出关键词和情节描述，并思考这些内容直接或间接地说明了什么问题，如何设计对应的谈判方案，如何应对谈判对手的诉求。

（2）问题探讨

卖方：

——有行业商会对于水泥出口"协调价"的限制，卖方还能采取什么报价策略？

——可借用什么样的理由和事实，用来支持卖方出价高于其他竞争者的辩解？

——FOB和CFR（CIF）价格条款，对于货物转移的风险划分是一样的，即以货物安全吊运到船上为限，本案哪个价格条款对卖方更为有利，为什么？

买方：

——对卖方还价有哪些依据可用，还价的起点在哪里？

——哪些条件因素可以用来评判卖方出价的合理性？

——FOB和CFR（CIF）价格条款，对于货物的风险划分是一样的，买方在作选择时，有哪些因素要考虑，对卖方可以提哪些技术要求来降低交易风险？

（3）案例解析

1）卖方谈判构思

①报价策略。谈判尽管进入了讨价还价阶段，卖方的出价还应高于心理最低价位 FOB USD40.5/MT 中国主要港口。如果在初期报价太低或过于接近心理最低成交价，在后续谈判中会比较容易处于较为被动的境地。一般在起初阶段，采取适当的高报价会有以下两个好处：一是对于己方在讨价还价过程中有较大的回旋空间，如果对方接受的价格高于己方的预期，这是最期望的结局，己方在其他非主要条款中，可以做适当的让步，以促成尽快交易；二是己方在最终成交价格上比原先出价让步大一些，会使买方心里觉得它赢得了这场谈判。但卖方在报价或还价时机上应掌握好分寸，如果差距太大，高于同等标号的水泥市场价或"协调价"很多，则买方可能会认为卖方缺少诚意。而且双方有过合作的基础，都有意愿开发南亚水泥市场，目标是一致的，未来还会有更多的合作，所以在报价还价时应注意好分寸和时机。

②支撑报价卖点。实际交易谈判过程中，无论卖方如何报价和还价，买方总会想以更低的价格买到，比如说会以其他竞争者所报的价位低于卖方来还价；而卖方惯常可以做的就是打质量牌，如自己所确定的生产厂家，由于生产所用原料、工艺、设备都优于其他厂家，同等标号的水泥，己方提供的质量是上乘的。为了增加说服力，卖方还可以引用媒体的报道、客户的反映、官方或第三方检测机构所颁发的各类证书、检测报告，来证明己方所供货的水泥质量在行业中是最好的。

2）买方谈判构思

①还价策略。对于还价可以采用与卖方相反的手法和相同的策略，即所还的价格应低于心理预期接受的最高价，其好处与上述两点相似。

②支撑减价买点。为了摸清卖方所报价格的依据，可以要求卖方对价格的构成和生产厂家离交货码头距离的远近做进一步解释和说明，为己方向卖方进一步压价找到新的理由和依据。买方可以做的是，引用水泥市场上同等质量标准其他竞争者的价格，以及官方和行业协会所公布的价格数据，如中国有关商会对水泥出口价有"协调价"的规定，525号水泥最低出口离岸价为40美元/吨，据此作为自身起始还价的依据，因为"协调价"本身已经含有卖方的利润了，同时根据卖方对价格构成的解释和国内运输距离的远近，来判断卖方价格的合理性。

（4）内部、外部关联因素分析

1）外部关联因素。水泥作为大宗物资，一次发运数量较大，相对于生产成本，海洋运输费用会占据较大的比率，双方采用不同的价格条款，对于买方和卖方带来的影响和价格风险是不同的。海洋运输成本与全球经济背景和航运指数有关，直接影响因素与世界原油价格及走势有关。例如在海洋运输处于上升趋势且变化幅度较大情况下,采用FOB(离岸价)条款对买方来说,将承担运输费用可能上升的风险,收益是不稳定的;如果采用CFR(到岸价)条款,对于买方来说,购货成本是固定的,收益也是可预期的。

根据案例设定的资料分析,虽然在市场上报CFR条款的价格差高于报FOB条款,但对于卖方来说还是坚持以离岸价成交为妥,毕竟生产厂家送货到码头或调运到舱底的价格是固定的,报价中有商会的"协调价"为参考基准,不能期望成交价很高,对于海洋运输的成本在没有把握控制的条件下,选择离岸价(FOB)条款较为理智。而对于买方,如果坚持CFR条款成交,卖方势必要额外加大运输成本数额,以防在履约过程中运输费用大幅上升所带来的价格风险;如果以FOB条款成交,由于在巴基斯坦的市场可参考的成交价在70美元/吨左右,可以将运输成本波动可能产生额外费用的因素考虑进去,在给最终用户报价或交易时,将这部分包含进去,而在其他方面要求卖方作更多的让步,比如要求在合同价格条款中,明确卖方是在运输船舱底交货,理舱、平舱等运输船离开交货码头前的一切费用和风险均由卖方承担。

2)产品内在属性。由于水泥怕湿,进水将发生凝固而失去使用价值,水泥袋的包装和从生产厂家运到交货码头这段运输,同样存在风险,采用什么材质的牛皮纸包装、包装几层、封口的要求、短途运输采用的工具和方式、防雨措施,都会对水泥成本构成影响。双方在谈判结束前都应协商清楚,明确各自义务,特别是买方更关注在目的港收到的货物,破袋子要少、无结块、易于吊运、有风险控制和保障措施,所以应向卖方明确交货价格条款细则和卖方在货物出口国运输时所应采取安全保障措施的具体要求。

2. "商场拆迁补偿纠纷谈判"的案例

2009年,太平县政府成功引入了某香港财团的投资,欲在沿江街一线建设一个高18层总面积5万平方米的华北商厦,建成后将成为附近诸县最大的现代化综合商业楼盘,该项目是太平县有史以来最大型的招商引资项目,引起了县领导的高度重视,并被视为未来三到五年的政府工作重心。为妥善安置原有的商户、住户,县政府特地成立了专项拆迁安置工作组(甲方)。

太平县三联商场(乙方)系商人宋奎于1997年在太平县沿江街9号建立的经营家电专卖的商场,楼层共三层,经营面积约1 800平方米(分别为1层850平方米,2层850平方米,3层100平方米),宋奎为该商场的最大股东和实际经营管理者。商场经营十余年来已有员工近百人,历年来收入稳定,为太平县最大的家电经销商。

1996年4月,太平县粮食局为了招商引资,以公开招标的形式出让其位于沿江街9号的商品楼。宋奎参加了投标并以每平方米1 150元的价格中标获得了该商品楼的产权，随即全额支付了购房款项，但双方未签订书面合同。在宋奎开始动工建设后，太平县粮食局要求将转让价格提高至每平方米 1 500 元，被宋奎拒绝。当时县政府出于招商引资的考虑，敦促太平县粮食局给宋奎办理了房产证。粮食局虽然照办，但在办理房产证的购房合同上坚持要按照每平方米 1 500 元填写总价，宋奎默认，但拒绝支付剩余款项。一年后，宋奎的三联商场建成，开始正常营业。

自 1996 年至 2009 年十几年间，太平县粮食局和宋奎的纠纷一直都没有停息，双方屡次对簿公堂，各执一词。法院的判决也变化不定，其中有两次判决宋奎需额外支付 50 万元及利息，一次判决驳回粮食局的诉讼请求，还有一次按撤诉处理。

时间到了 2009 年，华北商厦的项目立项，三联商场所在的地块也被划入了开发区域。按照法律规定，城乡规划调整必须征求规划地段内相关利害关系人的意见，并按法定程序上报上级机关。但华北商厦在未告知三联商场员工及宋奎的情况下，在距离三联商场最近距离不足三米的地方开始破土动工，三联商场的正常经营受到了极大影响。宋奎赶忙紧急联络县政府，要求县政府给予说法。

在华北商厦开工半年后，县政府拆迁安置工作组对宋奎做出回应：待华北商厦建设完成后，让华北商厦给宋奎置换场地，三联商场搬到华北商厦里面经营，原三联商场所在地规划调整为政府公共绿地。宋奎表示同意，但要求尽快落实置换细节，并签订书面合同。

一直等到 2011 年 4 月，经过宋奎和工作组的多次洽谈，太平县政府才给出正式回复：在华北商厦一层置换 300 平方米给三联商场经营，其余 1 500 平方米在二楼。宋奎认为该方案不公平，拒绝接受，要求县政府及工作组重新考虑置换方案，但由于县政府人事调整，虽经宋奎多次催促，县政府仍然没有给出明确答复。

2011 年底，华北商厦主体工程完工，太平县也更换了县委书记和县长。在华北商厦项目工程所涉及的周边利益相关者中，仅剩宋奎及三联商场还未与工作组达成协议。2012 年 3 月，在宋奎的多次催促下，工作组终于和宋奎重新进行了洽谈，在第一次见面时，工作组就提出：以前谈的全部作废，不再给予置换面积，而是要拆掉三联商场后对土地价值进行评估，给予货币补偿。宋奎表示，如今在太平县已经找不到其他合适的经营场所可以购买或租赁，如果拆迁的话，三联商场近百员工就将面临失业，公司就要面临倒闭，故对此方案无法接受。

宋奎认为县政府完全没有考虑到三联商场的利益和员工的处境。而县政府则翻出了旧账，称宋奎与粮食局的购房合同纠纷尚未厘清，宋奎很有可能并不具备合法产权。由于此案最新一次法院判决是判处宋奎需要额外支付 50 万元购房款及利息给粮食局，故宋奎为免节外生枝，迅速给法院支付了 50 万元的额外房款，并拿到了法院的收据。

而县政府则据此更加认定，双方的合同当初为虚假合同。

随后，宋奎主动提出多种解决方案，包括以现有营业场地置换华北商厦同等营业面积；直接给予拆迁货币补偿，由县政府划拨土地另行开发；以产权抵资入股华北商厦等方案，县政府均表示要商量，却始终没有做出明确答复。

双方在场地置换、货币补偿、另觅土地开发等多套方案之间反反复复，争吵不休，到了2012年的12月，华北商厦的建设工程接近尾声。县政府拆迁安置工作组给三联商场下达了3个月内停业拆迁的通知，此时的宋奎认为工作组的通知无异于最后通牒，遂授意本单位工会派代表去县政府讨个说法。恰在此时，三联商场的部分职工也坐不住了，担心商场关门后，工作无着落，情绪非常激动，到隔壁的华北商厦阻挠对方继续施工，双方还发生了肢体冲突，县公安局也介入了斗殴事件的处理，部分媒体进行了相关报道。事件发生后，上级市政府十分重视，责成太平县委、县政府要认真、有效、稳妥地处理好此事。

双方都对矛盾的升级感到后怕，意识到必须尽快结束对峙，于是双方决定坐下来进行最终的磋商，争取在保证各方利益的前提下，尽快就三联商场的拆迁补偿及安置事宜达成一致。

谈判时间、地点：2013年2月，太平县政府会议室。

模拟要求：完成团队组织（人员配置及分工安排）、谈判方案的准备、谈判的组织与展开。

（1）谈判议题的提示

与一般商务谈判不同，本案例是地方政府征地拆迁安置中与被拆迁商户的民事纠纷谈判，但被拆迁商户以商业方式获得的房屋产权仍有商务纠纷，拆迁补偿安置又涉及其商业利益和企业员工利益等事宜，使谈判的性质又带有浓厚的商业氛围，需要谈判人员具备相关的民事、商务、行政和法律知识，并了解相关操作流程和业务惯例。对于此类纠纷谈判，有一些原则可循，甲方行为和乙方产权的合法性、补偿安置方案的公平性、各方要求的合理性、证据、依据、解决方案等是本案的重要谈判议题。帮助双方进行有效的交流沟通，找到彼此都能接受的共同点，这是谈判人员必备的基本技能。

（2）对甲方谈判构思的提示

1）拆迁安置不是简单的商业纠纷，目前已出现三联商场部分职工闹事的苗头，县拆迁安置工作组是县政府的办事机构，所以有责任代表县政府处理好。政府机构要依法行政，办事要合理合法，要认真考虑谈判班子如何安排，如何认定三联商场实际拥有人宋奎与县粮食局签订的商品楼产权交易，有哪些解决方案来处理拆迁安置纠纷，还有哪些方面可以用来增强己方谈判地位。

2）打算在谈判开局时提出什么样的解决方案，如何解释其合理性？对方会做何评论和反建议，怎样应对？谈判的目标和底线是什么，交换的筹码是什么？如何让步和妥协，通过什么方式说服对方并达成双方都可以接受的解决方案？这些都是谈判准备时要考虑清楚的问题。

3）制订完整的谈判条件方案，并准备必要的数据和依据，支持自身的谈判目标诉求。

（3）对乙方谈判构思的提示

1）商场拆迁涉及货币补偿、场地置换、另觅土地等问题，有些问题过去未能达成一致，是否可以再谈判并附加一些条件；职工的安置以及部分职工情绪的失控出现闹事行为，是绕不开的问题，如何看待及处理；面对甲方强势谈判地位以及可能的压力，谈判中如何打悲情牌，如何提安置要求和谈判方案。争取在保护己方及职工利益的前提下，尽快解决纠纷、达成协议。

2）预测对方可能提出的解决方案和要求，并准备应对。在谈判开局时是先听对方方案还是先提己方方案？是逐条谈，还是"一揽子"谈？针对对方的方案应怎样进行评论，何时提出反建议？对方对己方建议的质疑，怎样解释，怎样应对？谈判的目标和底线是什么，交换的筹码是什么？如何让步和妥协，通过什么方式说服对方并达成双方都可以接受的解决方案？这些都是谈判准备时要考虑清楚的问题。

3）制订完整的谈判条件方案，并准备必要的数据和依据，支持自己的立场。

（4）商场拆迁补偿纠纷谈判文字方案范例（精简版）

1）基本知识

以甲方（太平县政府拆迁安置工作组）为例，基本知识包括：招商引资、招投标相关程序和政策，房产证、产权与《物权法》《合同法》和《劳动合同法》，政府拆迁条例和相关法规，商品楼价值评估，公安部门的治安条例，拆迁补偿解决方案（货币补偿、产权置换等）。

2）SWOT 分析

①科目列表（见表7-1）

表 7-1　　　　　　　　　　SWOT 分析科目列表

谈判方	甲方：拆迁安置工作组	乙方：三联商场（大股东宋奎）
S 优势	拆迁安置工作组对最终拆迁补偿方案有决定权，有资金和土地可以调拨 拆迁安置工作组对当地情况更为了解，土地、建筑物等数据信息较权威	三联商场是太平县最大的家电经销商 三联商场实际拥有人宋奎已拥有房产证 宋奎已向法院补交了 50 万元房款

续表

谈判方	甲方：拆迁安置工作组	乙方：三联商场（大股东宋奎）
W 劣势	拆迁安置工作组施工前未征求和告知规划地段内相关利害关系人的意见，存在行政违规 维稳和保障就业是政府重要职能	华北商厦是综合性商厦，但是三联商场只有单一的电器业务 三联商场最初购房合同确实存在法律瑕疵，过去县政府的解决方案宋奎没有接受
O 机会	宋奎也迫切想要解决拆迁问题 县委书记与县长已经换届，拆迁补偿方案需要重新商议 华北商厦是综合性商业大楼，将会有多个电器经销商	拆迁工作时间紧迫，拆迁安置工作组可能会以较大让步或利益换取三联商场尽快拆迁 拆迁安置工作组行政违规在先，三联商场有向其提出较高补偿的谈判支撑点 如果能入驻华北商厦，三联商场家电营销软、硬件系统会得到提升，业务前景看好
T 威胁	面临上级市政府施压，拆迁安置工作组需要尽快解决拆迁补偿问题 如果没有妥善解决拆迁事宜，三联商场员工闹事，任其发展会影响当地社会安定，政府形象也会大打折扣	华北商厦主体工程完工拖得越久，三联商场入驻华北商厦难度越大 如果入驻华北商厦，三联商场的电器业务也会面临其他电器商的激烈竞争 公安局会以维护治安秩序为由，采取强制措施

②综合分析（象限战略分析略）。拆迁安置工作组代表政府，比三联商场有一定的优势。拆迁安置工作组可以通过合理的场地安置、行政资源调配的权力和三联商场的产权漏洞为自己增强优势谈判地位。三联商场可以利用拆迁安置工作组需要维稳、维护政府形象、己方合法持有房产证、拆迁安置工作组行政违规等环节要点，为三联商场拆迁和保员工就业等争取更大的补偿利益。

3）谈判方案

①谈判核心点。货币补偿、场地置换、另觅土地安置、员工安置。

②谈判目标

最高目标：对三联商场建筑及设施进行评估，按评估价值给予补偿。在县其他商业大楼内置换同等经营面积，租金由三联商场股东出。

期望目标：政府一次性给予货币补偿，但不包括设备设施重置价格。三联商场在3个月内完成拆迁工作，三联商场自行安置员工并按《劳动合同法》给予补偿。

底线目标：在华北商厦等面积置换经营区域，同意办理确权手续，由三联商场自行补齐新商业楼建筑及设施差价款，不再给予其他补偿，可酌情给予政策性优惠。

③成交条件设定与退让方案

——如果三联商场股东对货币补偿方案不同意，可以考虑将设备设施等用品按折旧后的残值计算在补偿范围内，三联商场必须3个月内完成拆迁工作；若拆迁迅速，拆迁安置工作组可申请给予三联商场奖励。

——如果三联商场股东选择货币补偿，同时按照过渡期为 18～24 个月计算停产停业损失赔偿，可以将拆迁期限从 3 个月延长到 6 个月，并且可以协助三联商场的职工在华北商厦找到新工作岗位；但是由于三联商场产权存在问题，货币补偿金额应当降低。

——如果三联要求在华北商厦等面积、等楼层置换或争取更多面积，拆迁安置工作组则以华北商厦是另外一家法人主体，政府不好过多干预为由拒绝。如果三联商场股东坚持，拆迁安置工作组可以同意协助置换，但必须听从华北商厦营业区域的整体安排，同时三联商场股东需按市场评估价值补足新楼盘评估差价。

——本次谈判回避拆迁施工未提前告知利害相关人，行政违规的事情，可以把这个作为下一次协商的点。

二、实战案例练习

1. 实战案例练习要求

（1）策划谈判文字方案

根据案例给出的谈判背景信息和边界条件，制订文字谈判方案，内容包括（具体科目和格式见附件）：

第一项　基本知识——本案例需要掌握的商务知识要点清单。

第二项　SWOT 分析——对谈判双方内、外部关联因素进行分析比较并给出综合结论（象限战略分析）。

第三项　谈判方案——本案例谈判的核心点，本方谈判目标（最高、期望、底线）与相应成交条件设定，退让方案（如果需要）等。

（2）现场模拟谈判

对案例给定的各小组谈判提示，不得交叉发放，不得让不同组别的队员相互知晓对方的谈判提示，从而知道对方的谈判思路和底牌。

模拟要求：

1）团队组织。包括人员配置及分工安排，人数 3～6 名，含一名主谈员。

2）预先准备谈判方案。包括讨价还价、让步妥协、交换条件、谈判底线等方案。

3）谈判组织与展开。模拟真实现场谈判情景，包括开场时的商务礼仪、中场谈判议题的展开、全程主谈的把控、队员之间的配合等。

4）模拟时间一般在 35～45 分钟。每场谈判结束后，要求讲授师对双方的表现进行点评。

附件：文字方案内容科目和格式

中国移动经销商（B方）与苹果公司（A方）

iPhone智能手机营销谈判文字方案

以B方（中国移动经销商）为例，字数××××（只统计中文字数）。

（1）国际商务基本知识

×××营销权、《×××合同法》、《×××国际公约》、知识产权保护……

（2）SWOT分析

1）科目列表

谈判方	B方	A方
S	2G用户基数大，所占市场份额有绝对性优势……	iPhone高端时尚、功能先进，能下载应用程序……
W	现有iPhone不兼容B方的TD网络技术……	在中国尚无销售渠道……
O	通过引入苹果智能手机可进一步增长用户数量……	基于中国庞大的用户，成功进入后可以大幅提高……
T	中国已有其他电信运营商与苹果公司接触，苹果公司谈判地位高，谈判风格霸道……	中国移动经销商（B方）在中国的垄断性地位使其具有极强的谈判地位和议价能力……

2）综合分析结论

（3）谈判方案

1）本案例谈判的核心点

2）本方谈判目标（最高、期望、底线）与相应成交条件的设定

3）退让方案（如果需要）

4）其他

2. 实战案例练习一：政府采购招标纠纷谈判

招标方：Z省S县电力工业局（以下简称电业局）

投标方：Z省L市兴昌机电设备公司（以下简称兴昌公司）

（1）谈判背景介绍

Z省S县是L市的下属县。S县电力工业局是S县的政府机构。随着全县经济高速发展，供电需求不断增加，电业局现有的办公营业用房和供变电设施已经满足不了要求，准备分批面向社会进行公开采购。

L市兴昌机电设备公司原先为市属物资系统的国有企业，经过政企分离，企业改制后成为民营参股的股份制企业，主营电梯、制冷空调、供变电和其他机电设备的供应。

2003年，S县电业局因新建电力调度营业大楼需购买电梯两台，正式向政府主管部门行文申请预算。主管部门经过审核批准了预算，但在批复中明确表示，今后的政府采购须依法通过招标方式进行。作为电力主管部门，电业局对设备采购并不陌生，但采用招标方式进行采购却是头一次。尽管缺乏相关的专业人才，电业局为了赶进度，还是决定采用邀请招标的采购方式，自己组织这次招标。

2003年11月，电业局发出投标邀请书，邀请兴昌公司等六家单位参加投标。

接到投标邀请书后，兴昌公司于2003年11月25日提交了投标文件，并交纳投标保证金1万元。2003年12月10日，招标方在电业局三楼会议室主持开标仪式。经过评标后，确定兴昌公司为预中标单位，中标价为人民币120万元整。2003年12月16日，兴昌公司向电业局交纳履约保证金10万元。次日，招标方电业局向投标方兴昌公司发出《中标通知书》，正式通知兴昌公司中标，并约定于2003年12月24日下午5时前双方签订采购合同。

随后，电业局将招标报告报送政府行政监督部门审核备案。没想到的是，行政监督部门在审核中发现了本次招标存在若干违规的地方，对电业局提出了严厉批评，恼火万分的电业局只得将招标结果搁置。与此同时，拿到《中标通知书》的兴昌公司兴冲冲地派人赶到电梯制造厂，签订了购买两部电梯的合同，并交付了5万元的定金。由于电梯交易属于"定制"性质，双方在合同中约定："为保证合同履行，如果交纳定金一方违约，定金罚没；如果收取定金一方违约，按《合同法》规定双倍返还。"时间慢慢过去了，虽经多次催促，电业局一直未与兴昌公司签订采购合同。转眼新年来临，新年前后的繁忙工作使双方暂时将此事放了下来。

2004年1月16日，电业局发函通知兴昌公司，以邀请招标不符合法律规定，招投标程序不规范，评标标准不完善且评标委员会成员为8人，均不符合《中华人民共和国招标投标法》的有关规定为理由，决定该次中标无效，并主动退回了中标供应商兴昌公司的履约保证金10万元。接到通知和退回的保证金，兴昌公司惊得目瞪口呆，立刻派人与电业局进行协商。

在双方代表的会谈中，兴昌公司明确表示，兴昌公司在整个招投标过程中没有任何违规违法之处，中标结果应属有效，电业局应撤销废标的决定，尽快与兴昌公司签订书面合同。如果电业局拒绝签订书面合同，需对其违约行为给兴昌公司造成的损失进行赔偿。赔偿要求包括：1）依据《合同法》应双倍返还的保证金，尚欠10万元未付；2）被电梯厂罚没的定金5万元；3）损失的预期利润24万元；4）前期费用（含资金费用）约3万元。四项合计共42万元。对于兴昌公司的指责，电业局表示，因为此次招标过程确实存在若干违规的地方，导致了废标的结果，为此电业局已受到主管部门的严厉批评，希望兴昌公司予以理解。至于兴昌公司提出的违约赔偿，电业局表示，双方还没有签订书面合同，不存在合同关系就谈不上违约赔偿。对于兴昌公司要求的赔偿金额，电业局表示，虽然招标文件没有对如何赔偿进行规定，但是退一万步讲，就算要赔也要按招标的国际惯例只赔直接损失，最多赔点前期费用，兴昌公司的要求太过分了。

双方经过多次协商，相互争执不下，未取得任何结果。2004年2月15日兴昌公司向电业局发出公司函，要求电业局要么签订合同要么进行赔偿，否则将诉诸法律。与此同时，双方均纷纷向有关部门和上级领导反映情况，疏通关系。在L市政府的协调下，双方同意坐下来进行最后的谈判，争取和平解决争议。

（2）对谈判议题的提示

这是一场政府招标采购业务签约过程发生纠纷导致索赔的谈判。招投标是一种特殊的采购贸易形式，涉及政府采购更具有特殊性，适用多个法律的规定，需要谈判人员具备相关的贸易知识和法律知识并了解相关操作流程。对于贸易纠纷处理，有一些原则可循，发生的事实、证据、依据、解决方案等也是本案重要的谈判议题。贸易合作难免有纠纷，化解纠纷需要双方进行有效的交流沟通，找到彼此都能接受的共同点，这是谈判人员必备的基本技能。

（3）对招标方的提示

1）这个纠纷处理不好会影响政府形象，但企业狮子大张口也是不可接受的。

2）"中标结果是否有效"是本案的关键点，不同的结论将导致不同的结果。在"双方没有在合同上签字"的情况下，对方可否索赔是另一要点，要考虑对方可能提出的索赔切入点，做好准备。对方提出的赔偿要求只有在合理范围内才能予以考虑。

3）尽管依法行政是基本要求，但政府的"黄金买家"角色和其他行政手段也是可以打的牌，应按照合理、合法、有利、有节的原则，争取谈判解决纠纷。

（4）对投标方的提示

1）在己方没有过错的情况下，政府机构废标给己方带来较大损失，这是不能接受的。力争获得合理赔偿，否则将诉诸法律。

2）"中标结果是否有效"是本案的关键点，不同的结论将导致不同的结果。在"双方没有在合同上签字"的情况下，己方可否索赔是另一要点，依法才能找到索赔的切入点。制订出合理的索赔方案，考虑如何退让和妥协，底线是什么，并准备相应的证据和依据。兴昌公司与电梯制造厂签订的合同价格为96万元（含5万定金），要客观地考虑，如果上了法庭，己方要求的赔偿内容和金额能否得到支持。

3）尽管企业与政府谈判总是处于弱势，但既然损失已经发生了，就要按照合法、合理、有利、有节的原则，争取谈判解决纠纷。

（5）谈判时间、地点

2004年3月6日，电业局三楼会议室。

3. 实战案例练习二：关于签约前针对第三方竞争的再谈判

买方：中国上海明珠国际贸易公司（以下简称明珠公司）

卖方：日本朝阳玻璃株式会社（以下简称朝阳公司）

（1）谈判背景介绍

上海明珠国际贸易公司是专业的显像管技术和装备进出口公司，受河北某工厂的委托，欲引进日本显像管用电子枪生产线的技术和设备。谈判初期，明珠公司采取货比三家的策略，邀请了多家国外企业进行竞争性谈判，最终选定日本朝阳玻璃株式会社作为成交对象，并与之进行最终谈判。明珠公司派了部门经理和业务员负责组织谈判。河北工厂派了副厂长和技术人员参加了谈判，谈判组的成员均去朝阳公司工厂考察过，对朝阳公司的技术和设备予以认可，与朝阳公司的谈判人员已很熟悉，彼此均欲实现成交。

日本朝阳玻璃株式会社是一家专业玻璃制品公司，在电子枪等工业电子玻璃制品的生产技术方面有其竞争优势，其核心技术拥有专利，但目前已经解密。公司的研发水平也是数一数二的。该公司对中国市场很熟悉，其技术很适合中国市场需求，部分设备产品基本就是为中国市场量身打造的，在中国行业圈内有一定的知名度。本次出口项目与明珠公司进行合作尚属首次，为了争取该笔交易，他们在其日本工厂隆重接待了买方的人员，并进行了十分成功的技术交流，双方也建立了彼此信任的关系。

该项目已经过了技术谈判和商务谈判，双方达成了意向协议，技术部分将由双方专家共同确立并形成正式技术附件文本。商务条款部分，双方以1 350万美元成交，对其技术费、服务费、设备费与试车原材料费进行了细分，对合同主要条款初步达成一致。双方商定，各自将技术附件和合同草本向上提交，一旦完成内部审核和批准程序后，即正式签约。

此时，朝阳公司在日本的一个竞争者通过走关系，利用尚未正式签约的机会，要求给他机会参与竞争，并报出了更优惠的成交条件。尽管明珠公司与第三方竞争者有过交往，并且也曾在谈判的初期就该项目谈判过，只是该竞争者退出较早，这次又杀回再谈判出乎明珠公司意料。明珠公司的上级领导认为这对工厂有利，于是责成谈判

组给竞争者一个机会。于是，明珠公司将情况正式通知了朝阳公司，双方约定就第三方提出的竞争性条件进行再次谈判。

（2）对谈判议题的提示

任何交易在任何阶段都可能会出现不可预见的情景，本案例背景是双方在正式签约前，第三方竞争者要求插足谈判，而且是通过向买方的领导提出的。本案例要求谈判人员具有商务谈判基本的交流沟通技能和谈判现场博弈的能力，有理、有利、有节是本场谈判双方应该使用到的原则。

（3）对买方的提示

1）鉴于与竞争者谈判后，明确其交易条件与卖方条件相近，已有竞争力。必须说服卖方将原交易条件进行新的改善，向上级领导方可汇报，也可避免与竞争者新一轮的商务谈判。

2）阐述重开谈判的理由，无论卖方是否表示让步或让步的幅度多大，己方都可以从一些交易条件上向卖方主动提出一些新的要求。

3）在卖方对产品和技术进行充分的解释和说明的基础上，考虑买方在多大程度上会接受卖方的让步、妥协、保证等其他优惠条件，同时还要考虑到可能会失去与卖方交易的机会风险。

（4）对卖方的提示

1）虽觉得很委屈，但必须组织谈判。

2）面对第三者的插足和对方所谓领导要求的借口，卖方可以考虑应该从哪些方面来捍卫双方以往的谈判成果，同时为了增强买方的信心，卖方应该运用哪些手法来展示自身的实力和优势。

3）卖方应有谈判方案，明确让步、妥协、保证等交易条件在多大程度上使买方满意又能争取以最小的代价保住合同，同时站在买方的角度帮对方分析利弊，让买方明白一些道理，这也是谈判桌上常用的沟通手法。

（5）谈判地点、时间

2007年3月，上海。